Adelheid Schlott

Schrift und Schreiber im Alten Ägypten

Verlag C. H. Beck München

Mit 121 Abbildungen

Meinen Eltern

CIP-Titelaufnahme der Deutschen Bibliothek

Schlott, Adelheid:
Schrift und Schreiber im Alten Ägypten / Adelheid Schlott. –
München : Beck, 1989
(Beck's Archäologische Bibliothek)
ISBN 3 406 33602 7

ISBN 3 406 33602 7

Einbandentwurf: Bruno Schachtner, Dachau
Umschlagbild: Schreiberfigur des Beamten Ptah-schepses aus seinem Grab
in Gisa, späte 5. Dyn. H.: 32,5 cm
Hildesheim Inv. Nr. 2141 (z. Zt. als Dauerleihgabe in München)
© C. H. Beck'sche Verlagsbuchhandlung (Oscar Beck), München 1989
Gesamtherstellung: C. H. Beck'sche Buchdruckerei, Nördlingen
Printed in Germany

Inhalt

Vorwort

Als erstes möchte ich denen danken, die mir bei der Fertigstellung des Buches in besonderem Maße geholfen haben: Herrn Wolfgang Schenkel und Herrn Peter Schwab, die die erste Fassung des Manuskriptes äußerst gründlich und kritisch durchgesehen haben – der eine aus der Sicht eines viel mit Fragen der Schrift befaßten Ägyptologen, der andere aus der Perspektive des Erwachsenenpädagogen und des „ägyptologischen Laien". Auf Allgemeinverständlichkeit haben auch meine Eltern das Manuskript überprüft. Mein Vater half außerdem da, wo meine zeichnerischen Fähigkeiten nicht ausreichten und entwarf die deutschen „Hieroglyphen", die ich zum Erklären des altägyptischen Schriftsystems benötigte. Frau Bettina Schmitz verhalf mir durch ihre Gastfreundschaft, durch Diskussionen, durch eigene Nachforschungen und indem sie mir die Fotosammlungen des Pelizaeus-Museums Hildesheim zugänglich machte, zu mancher Information, die mir sonst verborgen geblieben wäre. Herr Thomas Schmitt stellte einen Teil der photographischen Vorlagen für die Abbildungen her. Eine große Erleichterung bedeutete es, daß ich für die Überarbeitung des Manuskriptes das von Herrn Wilhelm Ott und Herrn Kuno Schälkle entwickelte „Tübinger System von Textverarbeitungsprogrammen" (TUSTEP) verwenden konnte.

Allen sei auch an dieser Stelle herzlich Dankeschön gesagt.

Zu diesem Buch:

Es handelt von den Schriften, die zur Niederschrift der in Alt-Ägypten gesprochenen Sprache verwendet wurden, von den Menschen, die diese Schriften gebrauchten und von den Texten, die dadurch entstanden sind.

Mit „Alt-Ägypten" sind die Epochen der Geschichte des ägyptischen Staates gemeint, die zeitlich vor der Islamisierung und der mit ihr einhergehenden Arabisierung seiner Kultur liegen. Die Anhänger der 613 n. Chr. von *Mohammed* begründeten neuen Religion eroberten Ägypten 639–642 n. Chr. und bewirkten in relativ kurzer Zeit, daß der Islam, die arabische Sprache und die arabische Schrift die alte Religion, Sprache und Schrift weitgehend verdrängten: 706 n. Chr. wurde es Vorschrift, zumindest offizielle Dokumente in arabischer Sprache und Schrift abzufassen; um 830 n. Chr. war der größte Teil der Bevölkerung zum Islam übergetreten.

Die durch den Islam und das Arabische abgelöste Religion, Sprache und Schrift waren jedoch nur noch teilweise die ursprünglich ägyptischen: Die Religion war das – von außen hereingetragene – Christentum, die Schrift die der Griechen, beziehungsweise eine Abwandlung von ihr, die *koptische* Schrift. Lediglich die Sprache war – soweit nicht Griechisch verwendet wurde – noch das einheimische Ägyptisch. Es ist die Sprache, die mit der *koptischen* Schrift geschrieben wurde; deshalb habe ich dieser Schrift auch ein eigenes kleines Kapitel (s. Kap. I 3) gewidmet. Die auf ägyptischem Boden entstandenen Schriften dagegen waren bereits einige Jahrhunderte nicht mehr in Gebrauch, als die Araber ins Land kamen. Das letzte datierbare in einer ägyptischen Schrift verfaßte Textzeugnis stammt aus dem Jahr 452 n. Chr. Da das System der ägyptischen Schriften schon um die Wende vom 4. zum 3. Jahrtausend v. Chr. in seinen Grundzügen fertig ausgebildet war, hatte es bei seinem Aussterben eine dreieinhalb Jahrtausende lange Geschichte hinter sich.

Man darf von dem vorliegenden Buch jedoch nicht eine detaillierte Beschreibung dieser gesamten Geschichte erwarten; das Material, das in einer so langen Zeit zusammenkam, ist zu groß, und ich wollte nicht nur eine reine Auflistung der Fakten bieten. Ich habe es vielmehr vorgezogen, einzelne Zeiträume und Themen auszuwählen, um an ihnen die Fragen zu behandeln, die mir besonders geeignet erscheinen, um damit die typischen Eigenheiten der altägyptischen Schriften und ihrer Verwendung zu charakterisieren.

Um den Leser nicht zu unvermittelt nach Alt-Ägypten zu versetzen, habe ich das Buch durch ein Kapitel eingeleitet, das den Werdegang unserer Schrift zurückverfolgt und dadurch Schritt für Schritt auf das altägyptische Schriftsystem zuführt.

Für die beiden Hauptteile des Buches standen mir fünf Leitfragen vor Augen:

1. Was weiß man über die Anfänge der altägyptischen Schriften und über die Gründe, die ihre Ausbildung veranlaßten?
2. Wie war das System der altägyptischen Schriften beschaffen?
3. Wie schrieb man: Welche Schreibgeräte benützte man? Wie handhabte man sie? Welche Haltung nahmen die Schreibenden dabei ein?

4. Wer waren die Menschen, die schrieben: Welche Stellung hatten sie
   in der altägyptischen Gesellschaft? Wie wurden sie ausgebildet und
   wie für ihre Arbeit entlohnt?
5. Was schrieb man und zu welchem Zweck tat man es?

Die Behandlung der ersten Frage ist in zweifacher Hinsicht von besonderem Interesse: Zum einen, weil wir mit Alt-Ägypten eine der wenigen Kulturen vor uns haben, die selbst eine Schrift hervorbrachten,
während die meisten übrigen ihre Schrift von anderen übernommen
haben; zum zweiten, weil in den Anfängen der altägyptischen Schrift
auch der Ursprung unserer eigenen Schrift liegt.

Um das, was zu dieser Frage zu sagen ist, verstehen zu können, muß
man das System der altägyptischen Schrift kennen. Ich habe deshalb die
erste Frage erst in Teil II des Buches behandelt und vorher in Teil I die
Prinzipien beschrieben, die dem Schriftsystem zugrundeliegen und auch
die verschiedenen Schriftformen behandelt, die daraus entwickelt wurden. Im Zusammenhang mit der Schreibschrift werden außerdem die
dabei verwendeten Schreibmaterialien und ihre Handhabung vorgestellt. Teil I beschäftigt sich also mit den Fragen 2 und 3.

Die Fragen 1, 4 und 5 sind Inhalt von Teil II. Ich habe ihn – im
Unterschied zu Teil I – chronologisch aufgebaut, um der Gefahr entge-
genzuwirken, in die man leicht gerät, wenn man auf eine zeitlich so weit
von uns entfernt liegende Kultur blickt: Daß man – wie bei räumlich
entfernten Dingen – sie wie mit einem Teleobjektiv an sich heranholt
und dabei die Distanzen – das heißt im Falle Altägyptens: die Zeitab-
stände – verkürzt oder ganz übersieht.

Die Untersuchung der Frage 1 ließ sich auf diese Weise problemlos
integrieren: Da sie die Zeit der ersten Schriftanfänge betrifft, bildet sie
den Beginn des II. Hauptteils. Für die darauffolgenden 1000 Jahre
(d. h. für das dritte Jahrtausend v. Chr.) habe ich mich bemüht, alle
wichtigen Etappen zu beschreiben und mit wenigstens einem Beispiel
zu illustrieren, die in der Ausweitung der Schriftlichkeit und im Ausbau
der Stellung der Schriftkundigen in der Gesellschaft beobachtet werden
können. Denn in dieser Zeit wurden die Grundlagen geschaffen für Alt-
Ägyptens Schriftkultur; das dritte Jahrtausend v. Chr. bietet daher besonders geeignetes Material, um ihre typischen Merkmale herauszuar-
beiten.

Bei der Behandlung des zweiten Jahrtausends bin ich anders vorgegangen als bei der des dritten: Ich habe nicht mehr die Entwicklung der

Schrift in all ihren Anwendungsbereichen und die der Beamtenschaft Schritt für Schritt weiterverfolgt, sondern einzelne Themen herausgegriffen und sie in den Mittelpunkt gerückt. Denn mir war daran gelegen, ein möglichst breites Spektrum von Textzeugnissen vorzustellen; deshalb habe ich aus dem zweiten Jahrtausend vor allem solche ausgewählt, die wir aus dem dritten Jahrtausend nicht kennen. Dabei handelt es sich zudem um Textgattungen, die über ägyptologische Fachkreise hinaus allgemeiner bekannt sind: „Literarische" Texte und Texte historischen Inhalts. Die einen findet man in Textsammlungen zu Alt-Ägypten, die anderen bilden die Basis für Geschichtsbücher über Alt-Ägypten. Ich wollte hier zeigen, in welchem Zusammenhang diese Texte entstanden sind und habe zu ihren Gunsten andere Schriftzeugnisse aus der selben Zeit zurückgestellt. Die erste Hälfte des 2. Jahrtausends v. Chr. hat besonders berühmte „Literatur"-Werke hervorgebracht, die 2. Hälfte des 2. Jahrtausends besonders ausführliche Texte historischen Inhalts. Was die Beamten angeht, so kamen für sie im zweiten Jahrtausend neue Aufgaben zu den schon vorhandenen hinzu; ich habe den Schwerpunkt auf die neuen gelegt.

Während ich in Teil I alle Schriften, auch die erst im ersten Jahrtausend entwickelten (*abnormales Hieratisch, Demotisch* und *Koptisch*) berücksichtigt habe, habe ich die Schriftanwendung und die Rolle der Schreiber in Teil II lediglich bis in den Beginn des 13. Jahrhunderts v. Chr. verfolgt. Dies hielt ich nicht nur aus Platzgründen für nötig, sondern auch deshalb, weil in den verbleibenden 1700 Jahren noch einmal soviel Neues hinzugekommen ist und soviele interessante Fragen aufgeworfen werden müßten, daß es ein eigenes (dickes) Buch füllen würde.

Die Zeitangaben:

In Büchern über Altägypten findet man oft unterschiedliche Jahreszahlen für historische Ereignisse. Das rührt daher, daß vor 664/663 v. Chr. viele absolute Zeitangaben noch nicht als gesichert zu betrachten sind und im Einzelfall bis zu mehreren Jahrzehnten schwanken können[1]. Die Reihenfolge der Könige liegt jedoch zum allergrößten Teil fest. Da es mir in diesem Buch in erster Linie darum ging, durch die Angabe von Jahreszahlen die Länge von Zeitspannen zu verdeutlichen – und 40 Jahre nun mal 40 Jahre bleiben, ob sie sich von 1320–1280 oder von 1350–1310 v. Chr. erstrecken –, richte ich mich nach dem etwas älteren Werk J. v. Beckerath's „Abriß der Geschichte des Alten Ägypten", Darmstadt 1971, weil dort im Unterschied zum neuesten chronologischen Überblick desselben Autors[1] für jeden König Jahreszahlen genannt sind; ich nehme damit in Kauf, daß es zu einzelnen Daten hier nicht berücksichtigte neuere Untersuchungen gibt, die jedoch erst in Bezug gesetzt werden müßten zum Gesamtgefüge der altägyptischen Chronologie, um zu dem Zweck benützt werden zu können, zu dem sie in diesem Buch gebraucht werden. Außerdem wird sich sowieso noch manches Datum wieder ändern, da auch die neuesten Ergebnisse nicht als vollkommen gesichert gelten.

Die Jahreszahlen hinter den Namen von Königen geben immer deren Regierungszeit, nicht ihre Lebensdauer, an. Manchmal wird auch die *Dynastie* (abgekürzt: *Dyn.*) als Zeitangabe genannt. Darin folgt man dem ägyptischen Priester *Manetho*, der um 275 v. Chr. auf Griechisch eine Geschichte Ägyptens vom Beginn des 3. Jahrtausends v. Chr. bis zur Eroberung durch *Alexander d. Gr.* (332 v. Chr.) schrieb und diese Zeit in 31 *Dynastien* einteilte.

Von der ägyptologischen Forschung wurden noch größere Zeitabschnitte eingeführt:

Frühzeit: ab ca. 3000 bis ca. 2665 v. Chr. = bis Ende der 2. Dyn.

Altes Reich: ca. 2665–ca. 2135 v. Chr. = 3.–8. Dyn.

1. Zwischenzeit: ca. 2135–ca. 2040 v. Chr. = 9.–11. Dyn. (1. Hälfte)

Mittleres Reich: ca. 2040–ca. 1785 v. Chr. = 11. (2. Hälfte)–12. Dyn.

2. Zwischenzeit: ca. 1785–ca. 1551 v. Chr. = 13.–17. Dyn.

Neues Reich: ca. 1551–ca. 1080 v. Chr. = 18.–20. Dyn.

3. Zwischenzeit: ca. 1080–ca. 712 v. Chr. = 21.–24. Dyn.

Spätzeit: ca. 712–332 v. Chr. = 25.–31. Dyn.

An den Epochennamen ist abzulesen, daß sie ein Auf und Ab der altägyptischen Geschichte wiedergeben sollen: Die *Reiche* bezeichnen die Zeiten, in denen Ägypten von einer Zentralregierung aus beherrscht wurde, während dies in den *Zwischenzeiten* nicht der Fall war. *Frühzeit* und *Spätzeit* benennen Epochen des Entstehens beziehungsweise des Zerfalls der altägyptischen Gesellschaft.

Nach der Spätzeit kam Ägypten unter griechisch-makedonische Herrschaft (332–30 v. Chr.) – nach den Namen ihrer Könige auch *Ptolemäerzeit* genannt –; danach wurde es Provinz erst des römischen, dann des oströmisch-byzantinischen Reiches, bis um 640 n. Chr. die Araber das Land besetzten.

Die *Literaturangaben* dienen vor allem dem Ziel, nachvollziehbar zu machen, woher ich bestimmte Erkenntnisse habe; dadurch soll der an

weiteren Einzelfragen Interessierte die Möglichkeit erhalten, dort weiterzulesen. Dabei habe ich oft nur das entsprechende Stichwort zitiert
aus dem „Lexikon der Ägyptologie", herausgegeben von Wolfgang
Helck, Eberhard Otto (†) und Wolfhardt Westendorf, Wiesbaden
1975–1986 (6 Bände), und zwar aus folgenden Gründen:
– Es ist ein ganz neues Werk, entstanden aus der Zusammenarbeit
einer großen Zahl von Ägyptologen; es gibt also weitgehend den gegen-
wärtigen Stand unserer Wissenschaft wieder und wird durch einen Zu-
satzband noch weiter aktualisiert werden.
– Ich halte die Behandlung der einzelnen Stichworte in diesem Lexikon
für die ideale Brücke zwischen dem Einstieg in ein Thema, wie ihn das
vorliegende Buch bieten will, und dem tieferen Eindringen in wissenschaftliche Detailfragen. Im „Lexikon der Ägyptologie" findet man
weitere Literaturangaben für den Fall, daß man sich noch intensiver mit
einem Problem beschäftigen möchte.
– Ich konnte den Anmerkungsteil wesentlich entlasten, indem ich nicht
jede Literaturangabe einzeln nennen mußte.

Die Wiedergabe altägyptischer Personennamen:

Ein großer Teil der altägyptischen Personennamen besteht aus mehreren Wörtern, häufig aus einem ganzen Satz. Dadurch können sie recht
lang werden. Um sie dennoch auch in der Umschrift lesbar zu machen
und um ihre Struktur zu verdeutlichen, wird zwischen die einzelnen
Bestandteile oft ein Bindestrich gesetzt. Dies habe ich übernommen,
mußte aber in einigen Fällen inkonsequent sein; denn bei bekannteren
Namen (vor allem von Königen) und besonders solchen, die uns durch
antike griechische Autoren überliefert sind, wird dieses Verfahren in
der Regel nicht angewandt. Man findet deshalb auch in diesem Buch
beide Formen der Namensschreibung.

Für die *Abbildungen* habe ich vorzugsweise Objekte ausgewählt, die
sich in mitteleuropäischen Museen befinden; dadurch wollte ich die
Möglichkeit erleichtern, sich die Gegenstände auch im Original ansehen zu können.
    Außerdem habe ich dafür unter den altägyptischen Schriftarten die
hieroglyphische bevorzugt, zum einen, weil sie die bekannteste ist, zum
anderen, weil ihre Zeichenformen so festgelegt waren, daß sie besonders leicht wiederzuerkennen sind; man könnte sie etwa mit unserer
Druckschrift vergleichen und die übrigen altägyptischen Schriftarten

mit unseren Schreibschriften, in denen das Schriftbild von der Handschrift des einzelnen Schreibers abhängt. Der Einstieg in die altägyptischen Schriftarten ist für uns also über die Hieroglyphen leichter als über eine der Schreibschriften, und auch Ägyptologie-Studenten lernen als erstes Hieroglyphen.

In altägyptischer Zeit war es allerdings umgekehrt: Die angehenden Schreiber mußten in erster Linie die Schreibschrift beherrschen, da sie die überwiegend gebrauchte Schrift war in der Verwaltung, beim Protokollieren, Registrieren, Aktenführen, beim Briefeschreiben usw. Die Hieroglyphen dagegen waren keine Alltagsschrift, sondern wurden vor allem benützt zum Beschriften von Denkmälern, wie Tempel und Gräber und der Gegenstände (z. B. Statuen, Särge), die dazugehörten. Um ein wirklich adäquates Bild vom altägyptischen Schreibertum zu vermitteln, müßte daher eigentlich hauptsächlich das behandelt werden, was in Schreibschrift verfaßt wurde. Um der leichteren Verständlichkeit willen habe ich trotzdem das Hauptgewicht auf die Hieroglyphen gelegt.

Einleitung

Zurück zu den Anfängen unserer Schrift

Versteht man unter „unserer" Schrift speziell unsere eigene, westeuropäische Schrift und verfolgt sie zurück bis zu ihrem Ursprung, gelangt man in die Zeit und an den Ort, von wo wir die frühesten Schriftzeugnisse der Menschheit kennen. Darüber, ob alle übrigen Schriften sich ebenfalls von dort herleiten oder nicht, sind sich die Schriftforscher uneinig: Einige gehen davon aus, daß in mehreren Kulturen unabhängig voneinander Schriften ausgebildet wurden[1]; andere dagegen[2] sind der Überzeugung, daß solch eine Erfindung nur einmal gemacht worden sein kann und daß keine der anderen Schriften entwickelt wurde, ohne daß zumindest die Kenntnis davon vorhanden war, daß man anderswo bereits schrieb. Es ist also möglich, daß der Anfang unserer westeuropäischen Schrift zugleich auch der Anfang aller Schriften war.

„Schrift" und „schreiben" sollen in diesem Buch in ganz strengem Sinne verstanden werden; das heißt ich bezeichne damit nur solche Systeme von sichtbaren Zeichen, die in der Lage sind, Laute und Formelemente der Sprache wiederzugeben. Nicht dazu rechnen möchte ich dagegen Bilder oder auch Systeme von bildhaften Zeichen, die zwar Inhalte mitteilen, indem sie das Gemeinte unmittelbar oder auch symbolisch abbilden, aber keine Lautwerte, Wortformen usw. fixieren. Sie werden in der Literatur zwar auch oft „Schrift", nämlich „Bilderschrift" oder „Ideenschrift", genannt[3]; sie unterscheiden sich aber von der eigentlichen Schrift vor allem dadurch, daß durch sie nicht festgelegt wird, mit welchen Worten der dargestellte Inhalt „gelesen" werden muß, man muß ihn vielmehr interpretieren und beschreiben. Ein Beispiel eines in solcher „Schrift" abgefaßten Geschäftsbriefes zeigt Abb. 1.

„Schreiben" im oben genannten Sinne bedeutet dagegen, die sprachlichen Formulierungen so genau festzuhalten, daß zumindest jeder, der die betreffende Sprache und Schrift beherrscht, die gleichen Wörter und Wortformen liest, und zwar auch in derselben Reihenfolge wie der Schreiber des Schriftstückes. Das heißt: Ursprünglich nur Hörbares – die gesprochene Sprache – wird umgesetzt in Sichtbares, während

1 Geschäftsbrief in „Bilder-schrift": Der Schreiber bietet die Pelze eines Büffels, eines Wiesels und eines Fischotters (rechts) gegen eine Flinte und 30 Biberfelle (links) zum Tausch (symbolisiert durch das Kreuz in der Mitte).

durch eine Bilder- oder Ideenschrift in der eben beschriebenen Bedeutung[4] in erster Linie nur Sichtbares abgebildet wird.

Wie groß der Schritt ist, Nur-Hörbares zu übertragen in Nur-Sichtbares, können wir schriftgewöhnten Menschen uns nur schwer vorstellen. Bei seinen Untersuchungen von in neuerer Zeit erfolgten Schrifterfindungen stieß der Sprach- und Schriftwissenschaftler Alfred Schmitt immer wieder auf die Beobachtung, daß dies für Angehörige schriftloser Völker selbst dann noch schier unfaßbar war, wenn sie es selbst miterlebten, daß andere das, was sie sagen wollten, aufschrieben, es jemandem schickten und daß der Empfänger dann nicht nur allgemein den Inhalt verstand, sondern den genauen Wortlaut der Mitteilung kannte. Etwas, was man nicht sehen, sondern nur hören kann, sichtbar zu machen, ist offenbar ein im Grunde ganz paradoxer Gedanke[5]; er ist so unvorstellbar, daß einer der beiden von A. Schmitt beschriebenen Alaska-Schrift-Erfinder davon überzeugt war, „seine Schrift nicht selbst erfunden, sondern durch göttliche Eingebung empfangen zu haben. Das ‚Geheimnis des redenden Blattes' erscheint den mit der Schrift noch nicht vertraut gewordenen Menschen als etwas derart Übernatürliches, daß sie sich nicht vorstellen können, die Menschheit sei aus eigener Kraft zu einem solchen Vermögen gelangt", schreibt A. Schmitt dazu[6] und nennt noch weitere Beispiele aus anderen Kulturen, wo Menschen, die selbst eine Schrift erfunden haben, dennoch überzeugt waren, daß sie übernatürlichen Ursprungs sei. Auch in Altägypten wurde übrigens die Schrift als „Gottesworte" bezeichnet.

Die von A. Schmitt untersuchten Schrifterfindungen erfolgten alle auf Grund der Kenntnis, daß andere bereits schrieben. Was es bedeutet, *ohne* dieses Wissen auf die Idee zu kommen, Nur-Hörbares durch Sichtbarmachen auch jemandem mitzuteilen, der einen nicht hören kann, können wir nur noch erahnen. Und man versteht die Zweifel daran, ob dies in der Menschheitsgeschichte tatsächlich mehrmals gelang.

Ich möchte nun den Werdegang unserer Schrift bis zu seinem Anfang zurückverfolgen. Eine Schriftgeschichte „rückwärts" ist zwar etwas ungewöhnlich; aber sie führt nach Altägypten und bietet deshalb die Möglichkeit, sich dem Thema des Buches in einzelnen Schritten zu nähern und sowohl zu zeigen, wo die Unterschiede zwischen unserem und dem altägyptischen Schriftsystem liegen, als auch, wie sie zustandekamen. Dieser Weg kann hier nur kurz skizziert werden und weckt dann vielleicht den Eindruck einer völligen Geradlinigkeit. Aber in Wirklichkeit hatte er Kurven, Seitenwege, Sackgassen, deren Beschreibung ganze Bücher füllt, von denen einige den Anmerkungen vorangestellt sind.

In *Deutschland* verwenden wir heute normalerweise als Schreibschrift die lateinische Schrift und als Druckschrift die Antiqua; letztere bekam ihren Namen – eigentlich „Littera antiqua" (alte Schrift) – im Italien des 15. Jahrhunderts n. Chr. im Gegensatz zur seit dem 11. Jahrhundert n. Chr. üblichen „Gotischen Schrift", die man auch „Littera moderna" (neue Schrift) nannte. Denn in der Littera antiqua wurden ältere Schriftarten wieder aufgenommen, die vor der Entwicklung der Gotischen Schrift in Gebrauch gewesen waren[7]. In Deutschland setzte sich die Antiqua erst im 18. Jahrhundert gegen die Gotische Schrift durch, und bei den Schreibschriften sind nur wenige Jahrzehnte vergangen, seitdem die lateinische Schrift die Kursiv-Form der Gotischen Schrift, die „Deutsche Schrift", verdrängte[8]. All das sind jedoch nur Variationen ein und derselben Schrift, die von christlichen Missionaren aus Italien erst nach Irland gebracht worden war und die sich ab etwa 700 n. Chr. von dort aus in die anderen nordeuropäischen Länder verbreitete[9]; das älteste schriftliche Zeugnis deutscher Sprache stammt aus dem Jahr 765 n. Chr.[10]

Das Herkunftsland unserer Schrift ist also *Italien*. Dort konnte man mindestens seit 500 v. Chr. schreiben[11]. Unsere heutige Schreibrichtung – von links nach rechts – wurde in Italien übrigens erst im 4. Jahrhundert v. Chr. eingeführt, während die ältesten Inschriften lateinischer Sprache zum Teil noch von rechts nach links geschrieben worden waren. Diese lateinische Schrift war ursprünglich nur die Schrift der Landschaft Latium und der in ihr gelegenen Stadt Rom, während in anderen Gegenden Italiens ebenfalls Schriften existierten, die sich voneinander und von der in Latium leicht unterschieden. Sie hatten jedoch einen gemeinsamen Ursprung: Etrurien, die heutige Toscana, das Gebiet, in dem die *Etrusker* siedelten, nachdem sie nach Italien eingewandert waren.

Die Etrusker hatten die Schrift von den *Griechen* übernommen, sie nach Italien gebracht und sie – sie ihrer eigenen Sprache anpassend – umgewandelt. Alle etruskischen Inschriften sind von rechts nach links geschrieben; daraus schließt man, daß die Etrusker die Schrift bei den Griechen bereits in einer ganz frühen Zeit kennengelernt hatten, als diese ebenfalls noch linksläufig schrieben, das heißt im 8. Jahrhundert v. Chr.[12]

Aber auch die Griechen haben die Schrift nicht selbst erfunden, sondern sie ebenfalls übernommen: Von den *Phöniziern,* einem Volk, das im nördlichen Teil der syrisch-palästinensischen Küste lebte und von seinen Küstenstädten aus mit dem ganzen Mittelmeerraum[13] Handel trieb. Dabei gründeten sie Niederlassungen an der Nordküste Afrikas, auf den größeren Inseln und auch in Italien und Griechenland. Über Phönizier, die zusammen mit ihrem Führer *Kadmos* in das griechische Böotien eingewandert waren, schrieb *Herodot* (Historien V,58f) um 450 v. Chr. folgendes: „Diese mit *Kadmos* nach Griechenland eingewanderten Phönizier . . . haben durch ihre dortige Ansiedlung viele Wissenschaften und Künste zu den Griechen gebracht, unter anderem auch die Schrift, die die Griechen, wie ich glaube, bis dahin nicht kannten. Anfangs benutzten die Kadmeier (das heißt die von *Kadmos* geführten Phönizier) die gleichen Buchstaben wie alle Phönizier. Später aber veränderten sie im Laufe der Zeit mit der Sprache auch die Form (dazu s. u. S. 22) der Buchstaben. Nachbarn der Kadmeier in den meisten Gegenden waren damals die Ionier. Diese übernahmen durch Unterweisung die Buchstaben von den Phöniziern, bildeten sie im Gebrauch ein wenig um und nannten sie ,phönizische Buchstaben‘, was recht und billig war; denn die Phönizier hatten sie ja in Griechenland eingeführt . . . Solche Buchstaben aus der Zeit des *Kadmos* habe ich im Tempel des *Apollon Ismenios* im böotischen Theben selbst gesehen; sie sind in drei Dreifüße eingeritzt und größtenteils der ionischen Schrift gleich"[14]. Es war also den Griechen wohlbekannt, wem sie ihre Schrift zu verdanken hatten, und die ältesten erhaltenen Belege griechischer Schrift zeigen noch große Ähnlichkeit mit der phönizischen[15]. Daß der Ort der Übernahme der Schrift von den Phöniziern in oder nahe bei Böotien lag, ist gut möglich; denn die ältesten Texte in griechischer Schrift wurden in direkter Nachbarschaft Böotiens gefunden. Als Zeit der Übernahme wird etwa das 9. Jahrhundert v. Chr. angenommen[16]. Das bedeutet: In Europa kann man mindestens seit 2900 Jahren schreiben.

Bevor wir den Weg unserer Schrift nun weiterverfolgen in das Herkunftsland der Phönizier, müssen wir kurz anhalten, um eine Änderung genauer zu betrachten, die die Schrift in Griechenland erfuhr. Es wurde schon angedeutet, daß die Schrift, wenn sie von einem Volk an ein anderes weitergegeben wurde, leicht verändert wurde; das mußte geschehen, weil mit dieser Schrift nach der Übernahme jeweils auch eine andere Sprache geschrieben werden sollte als vorher. Diese Sprachen stimmten zwar in den meisten, nicht aber in allen Lauten überein. Für die unterschiedlichen Laute mußten entweder neue Schriftzeichen gefunden werden, oder es wurden vorhandene „umfunktioniert", das heißt ihre Aussprache wurde verändert. Letzteres ist besonders gut zu beobachten bei den verschiedenen europäischen Sprachen, die mit derselben Schrift geschrieben werden: zum Beispiel wird im Deutschen die Zeichenkombination *ch* anders gesprochen als im Englischen (tsch), *gi* anders als im Italienischen (dsch) usw.

Die Veränderung, der die phönizische Schrift unterzogen wurde, um mit ihr die griechische Sprache wiederzugeben, war aber von einer anderen Qualität als die Anpassung der griechischen Schrift an die etruskische Sprache oder der etruskischen Schrift an die lateinische Sprache: Zwischen der phönizischen und der griechischen Schrift besteht der gravierende Unterschied, daß die phönizische nur Zeichen für Konsonanten, die griechische dagegen Zeichen für Konsonanten und Vokale enthält.[17] Zwischen beiden Schriften liegt also ein wichtiger Einschnitt in der Entwicklung unserer Schrift. Diese Neuerung gegenüber der phönizischen Schrift findet sich bereits auf den ältesten griechischen Schriftdenkmälern; es gibt also kein Anzeichen – zumindest wurde bisher keines gefunden – für eine Art Übergangsstadium, in dem die griechische Sprache nur mit Konsonanten geschrieben worden wäre.

Die Frage, warum für die griechische Schrift auch Zeichen zur Schreibung von Vokalen eingeführt wurden, ist oft diskutiert worden.[18] Dabei wurde vor allem argumentiert, daß in den Sprachen, deren zugehörige Schriften auch Zeichen für Vokale haben, die Vokale eine stärkere bedeutungsunterscheidende Rolle spielen würden als in den Sprachen, für die „nur" Konsonantenschriften geschaffen wurden. Wenn man jedoch die Probe aufs Exempel macht und einen deutschen Satz nur mit Konsonanten schreibt, merkt man, daß wir ihn auch aussprechen könnten und wüßten, welche Wörter gemeint sind, zwar anfangs etwas mühsam, aber bei einiger Übung doch flüssig; und Menschen, die es gewöhnt sind, ihre Sprache so geschrieben zu sehen, haben ja diese Übung. Das heißt, es wäre zum Beispiel für unsere Sprache nicht unbedingt notwendig, auch ihre Vokale zu schreiben, damit wir das Geschriebene richtig verstehen könnten. Die bedeutungsunterscheidende Funktion der Vokale kann also nicht allein ausschlaggebend dafür sein, daß für einige Sprachen Schriften entwickelt wurden, die nur Konsonantenzeichen enthalten, für andere Sprachen Schriften mit Zeichen für Konsonanten und Vokale.

Analysiert man, wie wir vorgehen, wenn wir einen nur mit Konsonanten geschriebenen deutschen Satz vor uns haben – zum Beispiel „Ht st schns Wttr"[19] –, so merkt man, daß wir auf Grund unserer Kenntnis der damit geschriebenen Sprache die Vokale ergänzen. Würden wir aber ein nur mit Konsonanten geschriebenes Wort einer uns unbekannten Sprache lesen, könnten wir es nicht einmal aussprechen, weil wir nicht wüßten, wo Vokale einzufügen sind und welche es sein müßten.

Das heißt, die Voraussetzung dafür, einen nur mit Konsonanten geschriebenen Text aussprechen zu können, ist, daß man die Sprache beherrscht, in der er geschrieben ist. (Jeder, der einmal in einem arabischen Land war und gemeint hat, wenn er die Schriftzeichen kennt, könne er zumindest Straßenschilder lesen, kennt dieses Problem). Bei Schriften dagegen, die auch Vokale wiedergeben, muß man nur die Ausspracheregeln für die Schriftzeichen wissen, um Geschriebenes auch dann aussprechen zu können, wenn man die Sprache selbst nicht kennt. Wir haben eine besonders gute Möglichkeit, dies nachzuvollziehen, da die Schrift, die wir benützen, auch für sehr viele andere Sprachen (Englisch, Spanisch, Polnisch, Tschechisch, Jugoslawisch, Norwegisch usw.) verwendet wird: Uns sind selbstverständlich die Ausspracheregeln für in unserer Sprache Geschriebenes geläufig; uns ist andererseits auch bewußt, daß für die anderen Sprachen zum Teil andere Regeln gelten und sprechen zum Beispiel „Jeans", da es ein englisches Wort ist, anders aus, als wenn ein deutsches Wort so geschrieben wäre (nämlich *dschiens* und nicht *je-ans*). Weiß man einmal, daß im Englischen *j* wie deutsches *dsch* gesprochen wird und kennt man noch die übrigen Unterschiede zwischen der deutschen und der englischen Wiedergabe der Laute in der Schrift, kann man die meisten englisch geschriebenen Wörter – sofern sie nicht entgegen den Regeln geschrieben sind – lesen und aussprechen, auch wenn man sonst keine Ahnung von dieser Sprache hat und den Inhalt dessen, was man liest, nicht versteht.

Dies ist, wie gesagt, bei einem nur mit Konsonanten geschriebenen Text nicht möglich, sondern ihn kann nur aussprechen, wer die Sprache kennt, in der er geschrieben ist.

Wie aber gibt man dann in einer Konsonantenschrift Wörter, die nicht zur eigenen Sprache gehören, so wieder, daß jeder Leser – auch der, der die Herkunftssprache dieser Fremdwörter nicht kennt – weiß, wie sie richtig auszusprechen sind? Denn wie sollte er bei solchen Wörtern die Vokale ergänzen? Für diese Fälle nun wurden auch für die Konsonantenschriften – und zwar, soweit ich es beurteilen kann, für alle – die Möglichkeit entwickelt, Vokale zu schreiben. Es gab (zum Beispiel in den altägyptischen und altorientalischen Schriften) und gibt (zum Beispiel in der arabischen Schrift) in den Konsonantenschriften deutlich von dem eigentlichen Schriftsystem unterschiedene, ganz spezielle Regeln für die Wiedergabe von ausländischen Namen und Fremdwörtern. Die arabische Schrift besitzt beispielsweise prinzipiell nur Zeichen für Konsonanten; nachträglich wurde zwar für bestimmte Texte auch die Möglichkeit entwickelt, Vokale auszudrücken, indem man sie durch über beziehungsweise unter die Konsonanten gesetzte kleine Zeichen andeutet. Für die Schreibung von Fremdwörtern jedoch genügt das offenbar nicht, vor allem dann nicht, wenn Fremdwörter und fremde Namen in ansonsten unvokalisierten Texten (zum Beispiel in Zeitungen) vorkommen; es werden daher bei der Schreibung von Fremdwörtern einige der in der Regel nur für Konsonanten verwendete Zeichen auch zur Wiedergabe von Vokalen benützt. Ich habe mir von einem Ägypter zeigen lassen, wie in arabischen Zeitungen die Namen von deutschen Politikern geschrieben werden: Wenn man sich allein daraus ein Bild von der arabischen Schrift machen würde, müßte man zu dem Schluß kommen, daß diese Schrift sowohl Zeichen für Konsonanten als auch für Vokale enthielte.

Diese Überlegungen und Beobachtungen habe ich eingeschoben, um eine mögliche Antwort zu finden auf die Frage, wie es von der nur Konsonantenzeichen wiedergebenden phönizischen Schrift zu der auch Vokalzeichen enthaltenden griechischen Schrift gekommen sein könnte.

Im allgemeinen wird den Griechen das Verdienst zugeschrieben, die Vokalzeichen in unsere Schrift eingeführt zu haben. Liest man jedoch noch einmal das oben (S. 18) aufgeführte Zitat aus *Herodot*'s Historien, so steht da, daß die Phönizier die Schrift nach Griechenland gebracht, sie dort verändert und daß danach die Ionier sie von den Phöniziern „durch Unterweisung übernommen", also gelernt hätten. Den für unsere Frage ausschlaggebenden Satz findet man allerdings in den *Herodot*-Ausgaben unterschiedlich übersetzt; wörtlich lautet er: „Später aber veränderten sie (= die nach Griechenland eingewanderten Phönizier) mit der Sprache auch die Form der Buchstaben". Stattdessen liest man oft die – ebenfalls mögliche – Übersetzung: „Später aber veränderte sich mit der Sprache auch die Form der Buchstaben".[20] (Im Griechischen steht: μετὰ δὲ χρόνου προβαίνοντος ἅμα τῇ φωνῇ μετέβαλον καὶ τὸν ῥυθμὸν τῶν γραμμάτων.) Dazu kommt, daß das Wort, das hier mit *Form* wiedergegeben ist, (ῥυθμός), auch noch eine Reihe anderer Bedeutungen hat, wie *Maß, Proportion, Zeit, Zustand*.[21] Es ist daher gut möglich, daß damit nicht nur die äußere Form der Buchstaben gemeint ist, sondern daß sich dieser Satz auch auf die Einführung der Vokalzeichen bezieht.

Dann aber wären es nicht die Griechen gewesen, die diesen Schritt vollzogen hätten, nachdem sie die Schrift von den Phöniziern übernommen hatten, sondern die Phönizier selbst hätten ihn getan: Als sie nach Griechenland eingewandert waren, waren für sie ja griechische Wörter Fremdwörter, und daß sie zumindest griechische Namen von Personen und Orten schreiben mußten, ist sehr wahrscheinlich. Wenn sie bei deren Schreibung auch so vorgingen, wie ich es oben am Beispiel der arabischen Schrift beschrieben habe, könnte da der Ursprung der Vokalzeichen in der griechischen Schrift liegen[22]. Die Zeichen, die in der griechischen Schrift für die Vokale gebraucht werden, waren nämlich keine Neuerfindungen, sondern „umfunktionierte" phönizische Konsonantenzeichen[23]. Wenn meine Vermutung stimmt, haben die Griechen von den Phöniziern nicht deren eigentliches Schriftsystem übernommen, sondern nur von ihnen gelernt, wie die Phönizier griechische Wörter schrieben. Diese Schreibweise – innerhalb der phönizischen Schrift eine Ausnahme – haben die Griechen für ihre Schrift dann zur Regel gemacht.

Fragt man nun weiter, woher die Phönizier ihre Schrift hatten, stößt man gleich wieder auf eine Neuerung in der Geschichte unserer Schrift: Für uns ist es selbstverständlich, daß unsere Schrift (außer Interpunktionszeichen und ähnlichem) nur Zeichen enthält, die man ausspricht, daß für jeden bedeutungsunterscheidenden Laut der Sprache – in der Regel[24] – genau ein Schriftzeichen existiert und daß wir ein „ABC" oder „Alphabet" haben, das heißt eine festgelegte Reihenfolge des gesamten Schriftzeichenschatzes. Diese Eigenschaften hatten und haben jedoch nicht alle Schriften, und wir werden mit den altägyptischen Schriften noch Beispiele kennenlernen, in denen es auch Schriftzeichen gibt, die nicht ausgesprochen werden, in denen das Prinzip „ein Laut – ein Schriftzeichen" nicht die Regel ist und für deren Zeichenschatz keine festgelegte Reihenfolge existierte. Die eben beschriebenen Merkmale unserer Schrift sind erst vom Ende des 14. Jahrhunderts v. Chr. an[25] erkennbar (allerdings beschränkt auf die Konsonanten), und zwar in Schriften, die an der syrisch-palästinensischen Küste in Gebrauch

2 Ugaritische Keilschrift, in ein Tontäfelchen geritzt.

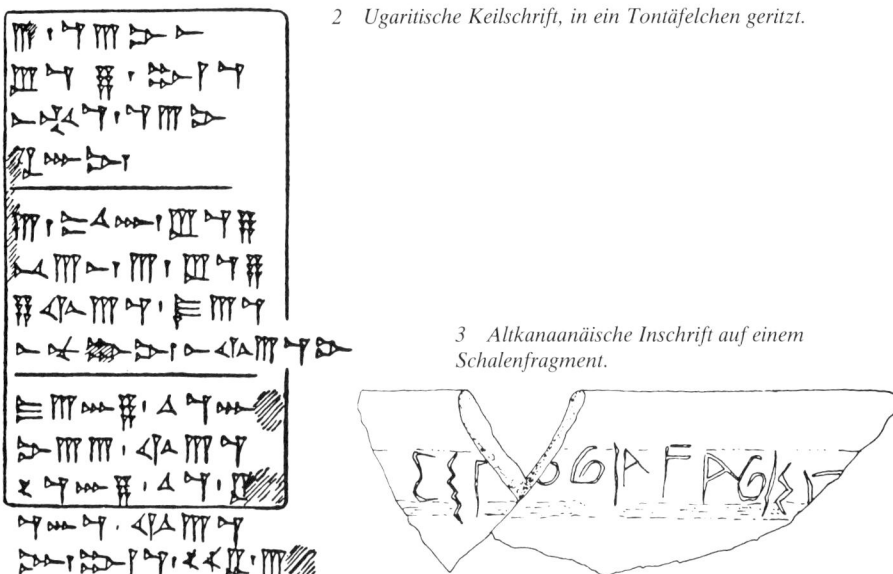

3 Altkanaanäische Inschrift auf einem Schalenfragment.

waren und direkte Vorläufer der phönizischen Schrift sind. Die ältesten in diesem Schriftsystem geschriebenen Zeugnisse stammen aus der Stadt Ugarit (= Ras Schamra). Es sind kleine Tontäfelchen, in die mit keilschrift-förmigen Schriftzeichen Texte in der Sprache Ugarits geschrieben sind; sogar ein Täfelchen mit dem ugaritischen „Alphabet" wurde gefunden: Es enthält 30 Zeichen für je einen Konsonanten.[26]

Es wird angenommen, daß zur selben Zeit daneben schon eine andere Schrift existierte, die sogenannte „altkanaanäische" Schrift, die allerdings erst vom 13. Jahrhundert v. Chr. an archäologisch nachweisbar ist. Auch in dieser Schrift ist ein „Alphabet" erhalten; aus der Art, wie dieses Alphabet aufgebaut ist, und aus Ähnlichkeiten zwischen einzelnen Schriftzeichen schließt man, daß der „Erfinder" der ugaritischen Schrift die altkanaanäische bereits gekannt haben muß[27], das heißt daß die altkanaanäische Schrift in Wirklichkeit mindestens so früh existierte wie die ugaritische. Die Zeichen dieser Schrift haben nicht Keilschrift-Form wie die der ugaritischen, sonderen erinnern eher an unsere Schriftzeichen (sogenannte „lineare" Form) (Abb. 2 + 3).

Nachdem Ugarit kurz nach 1200 v. Chr. zerstört worden war[28], hörte auch die ugaritische Keilschrift auf zu existieren. Es blieb die altkanaanäische Schrift, deren Zeichenformen jedoch von Ort zu Ort noch recht unterschiedlich waren – bis sich eine von ihnen gegenüber allen anderen durchsetzte: Die in Phönizien ausgebildete. Die älteste längere (kürzere sind schon aus dem 12. und 11. Jahrhundert v. Chr. bekannt) Inschrift in dieser Schrift ist auf dem Steinsarkophagdeckel des Fürsten der Stadt Byblos, *Ahirom,* überliefert und stammt aus dem Beginn des 10. Jahrhunderts v. Chr.[29]

Wie kamen gerade die Völker jener Region dazu, als erste „Alphabetschriften" zu benützen? Auch diese Frage ist nicht eindeutig zu beantworten; man kann aber die Situation beschreiben, in der jene Völker sich befanden, und daraus Schlüsse ziehen. Betrachtet man die Landkarte des östlichen Mittelmeerraumes (Abb. 4), so sieht man, daß das Ursprungsgebiet der Alphabetschriften im Raum zwischen den beiden großen Flußlandschaften liegt, in denen seit Ende des 4. Jahrtausends v. Chr. die frühesten Staaten der Menschheit entstanden waren: auf der einen Seite Sumer an Euphrat und Tigris, auf der anderen Seite Ägypten am Nil. In beiden Staaten waren von Anfang an Schriften entwickelt worden: In Sumer eine Schrift, deren Zeichen im Laufe der Zeit eine Form angenommen hatte, die wie aus Keilen zusammengesetzt aussieht und daher „Keilschrift" genannt wird; in Ägypten die Hieroglyphen und die davon abgeleiteten Schriftarten. Beide Staaten hatten bereits früh begonnen, ihren Einflußbereich auszuweiten,[30] und das Gebiet, in dem beide zusammentrafen, ja sich überschnitten, ist das syrisch-palästinensische Küstenland.

Nicht nur politische und wirtschaftliche Einflüsse griffen bis dorthin aus, sondern auch kulturelle: In Ugarit zum Beispiel wurden Denkmäler sowohl mit ägyptischen Hieroglyphen als auch mit Keilschrifttexten gefunden. Wenn Menschen, die in einer solchen Region lebten, nun für ihre Sprache eine eigene Schrift „erfinden" wollten, liegt es nahe anzunehmen, daß sie dies auf der Basis der Schriften taten, die ihnen bereits bekannt waren. Die Form ihrer Schriftzeichen weist denn auch deutlich in die beiden Richtungen: Die der Ugarit-Schrift auf die Keilschrift Mesopotamiens, die der altkanaanäisch-phönizischen Schriften auf eine der altägyptischen Schriftarten. Zu der Frage, aus welcher altägyptischen Schrift sie sich entwickelten, gehen die Meinungen allerdings auseinander: Ein Teil der Wissenschaftler plädiert für eine Herleitung aus den Hieroglyphen und sieht als Zwischenglieder zwei Schriften, deren Zeichen einigen Hieroglyphenzeichen ähneln und von denen Zeugnisse auf der Halbinsel Sinai („Protosinaitische Schrift") und an der syrisch-palästinensischen Küste („Protokanaanitische Schrift") gefunden wurden.[31] Andere dagegen sehen in diesen Schriften Nebenent-

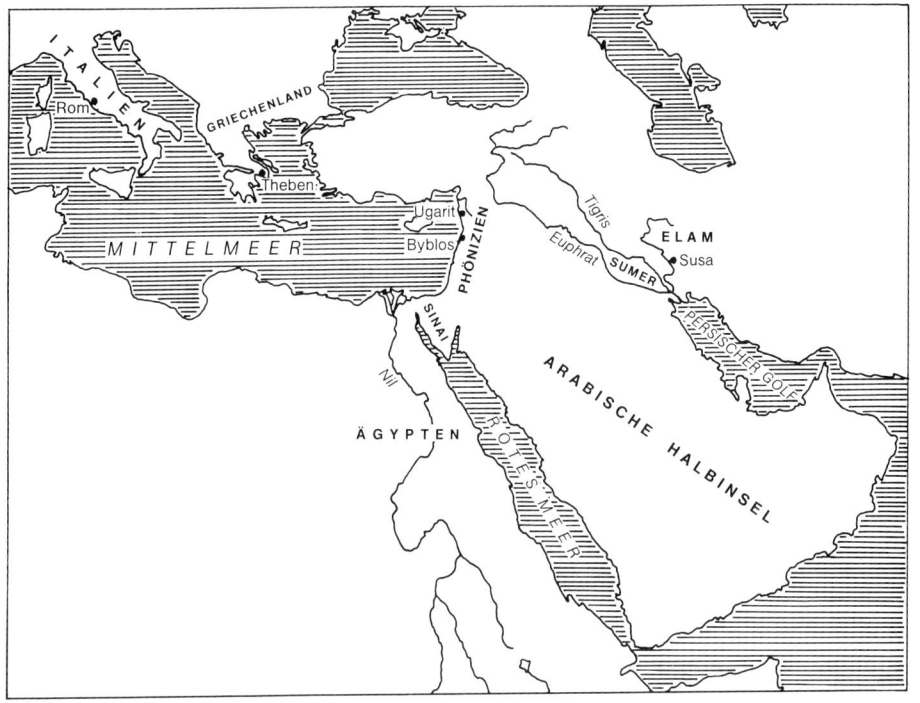

4 Länder und Orte, die in der Geschichte der europäischen Schrift eine Rolle spielten.

wicklungen, wie es damals viele gab, und betrachten als Vorbild der altkanaanäischen-phönizischen Schriften die „hieratisch" genannte Schreibschrift der Ägypter.[32]

Letztere Theorie leuchtet mir persönlich mehr ein, zumal mit ihr auch eine plausible Vermutung darüber verbunden werden kann, wie die Kanaanäer auf die Idee einer Alphabetschrift gekommen sein können. Sie stammt von M. A. Mallon[33] und ähnelt teilweise derjenigen, die ich oben zu der Frage geäußert habe, wie aus der phönizischen Konsonantenschrift die griechische Konsonanten- und Vokalschrift geworden sein kann: Das Gebiet der Kanaanäer und Phönizier hatte schon seit dem frühen 3. Jahrtausend zum Einflußbereich Ägyptens gehört; insbesondere zur schon genannten Stadt Byblos (s. S. 24) – einem der wichtigsten Zentren Phöniziens – bestand eine so lange und enge Verbindung, daß ihre Fürsten in altägyptischen Texten mit demselben Wort bezeichnet wurden wie die „Bürgermeister" von in Ägypten gelegenen Orten[34]; das heißt Byblos wurde wie eine ägyptische Stadt betrachtet. Daß es in einem Ort wie diesem ägyptische und andere Beamte gab, die Ägyptisch sprechen und schreiben konnten, ist selbstverständlich – und die

Schrift, die altägyptische Beamte bei ihren Amtsgeschäften gebrauchten, war die hieratische Schreibschrift. Sie mußten sicher auch häufig nicht-ägyptische Wörter schreiben, zum Beispiel Namen von Personen und Orten aus ihrer Umgebung. Wie für andere Konsonantenschriften waren auch für die altägyptische Schrift besondere und von ihren sonstigen Regeln abweichende Methoden entwickelt worden, um Fremdwörter schreiben zu können[35]. Die altkanaanäisch-phönizische Schrift kann – so die Theorie von M. A. Mallon und der ihm folgenden Wissenschaftler – dadurch entstanden sein, daß kanaanäische Schreiber die Art und Weise, wie man in der altägyptischen Schrift Fremdwörter schrieb, übernahmen und zu einem eigenen Schriftsystem für ihre Sprache ausbauten, das uns dann schließlich in der phönizischen Alphabetschrift begegnet. Die Beschränkung auf – im Vergleich zur altägyptischen Schrift – nur wenige Schriftzeichen und die Durchrationalisierung der Schrift führt M. A. Mallon auf die Tatsache zurück, daß die Phönizier nicht selbst erst eine Schrift erfinden mußten, sondern bereits eine fertige Schrift vorfanden, die sie nur weiter zu entwickeln brauchten: „Le rôle des Phéniciens consista a perfectionner l'œuvre de leurs devanciers". Zur Zeit arbeitet der Ägyptologe Karl-Theodor Zauzich an einem größeren Werk über dieses Thema; er ist überzeugt davon, daß nicht nur die Form der phönizischen Schriftzeichen sich aus der hieratischen Schrift herleitet, sondern daß auch die Namen, die diesen Zeichen gegeben wurden, aus dem Ägyptischen zu erklären sind und sich noch bis zur Übernahme durch die Griechen erhalten haben: „Alpha" für a, „Beta" für b, „Gamma" für g usw. In unserer Sprache sind davon nur die ersten beiden eingegangen als Bezeichnung für die Reihenfolge der Schriftzeichen: „Alphabet".

Ob man nun die Ansicht teilt, daß die phönizische Schrift letztlich von der hieratischen herzuleiten ist, oder diejenige, daß sie nur auf die Hieroglyphen zurückgehen kann – einig sind sich alle darin, daß unsere Schrift bis nach *Altägypten* zurückzuverfolgen ist: Wir lernten sie von den Römern, die Römer von den Etruskern, die Etrusker von den Griechen, die Griechen von den Phöniziern, die Phönizier bzw. Kanaanäer von den Altägyptern.

Von wem lernten sie die Altägypter?

Es wurde bereits gesagt, daß die frühesten Zeugnisse altägyptischer Schrift aus der Zeit um 3000 v. Chr. stammen. Man muß also fragen, ob es aus einer anderen Kultur noch ältere Schriftdenkmäler gibt und ob es möglich ist, daß die Ägypter das Schreiben von dort erlernt haben. Dafür kommen nur zwei Kulturen in Frage: Die der Sumerer und das östlich davon gelegene Elam. Sie waren die einzigen Schriftkulturen, die es zu dieser Zeit – und vielleicht auch schon etwas früher – außer der altägyptischen gab. Die Entfernung zwischen Ägypten und Sumer beziehungsweise Elam ist zwar sehr groß; aber eine Verbindung war sowohl auf dem Seeweg – durch den Persischen Golf und um die Arabische Halbinsel herum – möglich als auch auf dem Landweg im Norden der Arabischen Halbinsel. Der Seeweg war für Elam günstiger, da seine Hauptstadt Susa in alter Zeit am Fluß Karun lag und somit direkten Zugang per Schiff zum Persischen Golf hatte[36]. Es gibt einige Anhaltspunkte dafür, daß zwischen Ägypten und Sumer/Elam schon sehr früh Handelsbeziehungen bestanden[37]. Ein so enger Kontakt wie zwischen Phöniziern und Griechen oder Etruskern und Römern hat zwischen Ägyptern und Sumerern beziehungsweise Elamern jedoch nie bestanden: Wir haben keinerlei Hinweis dafür, daß Sumerer oder Elamer in Ägypten oder Ägypter in Sumer beziehungsweise Elam gelebt haben; das heißt die Ägypter konnten gar nicht die Schrift von den Sumerern oder Elamern in dem Sinne „lernen" oder „übernehmen", wie wir es bisher auf dem Weg durch die Geschichte unserer Schrift beobachtet haben. Sondern es ist nur möglich, daß die Ägypter durch die Händler erfahren oder auch an ihnen beobachtet haben, daß man überhaupt schreiben kann und daß sie dadurch angeregt wurden, selbst ebenfalls eine Schrift zu entwickeln. Es sind auch keine Gegenstände mit sumerischen oder frühelamischen Schriftzeichen aus dieser Zeit in Ägypten gefunden worden, so daß nicht einmal gesagt werden kann, ob jemals sumerische oder frühelamische Schrift bis nach Ägypten gelangte. Zudem sind die drei Schriftsysteme recht unterschiedlich: Sie sind eng abgestimmt auf den ganz verschiedenen Aufbau der Sprachen, für deren Fixierung sie geschaffen wurden[38]. Allein das zeigt schon eine große Eigenständigkeit in der Entwicklung dieser Schriften.

Wo das Ende des Weges zurück zu den Anfängen unserer Schrift letztlich zu sehen ist, bleibt also eine offene Frage: Vielleicht ist die Idee, Nur-Hörbares in Nur-Sichtbares umzuwandeln, so ungeheuerlich, daß sie wirklich nur einmal in der Menschheitsgeschichte „geboren" werden konnte, und vielleicht geschah dies in Sumer oder Elam, wo jedenfalls bisher – Schriftdenkmäler aus älterer Zeit gefunden wurden als anderswo. Sicher ist aber, daß wir unsere heute gebrauchte Schrift wie über einen Staffettenlauf bekommen haben, dessen Startpunkt Altägypten war.

Zwischen unserer und der altägyptischen Schrift liegen Welten, so meint man auf den ersten Blick: Hier eine kleine Anzahl abstrakter

Zeichen, die für je einen Laut stehen – dort mehr als 1000 Zeichen in Bildgestalt, von denen (so wird im nächsten Kapitel zu sehen sein) manche einen, manche zwei, manche drei und manche sogar vier Laute wiedergeben und die auch Zeichen enthält, die den Bedeutungsinhalt des mit ihnen geschriebenen Wortes abbilden. Dennoch stehen beide Schriften in einem entwicklungsgeschichtlichen Zusammenhang.

Wenn die oben genannten Vermutungen über die Entstehung von Alphabetschriften im phönizischen Raum und über die Einführung der Vokalzeichen in Griechenland zutreffen, waren es zwei Faktoren, die die „Verlautlichung" und Abstraktion der Schrift Schritt für Schritt vorantrieben:

1. Daß für Konsonantenschriften zum Schreiben von Wörtern fremder Sprachen spezielle Methoden entwickelt werden mußten, um den Lautbestand dieser Wörter vollständiger wiedergeben zu können, als es für Wörter der einheimischen Sprache nötig und in der Schrift die Regel war.

2. Daß die anderssprachigen Völker, die die Schrift dann übernahmen, sich nur den Teil des Schriftsystems aneigneten – und ihn weiterentwickelten –, der darin zum Schreiben von Wörtern fremder Sprachen diente.[39]

Meine Hypothese lautet, daß unsere Schrift dadurch zu einer reinen Lautzeichenschrift geworden ist, daß mehrere ihrer „Vorfahren" aus den Methoden entstanden sind, die deren Vorgänger zum Schreiben von Fremdwörtern benützt hatten. So kam die Schrift Schritt für Schritt davon ab, mit ihren Zeichen Bedeutungsinhalte darzustellen und tendierte immer mehr dazu, mit den Zeichen nur noch Laute wiederzugeben.

I. Das System und die Formen der altägyptischen Schrift

In diesem 1. Hauptteil werden die Schriften vorgestellt, die in Ägypten für das Festhalten der altägyptischen Sprache verwendet wurden. Ausgangs- und Schwerpunkt wird die Hieroglyphenschrift sein. Darüber hinaus werden die von ihr abgeleiteten „Kursiv-Hieroglyphen" und die „hieratisch" genannte Schreibschrift beschrieben und drei erst spät entwickelte Schriften – das abnormale Hieratisch", die „demotische" und die „koptische" Schrift – kurz behandelt.

Woher die Bezeichnung „koptisch" kommt und was sie bedeutet, wird im Kapitel über diese Schrift (s. S. 86) eigens besprochen. Die anderen drei Schriftnamen haben wir von antiken griechischen Autoren übernommen[1], von denen die älteren allerdings nur zwei Schriftarten unterschieden hatten. So steht im Bericht *Herodot*'s über seine Reise, die ihn um 450 v. Chr. für einige Monate durch Ägypten führte (Historien II,36): „Sie (= die Ägypter) benutzen zwei Arten von Buchstaben; die eine heißt die heilige (ἱερά = hierá), die andere die allgemein vom Volk gebrauchte (δημοτικά = demotiká)". *Herodot* hatte also beobachtet, daß die Ägypter bei der Wahl der Schriftart danach unterschieden, ob sie „Heiliges" oder Alltägliches, Profanes schrieben. Spätere Autoren[2] differenzierten bei der „heiligen" Schrift noch zwischen der ἱερογλυφική (hieroglyphiké) = „heiligen (Schrift) zum Meißeln" und der ἱερατική (hieratiké) = „priesterlichen (Schrift)"[3].

Diese Bezeichnungen beschreiben, wie die Schriften zu der Zeit verwendet wurden, als die Griechen Ägypten kennenlernten. Für die ältere Zeit treffen sie jedoch nur teilweise zu: Die „hieroglyphische" Schrift war tatsächlich immer die Schrift, die in die Wände von Tempeln, Gräbern usw. eingemeißelt wurde, es war also wirklich eine Schrift zum Meißeln besonders von Heiligem; die „hieratische" Schrift dagegen war ursprünglich die vor allem in der Verwaltung benutzte Schreibschrift, also die Alltagsschrift. Erst im 7. Jahrhundert v. Chr. wurde sie durch die neu entstandene „demotische" Schrift aus dieser Rolle verdrängt und von da an nur noch für religiöse, vor allem auf Papyrus geschriebene Texte gebraucht. Trotzdem nennt man diese Schrift heute allgemein „hieratisch", auch dann, wenn man sie in ihrer älteren Funktion meint.

Im Vorwort wurde bereits gesagt, daß es sich bei der koptischen Schrift um eine Abwandlung der griechischen Schrift handelt; ihr System unterscheidet sich also grundsätzlich von dem der altägyptischen Schriften, wie das vorangehende Kapitel gezeigt hat. Ich habe sie trotzdem mitberücksichtigt, weil auch sie zum Schreiben der altägyptischen Sprache verwendet wurde. Den anderen Schriftarten dagegen liegen die gleichen Prinzipien zugrunde, die ich im Folgenden anhand der Hieroglyphenschrift erklären möchte[4].

1. Das System der altägyptischen Schrift und die Hieroglyphen

Wir haben keine konkreten Anhaltspunkte dafür, wie die Prinzipien der altägyptischen Schrift entstanden sind – ob durch eine Erfindung oder durch eine längere Entwicklung; vieles spricht dafür, daß sie das Ergebnis einer Folge von Erfindungen sind.

Trotzdem will ich sie beschreiben in der Art, wie jemand vorgegangen sein könnte, der eine solche Schrift „erfunden" hat. Ich lasse dabei außer acht, in welcher Reihenfolge die Schritte historisch aufeinander gefolgt sein können; sondern dieses Vorgehen dient lediglich dazu, das altägyptische Schriftsystem möglichst verständlich zu erklären. Diese schrittweise Beschreibung hat auch zur Folge, daß einige der in den ersten Schritten aufgeführten altägyptischen Beispiele noch nicht in ihrer vollständigen, tatsächlich in altägyptischen Texten belegten Schreibweise wiedergegeben werden, sondern konstruiert sind.

Untersuchungen an Schrifterfindungen neuerer Zeit zeigen übrigens, daß mehrere Schrifterfinder unabhängig voneinander – der eine zum Beispiel ein Eskimo in Alaska, ein anderer ein Afrikaner in Kamerun – und natürlich ohne jegliche Kenntnis etwa der altägyptischen Schrift, auf sehr ähnliche Ideen gekommen sind[5] wie der hier angenommene „altägyptische Schrifterfinder".

Das Schriftsystem:

Das fertige Schriftsystem ist so aufgebaut, als wäre er in folgenden Schritten vorgegangen:

1. Schritt:
Für Sichtbares legte er eine bestimmte Form fest, in der es abzubilden war, wenn es als Schriftzeichen benutzt wurde; er schuf damit Zeichen,

a

b

c

d

e

f

5 *a–c: Gemalte Hieroglyphen, d–f: In Stein gehauene Hieroglyphen.*

die jeweils als ganzes Wort zu lesen sind. Die Wörter bedeuten dasselbe wie das Bild.

Zum Beispiel: ⊓ = „Haus"; ∿ = „Wasser"; ⊐ = „Flachland"; ⌣⌣ = „Bergland", „Hügelland", „Wüste", „Ausland"; ⌐ = „Himmel"; ⊙ = „Sonne"; ⊗ = „Stadt"; ▥ = „See", 🪲 = „Skarabäus".

War einmal ein Bild zum hieroglyphischen Schriftzeichen gemacht worden, war seine Form in der Regel nicht mehr veränderbar, genauer gesagt: Seine Umrißlinien und diejenigen Binnenzeichnungen, die nötig waren, um es von anderen ähnlichen Zeichen zu unterscheiden, waren damit festgelegt. Unterschiede gab es nur in der Art der Ausführung, die von der Wiedergabe kleinster Details bis hin zur bloßen Angabe der Konturen reichen konnte (Abb. 5). Die Regeln, nach denen etwas Gesehenes in Hieroglyphenzeichen abgebildet ist, waren prinzipiell dieselben, die auch sonst für das Flachbild galten: Man gab das Ganze in seiner typischsten Ansicht wieder, oder setzte es zusammen aus typischen Ansichten seiner einzelnen Bestandteile:

Beispiele für den ersten Fall: ✎ ein Kopf; ♀ ein Gesicht; 🐣 ein Küken.

Beispiele für den zweiten Fall: ⌖ ein Weg in Draufsicht und Büsche von der Seite; 🦉 eine Eule: Körper von der Seite und Kopf von vorne; 🧍 ein Mann: Kopf von der Seite und Oberkörper von vorne und Unterkörper von der Seite.

Hätte der „Schrifterfinder" sich mit solchen Wortzeichen begnügt, hätte er ausschließlich optisch wahrnehmbare Dinge und Vorgänge beschreiben können; zudem hätte er auch eine große Zahl von Zeichen allein dazu entwickeln müssen, um einen Gegenstand in unterschiedlichen Farben zu zeigen, oder um bei Tätigkeiten anzugeben, wer (ein Tier? ein Mann? eine Frau? ein Gott?) sie ausübt. Dem wirkte er entgegen mit dem

2. Schritt:

Hier entschied er sich dazu, aus den verschiedenen Möglichkeiten, zum Beispiel Grünes darzustellen (wozu sich vor allem grüne Objekte anbieten), oder an bestimmte Körperorgane gebundene Tätigkeiten (wie „hören", „kommen", „geben"), odeι Handlungen, zu denen eigens dafür geschaffene Geräte nötig sind (wie „schreiben"), ein Zeichen auszuwählen, das repräsentativ auch für die anderen steht. Eine kleine Auswahl für dieses Vorgehen: ⌇ (Papyrusstengel) für „grün"; 🦩 (Flamingo) für „rot"; ⌒ (Kuhorn) für „hören"; 🖌 (Schreibgerät) für „Schreiber", „schreiben"; ∧ (menschliche Beine und Füße) für „kommen"; ⌐ (Arm und Hand, die ein Brot darreicht) für „geben".

Im 3. Schritt

entfernte sich der „Schrifterfinder" noch etwas weiter weg von der Methode, das Gemeinte direkt abzubilden, um damit das entsprechende Wort zu schreiben: Er verwendete für manche Wörter Zeichen, deren Bild nicht mehr so ohne weiteres wie in den Schritten 1 und 2 aus der Bedeutung des damit geschriebenen Wortes zu erklären ist. Dies läßt sich am besten veranschaulichen an den Zahlzeichen.

Das altägyptische Zahlsystem war auf der Basis 10 aufgebaut, es besaß jedoch nicht die Ziffer 0, so daß man (wie beispielsweise auch bei den Römischen Zahlen) für Einer, Zehner, Hunderter, Tausender usw. unterschiedlich aussehende Zeichen wählen mußte, während wir, die wir die 0 als „Platzhalter" haben, allein durch die Stellung der einzelnen Ziffer ausdrücken können, ob sie einen Einer, Zehner, Hunderter usw. bedeutet; deshalb brauchen wir keine verschiedenförmigen Ziffern dafür. In der altägyptischen Schrift wurden die Einer durch einen Strich geschrieben, also: 4 = ⅢⅠ 5 = ⅢⅡ 7 = ⅢⅢ . Das Zeichen für einen Zehner war ∩ , also: 30 = ∩∩∩ 60 = ∩∩∩ .

Das Zeichen für einen Hunderter war ⌒ , für einen Tausender ⌇ , für einen Zehntausender ⌠ , für einen Hunderttausender ⌇ und für eine Million ⌇ . Durch ihre Kombination (Addition) konnte man alle Zahlen schreiben. Die Reihenfolge, in der die Zahlzeichen angeordnet wurden, war der von uns gebrauchten ähnlich: Erst schrieb man das oder die Zeichen für die höchste Zehnerpotenz, dann die der zweithöchsten usw. bis zur niedrigsten, die in der Zahl vorkam.

Einige Beispiele: ∩Ⅲ = 13; ⌇⌒∩∩∩ = 10250; ⌒⌒⌒⌒∩∩ⅢⅢ = 847.

Bei der Wahl der Zahlzeichen ging der „Schrifterfinder" ziemlich weit davon ab, das abzubilden, was das damit geschriebene Wort bedeutete, oder worauf es zumindest (wie in Schritt 2) hinwies; denn hier bedeutet Ⅰ nicht „Strich", sondern „1", ⌇ nicht „Kaulquappe", sondern „100 000", ⌇ nicht „Lotuspflanze", sondern „1000", ⌒ nicht „Strick", sondern „100", ⌇⌒⌇ nicht „Lotuspflanze, 2 Stricke, 3 Striche", sondern „1203". Die ursprünglichen Gründe, warum gerade diese Zeichen zur Schreibung der Zahlen ausgewählt wurden, können zwar inhaltlicher Art gewesen sein: Der Strick mag 100 Ellen lang gewesen sein (100 Ellen war zum Beispiel ein in der Landvermessung gebrauchtes Maß), Lotuspflanzen gab es Tausende, Kaulquappen Hunderttausende usw. Aber innerhalb von Zahlangaben ist von diesen Inhalten völlig abstrahiert worden.

4. Schritt:

Mit den bisher beschriebenen Methoden kann man bereits vieles aus der gesprochenen Sprache schreiben; aber Wörter für Nichtsichtbares – wie „Ruhe", „Liebe", „ehrlich", „korrekt", „denken" – auszudrücken, ist damit nicht möglich.

Man könnte zwar auch dafür bestimmte Zeichen festlegen; aber dann müßte man sich *merken* (da man es nicht mehr ohne weiteres *sehen* kann), welches Zeichen welchem Inhalt zugeordnet wurde und käme außerdem dabei auf eine so riesige Zahl von Zeichen, daß sie nur schwer überschaubar ist und im Gedächtnis behalten werden kann (wie zum Beispiel in der Chinesischen Schrift)[6]. Gar nicht ausreichend sind die Schritte 1–3 zur Schreibung von Fremdwörtern, oder wenn die eigene Sprache Wörter enthält, die je nachdem, in welcher Funktion sie gebraucht sind, unterschiedliche Formen annehmen, wie es uns auch aus unserer eigenen Sprache geläufig ist: Wir können ein Wort in so verschiedenen Formen verwenden, wie *singen, singe, singst, singt, gesungen, sang, Sänger* usw. Wie sollte man da durch die bisher beschriebenen Methoden die Endungen *-en, -e, -st, -t* oder die Vorsilbe *ge-* schreiben? Und: Wie könnte man die Änderung des Vokales von *i* zu *u* und zu *a* und *ä* mit einer Schrift ausdrücken, die ein ganzes Wort mit einem einzigen Zeichen schreibt?

Dazu kam der altägyptische „Schrifterfinder" – ebenso wie einige der Neuzeit – auf die Idee, ganz außer acht zu lassen, was das Schriftzeichen darstellte und nur zu berücksichtigen, wie die Bezeichnung für das Dargestellte *klang*. Er konnte dann auch ein inhaltlich völlig anderes Wort mit demselben Zeichen schreiben, nur weil es gleich oder ähnlich klang wie das Dargestellte, also ganz unabhängig davon, ob seine Bedeutung mit dem Bild des Zeichens etwas zu tun hatte oder nicht. Es wäre so, als ob wir im Deutschen sowohl „der Arm" als auch das Adjektiv „arm" mit dem Bild eines Armes schreiben würden, oder mit dem Bild eines Tores sowohl „das Tor" als auch „der Tor (der törichte Mensch)". So wird im Altägyptischen „schön" durch ⚱ (Herz mit Luftröhre), „lieben" mit ⌇ (Hacke), „groß" mit ⬳ (Schwalbe), „machen" mit ⬢ (Auge), „in" mit ⬟ (Eule), „gegen" mit ⬠ (Mund) geschrieben.

Diese Methode kann man nicht nur verwenden, um ganze Wörter zu schreiben, sondern auch für Teile von Wörtern, Vor- und Nachsilben. Wollte man dies im Deutschen nachahmen, könnte man beispielsweise „Urlaub" durch ⬡⬢ (Uhr + Laub), „Rhetor" durch ⬢⬡ (Reh + Tor), „Eifel" durch ⬡⬢ (Ei + Fell), „Orkan" durch ⬡⬢ (Ohr + Kahn) schreiben[7].

Diese Schreibmethode nennt man „Rebus-Schreibung", das heißt Schreibung „mit Dingen (rebus)".

Damit kann man nun wirklich alles schreiben, weil es nur noch auf den Klang des Wortes ankommt und nicht mehr darauf, ob sein Inhalt sichtbar beziehungsweise darstellbar ist. Obwohl durch diese Methode eigentlich die in den Schritten 1 und 2 beschriebenen Schreibweisen hätten ersetzt werden können, wurden diese dennoch in der altägyptischen Schrift neben der Rebus-Methode beibehalten. Altägyptische Beispiele für Schritt 4:

回⌐ (Krugständer + Mund) = „schweigen"; 回⌐⌡ (Krugständer + Mund + Strick) = „Nacht"; 回⌐回 (Krugständer + Mund + Krugständer) = „gründen".

Hier wird sicherlich erkennbar, daß die Bedeutung der Wörter überhaupt nichts mehr zu tun hat mit dem Inhalt der Bilder, die zum Schreiben des jeweiligen Wortes benutzt wurden; ausschlaggebend war allein der Lautwert der Zeichen.

Nun war es möglich, auch die verschiedenen Formen zu schreiben, die ein Wort annehmen konnte.

Dazu einige Beispiele:

– In der Konjugation der Verben, wie von ∅ „hören":

∅⌐ „du hörst", ∅ ⌐ „er hört", ∅¦ „sie hört" etc.

∅⌐ „du hörtest", ∅⌐ „er hörte", ∅⌐¦ „sie hörte" etc.

(⌐, ⌐ und ¦ kennzeichnen also die 2. und 3. Person singular, ⌐ das Tempus „Vergangenheit").

– durch ein hinter ein Substantiv gesetztes ⌐ kann dessen weibliche Form gebildet werden:

⌐ „Sohn" – ⌐⌐ „Tochter"; ⌐ „Schöner" – ⌐⌐ „Schöne" ⌐ „Gott" – ⌐⌐ „Göttin"; ⌐ „Bruder" – ⌐⌐ „Schwester"

– Die Personenkennzeichen können auch an Substantive angehängt werden und entsprechen dann den Possesiv-Pronomina in unserer Sprache:

⌐⌐ „dein Sohn"; ⌐⌐ „seine Tochter"; ⌐¦ „ihr Bruder".

Die Methode der Rebus-Schreibung wurde außerdem dadurch erleichtert, daß in den altägyptischen Schriften einige „schwache" Konsonanten und vor allem die Vokale[8] nicht ausgedrückt wurden. Aus unserem Blickwinkel wirkt dies, als hätten die Altägypter nur eine Art „Gerüst" oder „Skelett" ihrer Sprache in der Schrift wiedergegeben. Versucht man jedoch, von unserer Sichtweise zu abstrahieren und sich in die Benutzer der altägyptischen Schrift hineinzuversetzen, kommt man zu anderen Schlüssen. Alfred Schmitt ist m. E. der Schriftwissenschaftler, der diesen Punkt am intensivsten berücksichtigte; deshalb will ich hierzu seine Worte zitieren: „Ich glaube nicht, daß die Ägypter sich das, was sie in Stein meißelten oder auf Papyrus malten, als Konsonantengerüste vorstellten. ‚Konsonantengerüst' ist ein Begriff, der überhaupt erst gebildet werden konnte, nachdem der Begriff des Lautes entdeckt und die Zerlegung der Silben in Konsonanten und Vokale durch die Buchstabenschrift möglich geworden war. Greifbar wird das Konsonantengerüst eines Wortes nur durch die Buchstaben seines Schriftbildes, also nur optisch. In der akustischen Welt der gesprochenen Sprache sind die Worte lebendige Körper, aus denen sich nicht die Skelette so säuberlich herauspräparieren lassen. Wenn wir jeden Gedanken an die Schrift beiseite lassen, beruht für uns die Zusammengehörigkeit der Formen wie *winde, wand, gewunden* nicht darauf, daß sie dasselbe Konsonantengerüst haben, sondern darauf, daß sie die Glieder einer Familie bilden, die einander ähnlich, wenn auch nicht gleich sind." Und: „Eine Schrift, die den tatsächlichen Lautbestand der Worte so wenig erkennen läßt, erscheint uns heutigen Menschen als völlig ungenügend. Aber Schriften werden nicht geschaffen für Leute, denen die betreffende Sprache fremd ist, sondern für solche, die in ihr groß geworden sind. Wenn diese ohne besondere Schwierigkeiten erkennen, welche Worte und Formen der Schreibende gemeint hat, dann erfüllt die Schrift ihre Aufgabe."[9]

Die Ursache für das Vernachlässigen der Vokale in der altägyptischen Schrift sieht A. Schmitt[10] darin, daß oft ganze Wörter mit nur einem Zeichen geschrieben wurden, was es unmöglich macht, anzugeben, wenn sich im Wortinnern in einer bestimmten Flexionsform ein Laut ändert; wenn sich in einer Sprache nur die Vokale ändern können, die Konsonanten aber in allen Formen konstant bleiben, läuft es zwangsläufig darauf hinaus, daß nur die Konsonanten als ausschlaggebend beachtet werden[11]. Wollte man für das Deutsche eine Wort-Zeichen-Schrift entwickeln und dabei nicht für jede Form zum Beispiel von *binden* (*binde, bindest, bindet, band, gebunden* usw.) ein extra Zeichen festsetzen, würde man etwa das Bild einer ✎ (Binde) für alle Formen gebrauchen und nur jeweils die Vorsilben und Endungen durch eigene Zeichen dazusetzen. Ein Leser, der die Sprache beherrscht, könnte dann aus dem Fehlen bzw. aus der Form der Vor- und Nachsilben schließen, welchen Vokal er jeweils zwischen *b* und *nd* ergänzen muß. Was immer gleich bleibt, ist der Konsonantenbestand *b + n + d*. Wie dieses Beispiel zeigt, ändern sich auch im Deutschen im Innern des Wortstammes oft nur die Vokale[12]; manchmal aber auch die Konsonanten, wie bei *denken, dachte, gedacht, Gedanke.* Da wäre eine Schrift, die auch Wort-Zeichen enthält, in der „rationalisierten" Form wie eben beschrieben nicht so ohne weiteres möglich. In der altägyptischen Sprache jedoch änderte sich das „Konsonantengerüst" eines Wortstammes nicht (oder nur in sehr engen Grenzen), und das machte es möglich, daß der Stamm eines Wortes in allen seinen Formen jeweils mit dem gleichen Zeichen geschrieben werden konnte.

Läßt man die Vokale außer acht, fallen einem sehr viel mehr Beispiele ein, um mit deutschen Wörtern die altägyptische Rebus-Schreibung nachzuahmen:

(Dose) für „Dose; dies; das" etc. (Scheune) für „Scheune; Schnee; schön" etc. (Uhr) für „Uhr; Ur; Er" etc. (Laub) für „Laub; lieb; lob; lab; leb" etc. (Nase) für „Nase; Anis; niese; nis" etc. „Das schöne Erlebnis" könnte man dann so schreiben:

5. Schritt:
Nun gibt es aber Verwechslungsmöglichkeiten, wenn man nicht unterscheiden kann, ob mit einem Schriftzeichen das gemeint ist, was es darstellt (Schritte 1 + 2), oder ob es lediglich seinem Klang entsprechend verwendet wurde (Schritt 4). Deshalb führte der altägyptische „Schrifterfinder" die Möglichkeit ein, die Wörter durch Zusatzzeichen, die man hinter das Wort stellte, und zwar mitlas, aber nicht aussprach, genauer zu bestimmen; sollte das Zeichen das bedeuten, was es darstellte, wurde (oft) ein senkrechter Strich daneben gesetzt. Ein Besipiel mit deutschen Wörtern: Soll als „das Tor" verstanden werden, könnte , „der Tor" dagegen geschrieben werden. Man nennt die hinter das auszusprechende Wort gesetzten Zeichen „Determinative"; sie bestimmen („determinieren") die Wortbedeutung näher.

In den altägyptischen Schriften wurden Determinative allerdings nicht nur dann verwendet, wenn es zur Vermeidung von Mißverständnissen unbedingt nötig war, man schrieb sie vielmehr auch dann, wenn das Wort eindeutig war; manchmal setzte man sogar mehrere hinter ein Wort.

Da die altägyptischen Texte ohne Wortzwischenräume oder Interpunktionszeichen geschrieben sind, haben die Determinative für uns oft die Funktion anzuzeigen, wo ein Wort endet – es gibt allerdings eine Reihe von Zeichen, die sowohl als Determinative als auch als auszusprechende Zeichen verwendet wurden, was die Sache dann wieder etwas kompliziert.

Im ersten Jahrtausend der Existenz der Hieroglyphenschrift sind die Determinative oft noch stark auf den Inhalt des einzelnen Wortes bezogen, das heißt sie stellen die Bedeutung des Wortes hinter seiner lautlichen Schreibung noch einmal bildlich dar, zum Beispiel: 〔〕 lautliche Schreibung des Wortes für „mähen, ernten"/Determinativ: mähender, erntender Mann;

〔〕 lautliche Schreibung des Wortes für „fortschaffen"/Determinativ: transportierender Esel.

Solche Schreibungen sind (wie bei uns in Büchern für „ABC-Schützen", wo neben dem Wort „Baum" das Bild eines Baumes, neben dem Wort „Haus" das Bild eines Hauses usw. gezeichnet ist) eine große Hilfe für uns, um herauszufinden, was ein bestimmtes Wort bedeutete.

Mit der Zeit aber bildete sich durch die Determinative eine Art Klassifikationssystem heraus, das die Wörter bestimmten Bereichen zuordnete, zum Beispiel: 〔〕 : männliche Personen; 〔〕 : weibliche Personen; 〔〕 : Gebäude; 〔〕 : Fremdländer; 〔〕 : Pflanzen; 〔〕 (Tierfell): Tiere; 〔〕 (Papyrusrolle): Abstraktes; 〔〕 : Orte; 〔〕 : sich fortbewegen. Beispiele für Wörter mit diesen Determinativen: 〔〕 „Haus"; 〔〕 „Schreiber"; 〔〕 „Sohn"; 〔〕 „Tochter"; 〔〕 „Scheune"; 〔〕 das Land „Kusch" (= das Äthiopien der klassischen Antike); 〔〕 „Blumenstrauß"; 〔〕 „Floh"; 〔〕 „zählen, rechnen"; 〔〕 „groß"; 〔〕 „Abydos" (Ort); 〔〕 „herauskommen".

Bevor ich mit der Beschreibung der Hieroglyphenschrift fortfahre, will ich die Aussprache behandeln, die ich bisher unberücksichtigt gelassen habe, um die Konzentration erst einmal ausschließlich auf das Verhältnis zwischen Wortbedeutung und Gestalt der Schriftzeichen richten zu können.

Die Aussprache

Oben wurde bereits gesagt, daß die altägyptischen Schriften nur Konsonanten wiedergeben. Wie kann man dann heute, da man nicht mehr die Möglichkeit hat, die altägyptische Sprache erst mündlich zu lernen und auf Grund der Sprachkenntnisse dann in der Lage ist, die Vokale zu ergänzen, erfahren, wie die Wörter auszusprechen sind? Anhaltspunkte für die Vokalisation bietet vor allem die Wiedergabe altägyptischer Wörter in anderen Schriften, die auch Vokale ausdrücken können, besonders Keilschrift, Griechisch, Koptisch, Aramäisch und Hebräisch[13]. Aber auch mit ihrer Hilfe konnte bislang nur bruchstückhaft ermittelt werden, wie die altägyptische Sprache tatsächlich ausgesprochen wurde; außerdem muß man berücksichtigen, daß sie sich in ihrem mehrere Jahrtausende dauernden Leben auch verändert hat, und man muß deshalb damit rechnen, daß sie zu verschiedenen Zeiten unterschiedlich ausgesprochen wurde. Eines konnte jedoch festgestellt werden, daß nämlich die altägyptische Sprache als ursprüngliche Vokale *a, i* und *u* besaß und daß *e* und *o* erst um die Mitte des 2. Jahrtausends v. Chr. durch Lautwandel entstanden sind.

Um in der täglichen Praxis diesen Problemen aus dem Weg zu gehen, benützen die Ägyptologen eine Hilfskonstruktion, also eine „ägyptologische" Aussprache.

Ihre Erläuterung auch in einem Buch wie diesem ist deshalb wichtig, weil sie manche Verwirrung klären helfen kann, die unter anderem entsteht, wenn Namen vor allem von altägyptischen Königen und Gottheiten unterschiedlich transkribiert werden, so daß der Nichtägyptologe nicht weiß, ob es sich um verschiedene Formen ein und desselben Namens, oder um Namen unterschiedlicher Könige oder Gottheiten handelt, zum Beispiel bei *Nefertari/Nofretiri/Nofretete/Nefertiti.*

In den altägyptischen Schriften wurden folgende 25 Konsonanten wiedergegeben; sie sind hier in der Reihenfolge aufgeführt, die in der Ägyptologie auch für die Anordnung von Wörtern in Lexika verwendet wird (aus altägyptischer Zeit gibt es keine feste Anordnung):

Transkriptions-zeichen	Ungefährer Lautwert in der altägyptischen Sprache	Hilfsweise ägyptologische Aussprache
Ʒ	*ein l- oder r-Laut	a
ỉ (j)	*Stimmritzenverschluß wie zwischen e und a in „beantworten" (?)	i oder j
y (jj)	j (wie y in englisch „yes")	i
ꜥ	alt d, später wie arabisch ꜥ (ꜥ)	a
w	w (wie w in englisch „way")	u oder w
b	b	b
p	p	p
f	wie ṗ in äthiopischen Sprachen (p'), später f	f
m	m	m
n	n	n
r	ein r-Laut	r

h	h	h
ḥ	wie arabisch ḥ (ħ)	stark gehauchtes h
ḫ	stimmhaftes ch (γ)	wie ch in „ach"
ẖ	stimmloses ch (x)	wie ch in „ich"
s (z)	*etwa ts	wie s in „so"
		(stimmhaftes s)
ś (s)	s	wie s in „das"
		(stimmloses s)
š	sch (ʃ)	wie sch in „schon"
ḳ (q)	wie ḳ in äthiopischen Sprachen (k')	wie arabisch q
k	k	k
g	g	g
t	t	t
č (ṱ)	tsch (tʃ)	wie tsch in
		„Tscheche"
ṱ (d)	wie ṱ in äthiopischen Sprachen (t')	d
č̣ (ḏ)	wie č̣ in äthiopischen Sprachen (t'ʃ)	wie dsch in
		„Dschungel"

Zu den Transkriptionszeichen: Da für manche Laute unterschiedliche Transkriptionszeichen gebräuchlich sind, wurden die Alternativen in Klammern daneben gesetzt.
Zu den Lautwerten: Die durch * gekennzeichneten sind vor allem in älteren Abhandlungen noch anders erklärt.
Die Tabelle orientiert sich an W. Schenkel „Einführung in die klassisch-ägyptische Sprache und Schrift", Tübingen 1987, S. 27 ff.

An dieser Tabelle ist zweierlei abzulesen:
1. Der größte Teil der in den altägyptischen Schriften vorkommenden Konsonanten unterscheidet sich nicht oder nicht wesentlich von unseren.
2. In der „ägyptologischen" Aussprache werden einige Konsonanten als Vokale ausgesprochen[15]: ꜣ und ꜥ als *a*, ỉ und y als *i*, w als *u*. In der „ägyptologischen" Aussprache, die im übrigen keinen absolut festen Regeln folgt, hat es sich zudem eingebürgert, zwischen mehreren Konsonanten ein *e* zu sprechen, wenn dort kein ꜣ, ꜥ, ỉ, y oder w vorkommt.
Zum Beispiel wird *sč̣m : sedschem* gesprochen, *mn : men*, oder *pr : per*.
Verwirrung bei der modernen Schreibung besonders von Götter- und Königsnamen entsteht dadurch, daß teils eine ältere, teils eine jüngere ägyptologische Aussprache verwendet wird, manchmal eine rekonstru-

ierte altägyptische Vokalisation, manchmal eine antik (zum Beispiel griechisch) überlieferte Form des Wortes. So kommt es, daß „Echnaton" (*Ȝḫ-n-ỉtn*) auch – altägyptisch vokalisiert – „Achanjati" heißen kann; daß der Name, der *Twt-ʿnḫ-ỉmn* umschrieben wird, als „Tutanchimen", oder – nach der griechischen Überlieferung von *imn*, ᾿Αμοῦν (Amun) beziehungsweise ῎Αμμων (Ammon) – „Tutanchamun" oder „Tutanchammon" im modernen Schrifttum auftauchen kann, oder *Nfr-tỉtỉ* sowohl als „Nofretete" als auch als „Nefertiti", *Nfrt-ỉrỉ* als „Nefertari" oder als „Nofretere" usw. Man kann sich bei der Identifikation oft helfen, indem man nur das „Konsonantengerüst" beachtet und die Vokale unberücksichtigt läßt; man bemerkt dann, daß *Nofretete* und *Nefertiti* die gleiche Person meint (nämlich die Hauptgemahlin des Königs *Echnaton*), eine andere dagegen *Nefertari* = *Nofretari* = *Nofretere* (die Hauptgemahlin des Königs *Ramses II.*). Der Unterschied liegt im 5. Konsonanten. Aber wenn der aus griechischen Texten bekannte Name *Amenophis* ägyptologisch „Imenhetep", oder wenn *Cheops* auch „Chufu" genannt wird, wird es für den Nichtägyptologen schwierig – erst recht, wenn auch in deutschen Texten die ägyptologische Aussprache in ihrer englischen oder französischen Schreibweise verwendet wird: zum Beispiel enthält der unter der Form *Djoser* bekannte Königsname die altägyptischen Konsonanten *čsr*, ist also ägyptologisch *dscheser* auszusprechen; man sagt aber „Dschoser" und schreibt *Djoser*.

Der Zeichenschatz

In der Tabelle auf S. 39f wurde gezeigt, daß mit den altägyptischen Schriften 25 Konsonanten geschrieben wurden; dazu verwendet man – wie schon an den oben aufgeführten Beispielen zu sehen ist – jedoch nicht nur 25 verschiedene Schriftzeichen, sondern wesentlich mehr: Insgesamt standen den altägyptischen Schreibern mehr als 1000 Zeichen zur Verfügung[16]. Das ist einmal zu erklären durch die „Entstehungsgeschichte", wie sie oben in den Schritten 1–5 beschrieben wurde, und zum anderen dadurch, daß ein „älteres" Stadium auch dann beibehalten wurde, wenn man zu einem „neuen" gekommen war (Schritt 4), das geeignet gewesen wäre, es zu ersetzen. Außerdem hatte der Altägypter offenbar auch ein völlig anderes Verhältnis zu seiner Schrift als wir zu unserer und strebte es daher gar nicht an, seine Sprache damit so kurz und knapp wie nur irgend möglich wiederzugeben.

Wenn man aus deutschen Wörtern nach den beschriebenen Schritten „Hieroglyphen" konstruiert, zum Beispiel ⬯ (See) für *s*; ☼

6   Das Pferd, das die Ägypter erst im 17. Jahrhundert v. Chr. kennenlernten, als Hieroglyphe in einer Inschrift des Neuen Reiches.

(Sonne) für *sn*; ☖ (Dose) für *ds*; 🕮 (Mantel) für *mntl*; und 🕮 (Baum) für *bm*, kann man erkennen, daß ein und derselbe Konsonant in mehreren Zeichen vorkommt: *s* in ⬯ (See), ☀ (Sonne) und ☖ (Dose), *m* in 🕮 (Mantel) und 🕮 (Baum) usw. Auf solche Weise kam die große Zahl von Zeichen zustande, obwohl doch nur 25 Laute damit geschrieben wurden. Außerdem erstarrte die Hieroglyphenschrift nie zu einem festen, geschlossenen System, sondern blieb bis zu ihrem Ende stets so lebendig, daß für sie immer wieder neue Schriftzeichen geschaffen und in ihr Repertoire aufgenommen werden konnten. (Abb. 6)

Die hier für das Deutsche konstruierten Beispiele zeigen auch, daß in einem solchen System ein Zeichen für unterschiedlich viele Konsonanten stehen kann: ⬯ für einen, ☀ , ☖ und 🕮 für zwei, 🕮 für vier und 🕮 (Nest) für drei (nst). Ebenso enthielten die altägyptischen Schriften Zeichen, mit denen ein, zwei, drei oder manchmal noch mehr Konsonanten wiedergegeben wurden.

Die wichtigsten Einkonsonantenzeichen:

🦅	ꜣ *(a)/*	⌡	*b (b)*	⌒	*r (r)*	⊷	*s (s)*	▨	*g (g)*
ꟶ	ỉ *(i/j)*	▫	*p (p)*	⊓	*h (h)*	ꟾ	*ś (s)*	⌒	*t (t)*
ꟾꟾ	*y (i)*	⌇	*f (f)*	⚬	*ḥ (ḥ)*	▬	*š (sch)*	⇒	*č (tsch)*
⌐	ꜥ *(a)*	🦅	*m (m)*	⊜	*ḫ (ch)*	◿	*ḳ (q)*	⇌	*ṭ (d)*
🦆	*w (u/w)*	⌁	*n (n)*	⊷	*ẖ (ch)*	⌣	*k (k)*	⌐	*č̣ (dsch)*

Die Zeichen sind in derselben Reihenfolge aufgeführt wie in der Tabelle S. 39 f; in Klammern steht die ägyptologische Aussprache.

Einige der bisher erwähnten Zeichen, die für mehr als einen Konsonanten stehen, ihre Umschrift und ägyptologische Aussprache:

▭ *pr (per)*	≋ *mw (mu)*	⚊ *ꜣ (ta)*
⌒ *ḫꜣś.t (chaset)*	▱ *p.t (pet)*	⊙ *rꜥ (ra)*
🪲 *ḫpr (cheper)*	🐢 *tp (tep)*	🔶 *ḥr (her)*
🌱 *wꜣḏ (wadsch)*	🐊 *ṯšr (descher)*	🔶 *śḏm (sedschem)*
🏛 *sḫꜣ (secha)*	🔯 *nfr (nefer)*	∖ *mr (mer)*
🐦 *wr (wer/ur)*	⬭ *ꜣr (ir)*	🦅 *sꜣ (sa)*
🪶 *nṯr (netscher)*	⬇ *śn (sen)*	🪶 *šṯ (sched)*
🏠 *šn.wt (schenut)*	⚲ *ꜥnḫ (anch)*	⚊ *ꜣ (aa)*
🪶 *ꜣb (ab) und mr (mer)*	⌣ *ḏw (dschu)*	

Umschrift und ägyptologische Aussprache der auf S. 35 und 38 aufgeführten Wörter:

„schweigen": *gr (ger)*; „Nacht": *grḥ (gereh)*; „gründen: *grg (gereg)*; „du hörst": *śḏm=k (sedschem-ek)*; „er hört": *śḏm=f*; „sie hört": *śḏm=s*; „du hörtest": *śḏm.n=k (sedschem-enek)*; „er hörte": *śḏm.n=f* etc.
„Schöner": *nfr*; „Schöne": *nfr.t (neferet)*; „Gott": *nṯr*; „Göttin": *nṯr.t (netscheret)*; „dein Sohn": *sꜣ=k (sa-ek)*; „seine Tochter": *sꜣ.t=f (sat-ef)*; „ihr Bruder": *śn=s (senes)*;
„*mähen, ernten*": *ꜣsḫ (asech)*; „fortschaffen": *šṯ(i).t (schedit)* – die Endung t kennzeichnet hier den Infinitiv.
„Haus": *pr(.w) (peru)*; „Schreiber": *sḫꜣ(.w) (sechau)*; „Scheune": *šn.(w)t (schenut)*; „Kusch": *kꜣš (kasch)*; „Blumenstrauß": *ꜥnḫ (anch)*; „Floh": *py (pi)*; „zählen": *ꜣp (ip)*; „groß": *ꜣ (aa)*; „Abydos": *ꜣbḏw (abdschu)*; „herauskommen": *pr(i) (peri)*
Durch . und = ist die Struktur der Wortformen angegeben: . trennt die Endung(en) vom Wortstamm, = die sogenannten *Suffixe vom Wort*. Zum Wort gehörende, aber im vorliegenden Beispiel – und auch sonst häufig – nicht geschriebene Konsonanten (hier w und i) sind zwischen Klammern gesetzt.

Die Orthographie

Es muß noch etwas zur *Orthographie*[17] gesagt werden, die ja in unserer Gesellschaft eine so überragende Rolle spielt, daß sie sogar zu einem Maßstab für den Bildungsgrad eines Menschen geworden ist.

Eine einheitliche Orthographie ist allerdings auch bei uns noch nicht alt: Erst nach der Reichsgründung 1871 begann man darauf hinzuarbeiten, und es dauerte einige Zeit, bis sich um 1900 Konrad Duden's „Orthographisches Wörterbuch" (damals mit nur 187 Seiten und ca. 27000 Stichwörtern – inzwischen sind es 200000!) gegen andere Versuche, Rechtschreibregeln aufzustellen, durchsetzte; vor 1871 dagegen hatte man noch „Ernte" oder „Erndte", „Rat" oder „Rath" usw. schreiben dürfen[18].

Für die altägyptischen Schriften drängt sich die Frage nach der Orthographie besonders auf; denn wenn mehr als 1000 Schriftzeichen zur Verfügung standen, um 25 Konsonanten zu schreiben, hatte ja der Schreiber eine immense Auswahl verschiedener Möglichkeiten, ein Wort zu schreiben. Zum Beispiel konnte man die Konsonantenfolge *pr* durch ⬜ oder ⬡ schreiben, *ꜥnḥ* durch ⚲ oder ⬡⬤, *ḫpr* durch ⬡ oder ⬡⬜ oder ⬤⬜ – um nur einige der Möglichkeiten anhand der schon erwähnten Zeichen aufzuzeigen. Es gab für die Orthographie keine festgelegten Regeln, wie wir sie heute kennen, schon gar nicht solche, die vom Beginn der altägyptischen Schrift bis zu ihrem Ende, also drei-einhalb Jahrtausende lang, gleich geblieben wären. Die Schrift zeigte vielmehr in den ersten Jahrhunderten ihrer Existenz noch eine große Vielfalt und Uneinheitlichkeit. Es ist die Zeit, deren Sprachstufe in der Ägyptologie „altägyptisch" genannt wird und die bis in die 8. Dyn. (das heißt bis ca. 2135 v. Chr.) reichte[19]. (Verwirrend ist, daß „altägyptisch" in doppeltem Sinn gebraucht wird: 1. Im Gegensatz zum modernen Ägypten, 2. für diese frühe Sprachstufe). Im Anschluß daran gab es eine Phase, in der man sich in der Orthographie um eine relativ große Regelmäßigkeit bemühte: Es ist die Zeit der von Ägyptologen ebenso wie auch von den Altägyptern selbst als „klassisch" empfundenen Sprachstufe des „Mittelägyptischen"[20] mit ihrem Höhepunkt im Mittleren Reich (ca. 2040–1785 v. Chr.); sie war auch später schriftlich noch lange in Gebrauch, als die gesprochene Sprache schon längst wieder verändert und in eine neue Stufe eingetreten war, die in der Ägyptologie „neuägyptisch" genannt wird[21]. Die Realität dieser Sprachentwicklung und ihres Niederschlags in der Schrift ist natürlich sehr viel komplizierter und differenzierter[22]; hier jedoch soll diese kurze Charakterisierung genügen, um darauf hinzuweisen, daß auch dieser Faktor auf die Schreibgewohnheiten einwirkte.

Obwohl es nie feste Vorschriften gab, wie welches Wort zu schreiben sei, bildeten sich aber doch erkennbar für bestimmte Wörter und in bestimmten Zeiten übliche Schreibweisen heraus, die uns heute auch helfen festzustellen, aus welcher Zeit ein Schriftstück stammt.

Dem Ägyptologen steht dafür das „Wörterbuch der Aegyptischen Sprache" von Adolf Ermann und Hermann Grapow zur Verfügung; dort sind für jedes aufgeführte Wort die verschiedenen Schreibungen und der Zeitraum angegeben, in dem sie vorkamen. Dieses Werk ist allerdings schon 1926–1931 entstanden, so daß darin nur das damals zur Verfügung stehende Material berücksichtigt ist. Mittlerweile gibt es viele Ergänzungen dazu, sowohl verstreut in Büchern und Zeitschriftenaufsätzen, als auch teilweise systematisch gesammelt von Dimitri Meeks in „Année Lexicographique", Paris 1980ff. Aber ein altägyptisches Gesamtwörterbuch auf dem neuesten Stand existiert nicht.

Zum System der altägyptischen Schriften gehört noch eine weitere Möglichkeit, ein und dieselbe Konsonantenfolge unterschiedlich zu schreiben: Ein oder mehrere Konsonanten eines Mehrkonsonantenzeichens konnten wiederholt, daß heißt durch andere Zeichen noch einmal geschrieben werden, ohne daß sie aber ein zweites Mal gesprochen wurden: Zum Beispiel *sčm* „hören" wurde nur selten so geschrieben, wie ich es oben tat (⌀), sondern es wurde meist „komplementiert", wie diese Mehrfachschreibung genannt wird: In der Zeit der altägyptischen Sprachstufe ausführlicher, wie 𓄿 oder 𓄿𓄿 , später mit weniger Zeichen, besonders häufig: 𓄿 . In allen Fällen ist aber nur *sčm (sedschem)* zu sprechen. Ebenso wurde *ʿnḫ* „leben" in der Regel 𓋹 oder 𓋹𓈖 , seltener und ganz spät auch 𓈖𓋹 geschrieben, oder *ḫpr* „werden, entstehen": 𓆣 oder 𓆣 oder 𓆣𓂋 .

Es scheint nicht das erstrebenswerteste Ziel der altägyptischen Schreiber gewesen zu sein, größte Einheitlichkeit und Knappheit zu erreichen, sondern auch in der Schrift zu variieren und somit allein schon dadurch etwas ausdrücken zu können, wie sie das Schriftbild gestalteten.

Auch wir geben in unserer Schrift manches wieder, was über die Laute der Sprache hinausgeht; dazu gehören viele Interpunktionszeichen, die Möglichkeit, etwas zwischen Klammern zu setzen, Zeilen einzurücken, Schrifttypen zu wechseln usw. Auch innerhalb einzelner Wörter nützen wir die Möglichkeiten einer variablen „Orthographie", wo wir es noch – ungestraft – „dürfen", zum Beispiel in Eigennamen, die zwar gleich gesprochen, aber unterschiedlich geschrieben werden, wie: Meier/Maier/Mayer/Mair/ usw., oder Schmitt/Schmidt/Schmid oder Herrmann/Hermann/Herman oder Hellmut/Helmut ... Wie wichtig dies ist, kann man beobachten, wenn sich Menschen dagegen wehren, daß ihr Name – um ihn für den Computer leichter verdaubar zu machen – verändert wird, zum Beispiel indem ä, ö und ü zu ae, oe und ue gemacht wird und jemand statt „Müller" dann „Mueller" heißen soll.
Was allein eine Schreibweise auszudrücken imstande ist, spüren wir ganz besonders da, wo absichtlich von der Orthographie abgewichen wird, wie zum Beispiel beim Namen des Düsseldorfer Kabaretts „Kom(m)ödchen" – um dadurch Assozia-

tionen zu anderen Wörtern wie „Komödie", „Kommode", „kommen" auszulösen –; oder wann „WAAhnsinn" geschrieben wird, um eine Verbindung zwischen „Wahnsinn" und „WAA (Wieder*A*aufbereitungs*A*nlage)" herzustellen. In der Aussprache dieser Wörter können wir das nicht wiedergeben. Man könnte noch viele solcher Beispiele finden. Hier mögen sie genügen, um das Für und Wider einer strikt verordneten Einheitsorthographie anzusprechen und um den Blick dafür zu öffnen, welche Möglichkeiten eine Schrift birgt, die – wie die altägyptische – eine gewisse Variationsbreite der Schreibweisen zuläßt.

Für die Ägyptologen sind die Komplementierungen äußerst hilfreich, denn sie haben ihnen oft auf die Spur geholfen, wie ein bestimmtes Mehrkonsonantenzeichen auszusprechen ist – außerdem nützen sie heute den Studenten, wenn sie noch nicht von allen Mehrkonsonantenzeichen die Aussprache im Kopf haben; das heißt, für uns können die Komplementierungen regelrecht die Funktion von „Lesehilfen" haben. Sie sind besonders wichtig, wenn ein Zeichen mehrere Lautwerte hat wie zum Beispiel ⌘ (ꜣb und mr); dann hilft die Komplementierung zu entscheiden, welcher Lautwert gemeint ist (s. S. 38 und S. 109).

Auf der anderen Seite gibt es auch bewußt *abgekürzte* Schreibweisen insbesondere für Wörter und Wendungen, die häufig vorkommen, zum Beispiel ⌘⌘ für (in Klammern steht das in der Schrift Weggelassene) *ꜥnḫ(.w) (w)ḏꜣ(.w) s(nb.w)* „er lebe, sei heil und gesund", das als Segenswunsch hinter den Namen der Mitglieder der königlichen Familie, als Grußformel in Briefen von Privatpersonen und ähnlichem auftaucht.

Die Anordnung der Hieroglyphen

Bei einigen der altägyptischen Beispiele ist sicher aufgefallen, daß die Zeichen nicht – wie zum Beispiel in unserer Schrift – horizontal hintereinander angeordnet sind, sondern daß auch manchmal zwei übereinander gesetzt wurden, so zum Beispiel bei der Zahl 847 = ⌘ ; die Schreibungen ⌘ und ⌘ statt ⌘ beziehungsweise ⌘ machen deutlicher, welche Absicht damit verbunden ist: Man vermied Leerräume, die bei einem Nebeneinandersetzen von hohen und niedrigen Zeichen entstehen würden; ob die Gründe dafür mehr ästhetischer oder ökonomischer, das heißt platzsparender Art waren, oder ob beide zusammenwirkten, wissen wir nicht.

grḥ („Nacht") wäre also nicht wie oben S. 35 ⌘ , sondern (meist mit Determinativ) ⌘ zu schreiben.

Bei übereinander gesetzten Zeichen wird immer von oben nach unten gelesen. Zur Erleichterung dieser Anordnung bestand bei einzelnen Zeichen sogar die Möglichkeit, sie senkrecht oder waagerecht zu stellen, je nachdem, welche Form das benachbarte Zeichen hat. Dies geschah vor allem bei häufig verwendeten Zeichenkombinationen, zum Beispiel konnte ⟳ (*m3ʿ* = „gerechtfertigt, wahr") auch ⎜ geschrieben werden wie in ⎜⎜ (*m3ʿ-ḥrw* = „wahr an Stimme"), das oft vorkommt hinter einem Namen, um dessen Träger als verstorben zu kennzeichnen (er soll vor dem Totengericht im Jenseits „wahr an Stimme" sein); oder ⌇ (ʿ3 = „groß") konnte auch ⟳ geschrieben werden wie in ⊡ (*pr-ʿ3* = „großes Haus"), womit ursprünglich nur der königliche Palast, später auch der König bezeichnet wurde (griechische Autoren überlieferten uns das Wort als „Pharao").

Außerdem konnte die Schrift sowohl in waagerechten Zeilen als auch in senkrechten Kolumnen („Säulen") angeordnet werden; Kolumnen sind prinzipiell von oben nach unten zu lesen. Die Hieroglyphenschrift und die Kursivhieroglyphen (nicht die Schreibschriften: Sie wurden immer von rechts nach links geschrieben) konnten darüber hinaus auch noch von rechts nach links oder von links nach rechts geschrieben werden. Dabei wurden jedoch die Schriftzeichen nicht nur in eine andere Reihenfolge gebracht, sondern auch entsprechend der Schriftrichtung gedreht; daraus kann man ersehen, wie sie zu lesen sind: Ein Text ist jeweils aus der Richtung zu lesen, in die die Zeichen (besonders gut bei denen zu erkennen, die Menschen oder Tiere darstellen) „blicken", das heißt die Schriftzeichen blicken in der Regel (von der es auch Ausnahmen gibt) der Leserichtung entgegen. Zum Beispiel ist ⎨🦅🐍 von links nach rechts zu lesen, 🦅🐍⎨ jedoch von rechts nach links, 🐤🏠 und ⎨🏠 von links nach rechts, aber 🏠🐤 und 🏠⎨ von rechts nach links.

Die Wahl der Schriftrichtung war nicht willkürlich, sondern wurde wohlüberlegt getroffen, so daß sie zu einem zusätzlichen Ausdrucksmittel der Schrift werden konnte. Ich werde weiter unten einige Beispiele dafür zeigen.

Noch eine weitere Besonderheit ist bei der Zeichenanordnung zu beachten: Die Wörter „Gott" und „König" sowie die Namen von Göttern und Königen wurden in engen Wortverbindungen vor das andere Wort geschrieben, auch wenn sie nach diesem Wort gesprochen wurden, zum Beispiel: ⊙⛰ *ḫʿ(i)=f Rʿ(.w)*: „Er erscheint, (nämlich) der Sonnengott Re" = „Chephren" (⛰ = *ḫ*); 🏺🦆† *twt ʿnḫ Imn(.w)*: „Lebende Gestalt des Amun" o.ä. = „Tutanchamun" (🏠 = *mn*); 🦆 *wč nsw*: „Befehl (*wč*) des Königs (*nsw*)" (🌿 = *nsw*; 🦆 = *wč*); 🦆 *ḥm nčr*: „Diener Gottes; Priester" (⎜ = *ḥm*).

Das Verhältnis zwischen Bild und Schrift[23]

Obwohl die hieroglyphischen Schriftzeichen die Gestalt von Bildern haben, werden sie innerhalb von Texten – in der Regel – nach ganz anderen Kriterien angeordnet, als wenn sie als Elemente einer szenischen Darstellung gebraucht wären. In einem szenischen Bild sagt auch die Anordnung der einzelnen Bildelemente zueinander Wesentliches über den Inhalt des Bildes aus. Zum Beispiel aus dem Bild eines Baumes, auf dem ein Vogel sitzt und darunter eine Katze, kann viel mehr herausgelesen werden als nur „Baum, Vogel, Katze", nämlich: daß die Katze auf den Vogel lauert, daß der Vogel sich auf dem Baum vor der Katze in Sicherheit gebracht hat usw. In einer bildgestaltigen Schrift dagegen wird die Anordnung der Bilder bestimmt durch die Reihenfolge, die die entsprechenden Wörter in einem Satz der gesprochenen Sprache einnehmen:

śčm s' „der Sohn hört".

„Die Gebilde der Augenwelt, die wir in dieser Schreibung vor uns haben, sind orientiert an der Sprache, d. h. nach der Welt des Ohres", formuliert A. Schmitt diesen Sachverhalt.[24] Dies ist zwar die Regel, manchmal wird jedoch davon abgewichen, zum Beispiel in folgendem Fall:

Hier blicken die im rechten Teil stehenden Zeichen denjenigen im linken Teil entgegen. Die Übersetzung des nach links blickenden Teils lautet: „Befehl des Königs", die des nach rechts blickenden Teils: „Vorsteher der Priester, *Hem-ur*". Diese Zeile ist die Überschrift zu einem Befehl, den der König an den Vorsteher der Priester, *Hem-ur*, gerichtet hat. Das Gerichtetsein ist hier nicht durch ein Wort ausgedrückt, sondern durch die Blickrichtung der Zeichen. Man hat also ein in Bildszenen gebrauchtes Element – Akteure, die einander etwas geben, blicken einander an – mit in die Schrift hereingenommen. Es handelt sich in diesem Fall jedoch nicht um eine Änderung der Schriftrichtung, wie sie oben (S. 47) beschrieben wurde, denn dabei wäre auch die Reihenfolge der Zeichen umgekehrt worden. Sondern hier wurden lediglich die Zeichen des rechten Teiles umgedreht, während ihre Reihenfolge der Schriftrichtung des gesamten Textes – von rechts nach links – entspricht (man nennt diese Schreibweise „retrograd").

Wollte man denselben Inhalt ohne Wechsel in der Blickrichtung der Zeichen wiedergeben, müßte man zwischen dem Absender und dem Empfänger des Befehls die Präposition ⸺ „für" einfügen:

(dies ist die häufigere Schreibweise).

Noch weitere Elemente der Schrift erinnern an szenische Darstellungen, zum Beispiel eine häufig gebrauchte Form, die Numeri von Substantiven zu schreiben. In der ägyptischen Sprache gab es außer Singular und Plural auch eine „Zweizahl", einen Dual. Dual und Plural wurden durch spezielle Endungen gebildet: Bei maskulinen Wörtern durch -*wỉ* für den Dual und -*w* für den Plural, bei femininen Wörtern durch Anhängen eines -*ỉ* nach der Femininendung -*t* für den Dual und durch Einfügen eines -*w* vor der Femininendung -*t* für den Plural.[25]

Diese Endungen konnten durch die entsprechenden Lautzeichen wiedergegeben werden; oft aber könnte man aus der Schreibung allein nicht ablesen, wie die Endung lautete, wohl aber, daß es sich um einen Dual oder Plural handelt: Dann nämlich, wenn der Plural ausgedrückt ist durch Dreifachsetzung entweder des gesamten Wortes oder seines Determinatives und der Dual durch dessen Zweifachsetzung, zum Beispiel: *pr(.w)* „Haus" *pr(.wỉ)* „beide Häuser" *pr(.ww)* „Häuser" *śn.t* „Schwester" *śn.t(ỉ)* „beide Schwestern". Dual und Plural konnten auch lautlich und „bildlich" ausgedrückt werden, wie beispielsweise in: *nh.t* „Sykomore": *nh.wt* „Sykomoren" (*śꜣ nh.t* „Sohn der Sykomore" ist übrigens der Name, der als „Sinuhe" bekannt ist und von dessen Geschichte unten S. 189 ff noch die Rede sein wird).

Statt der Zwei- oder Dreifachsetzung findet man häufig auch zwei (meist schräggestellte) beziehungsweise drei Striche hinter einem Wort: *nčr* „Gott" *nčr(.wỉ)* „beide Götter" *nčr(.w)* „Götter". Hier wird also bildlich – und nicht lautlich – dargestellt, daß zwei beziehungsweise viele Exemplare des mit dem Wort Bezeichneten gemeint sind.

In den folgenden Kapiteln werden noch einige Belege dafür auftreten, daß die Hieroglyphen nie zu bloßen, unverstandenen Zeichen erstarrt sind, sondern daß ihre Bildhaftigkeit immer im Bewußtsein blieb und oft als zusätzliches Ausdrucksmittel genutzt wurde.

Hieroglyphen wurden aber auch innerhalb von szenischen Darstellungen verwendet; beispielsweise sieht man oft, daß Gottheiten das Wort für „Leben" ( ) in der Hand halten (s. u. Abb. 105), oder daß sie ihren

7   *Göttinnen mit den Schrift-*
zeichen ihres Namens auf dem
Kopf: a: Die Himmelsgöttin
Nut, b: Nephthys = griechi-
sche Form des ägyptischen
Nb.t ḥw.t, geschrieben mit ei-
nem Korb (nb) über einem
Gebäude (ḥw.t), c: Statuetten
von Nephthys (links) und ih-
rer Schwester Isis, H.: 35 cm
bzw. 40 cm. Hildesheim.

Namen wie einen Kopfputz auf ihrem Kopf tragen (Abb. 7). Einigen Hieroglyphen fügte man sogar Gliedmaßen an, damit sie etwas halten oder damit sie gehen konnten (Abb. 8).

Mit der altägyptischen Hieroglpyhenschrift konnte man also vieles mehr wiedergeben als nur Laute der Sprache,

– weil die hieroglyphischen Schriftzeichen nicht nur Bildgestalt hatten und bewahrten, sondern weil sie auch wie Bilder gesehen und verwendet werden konnten;

– weil mehrere Schriftrichtungen möglich waren: Von links nach rechts und von rechts nach links[26] und von oben nach unten;

– weil die altägyptischen Schreiber – in gewissen Grenzen – in der Schreibweise einzelner Wörter variieren konnten.

Dies sind Mittel, die über das bloße Wiedergeben der Sprache hinausgehen. Wie die altägyptischen Schreiber sie in zunehmendem Maße zu nutzen und manchmal geradezu virtuos zu handhaben lernten, wird besonders in den ersten Kapiteln von Teil II gezeigt werden.

Zum Stil der Ausführung der Hieroglyphen

Der Stil, in dem die Hieroglyphen gearbeitet wurden, hing eng zusammen mit dem zur selben Zeit im Flachbild jeweils üblichen. Auch in der

8   *a: Dem Wort „Leben" (ꜥnḫ) wurden Arme und Hände angefügt, damit es das Wort „Wohlergehen" (wꜣs) halten kann, bemaltes Tongefäß, H.: 40 cm. West-Berlin. b: Das Wort „Leben" mit Armen und Beinen hinter König Thutmosis IV., Darstellung auf seinem Streitwagen. Kairo.*

Technik und dem Material unterschieden sich die hieroglyphischen Inschriften von den Flachbildern nicht: Beide konnten sowohl gemalt
werden – wie zum Beispiel auf Holz, Stuck oder Stein – als auch als
Relief vor allem in Stein (aber auch in anderen Materialien) gemeißelt
werden, und beide kommen in den verschiedenen Reliefarten vor: In
„erhabenem" Relief (Abb. 9), bei dem sich das Bild beziehungsweise
das Hieroglyphenzeichen über seinen Hintergrund „erhebt" (das heißt,
der Untergrund wird um das Bild oder das Schriftzeichen herum abge-
arbeitet) und in „versenktem" Relief (Abb. 10), bei dem das Bild bzw.
das Hieroglyphenzeichen in seinen Hintergrund hinein versenkt ist.

Zu rundplastischen Bildern bestand ebenfalls eine enge Verbindung:
Ein Großteil von ihnen ist beschriftet, sogar an Stellen – beispielsweise
auf den Gewändern (s. u. Abb. 40) oder auf der Haut von Personen –,
an denen man beim realen Vorbild der Plastik eigentlich keine Schrift
erwartet (außer man rechnet mit Tätowierungen) und an denen wir es
aus der griechischen, römischen oder unserer Kunst nicht gewöhnt sind.
Dies weist ein weiteres Mal auf eine anders geartete Funktion sowohl
des Bildes als auch der Hieroglyphenschrift hin, die in diesem Buch
immer wieder eine Rolle spielen wird.

2. Die altägyptischen Schreibschriften:
Hieratisch – Kursivhieroglyphen – Demotisch

Wenn man sich die Hieroglyphen ansieht, wird klar, daß sie nicht sonderlich geeignet sind, um Briefe, Akten und ähnliches zu schreiben;
und wenn man das Material bedenkt, in oder auf das sie gemeißelt
beziehungsweise gemalt wurden, können allenfalls Kabarettisten auf
die Idee kommen, die Pharaonen hätten ihre Dekrete den Schreibern in
den „Meißel" diktiert und diese hätten zurückgefragt, ob sie sie nicht
erst in „Schmierstein" hauen sollten . . .

Eine Staatsverwaltung braucht Register von Ländereien, Tierbestän-
den und Ernteerträgen für die Steuererhebung und für die Vorratshaltung; juristische Vorgänge müssen protokolliert werden; die verschiedenen Institutionen müssen ihren Besitz verwalten, Akten führen über
ihre Einkünfte und Ausgaben usw. Im altägyptischen Staat spielte die
Bürokratie eine große Rolle; und dazu war eine Schrift nötig, die man
mit wenig Aufwand flott und mit leicht transportierbarem Schreibmaterial hinschreiben konnte. Denn die Schreiber taten ihre Arbeit nicht nur
in ihren Amtsstuben, sondern mußten zum Beispiel auch aufs Land

9   *Darstellung und Hieroglyphen in erhabenem Relief: König Scheschonk I.*
    weihräuchert vor der Göttin Isis, H.: 53,8 cm B.: 97 cm. Heidelberg.

gehen, um gleich an Ort und Stelle festzuhalten, wieviel Getreide ein
Bauer einbrachte (Abb. 11).

Die Schreibmaterialien[1]

Als Schreibgeräte verwendeten die Schreiber Pinsel und Tinte, genauer: schwarze und rote Farbe. Den Pinsel stellten sie her, indem sie vom
Stengel einer Binse[2] ein Stück abschnitten, ein Ende davon diagonal

10   *Hieroglyphen in versenktem Relief: Architrav aus dem Pyramidentempel des*
     Königs Sahure, L.: 391 cm. West-Berlin.

11   *Schreiber registrieren Getreide, Wandmalerei im Grab des Königlichen Felder-*
     schreibers Menena in Theben (18. Dyn.).

zuspitzten und es zu einem feinen Pinsel zerkauten. Schreiber sind nie
bei dieser Tätigkeit abgebildet; aber ihr Schutzgott *Thot,* der auf
Abb. 12 in Gestalt eines Pavians zu sehen ist, ist wohl gerade dabei,
seinen Pinsel auf diese Weise zu präparieren. Einige Schreibbinsen sind
im Original erhalten: Sie sind zwischen 16 und 40 cm lang und haben
einen Durchmesser von 1,5 mm. Sie waren also sehr dünn und leicht;
um sie zu halten, gebrauchten die Schreiber nur zwei Finger, nicht drei
wie wir. Viele Darstellungen zeigen deutlich, daß sie ihren Pinsel mit
Daumen und Zeigefinger faßten und die übrigen Finger entweder in die
Handfläche bogen oder wegstreckten (Abb. 13). Auch in manchen
Texten, in denen von schreibenden Menschen oder Gottheiten berichtet wird, sind die Finger, mit denen sie schrieben, ausdrücklich in ihrer
Dual-Form (s. o. S. 49) genannt: Wo wir sagen, jemand habe etwas
„eigenhändig" geschrieben, steht dort „mit seinen eigenen zwei Fingern". Zum Beispiel rühmte sich ein hoher Beamter, der um
2350 v. Chr. lebte, daß sein König ihm höchstpersönlich einen Brief
geschrieben habe[3] und drückte dies in den Worten aus:

𓏲𓎡𓄿 𓏏𓆓 𓂋𓏏𓀀 𓏤
1   2   3   4

„Es schrieb Seine Majestät selbst mit seinen beiden/zwei Fingern".

(1) In alten Texten wurde *sḫꜣ* oft mit *š* statt mit *ḫ* geschrieben
(2) *ḥm* = 1. „Diener" (s. o. S. 47), 2. wenn vom König die Rede ist: etwa „Majestät"
(3) *ḏs* = „selbst, eigene(r/s)"
(4) Das Zeichen „Finger" hat den Lautwert *ḏbꜥ*

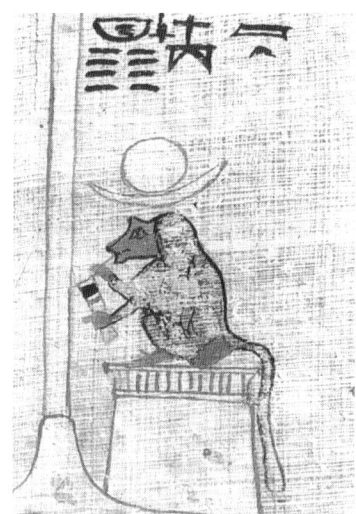

12 *Der Schutzgott der Schreiber, Thot, an seinem Schreibpinsel kauend. Aus einer Darstellung des Totengerichts, in dem die Taten des Toten gewogen und von Thot registriert werden. London.*

13 *a: Schreibbüro. Wandrelief im Grab des Beamten Ti (5. Dyn.) in Saqqara. b: Schreiber. Wandrelief im Grab des Beamten Nefer-seschem-Ptah (6. Dyn.) in Saqqara. c: Fragment einer Statue des Beamten Dua-Re (5. Dyn.) aus Dahshur, H.: 28 cm. d: Statue des Beamten Henka (5. Dyn.), H.: 40 cm. West-Berlin.*

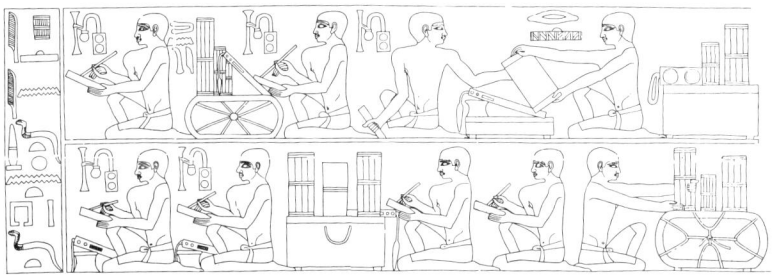

Mehr als 1000 Jahre jünger ist eine Inschrift, die König *Ramses II.* (ca. 1290–1224 v. Chr.) in eine Mauer des Tempels von Abydos ein-meißeln ließ; sie gibt die Worte des Gottes wieder, der neben der Inschrift abgebildet ist, wie er den Namen des Königs aufschreibt[4]:

> 1 2a 3   4   5   2a   2b

„Ich lasse dauern deinen Namen in deinem Haus in der Schrift meiner eigenen zwei Finger".

(1) Lautwert: *ḏi* = von *rḏi* „geben; veranlassen"
(2) 1. Person Singular wird durch das Suffix = *ỉ* gekennzeichnet und kann lautlich geschrieben werden (2b) und/oder durch ein auf die sprechende Person bezoge-nes Zeichen: Sitzender Mann, wenn ein Mensch spricht, sitzende Gottheit, wenn – wie hier – eine Gottheit spricht (2a).
(3) Lautwert des oberen Zeichens: *mn; mn* = „bleiben, fortbestehen" (*mn.w* = „Denkmal")
(4) *rn* = „Name" (hier – weil es der Königsname ist – durch einen ovalen Ring, eine sog. „Kartusche", determiniert, von dem Eigen- und Thronname der Könige umrahmt werden)
(5) *ḥw.t* = „Gebäude, Gutsbezirk, Tempel"

Beide Texte sind in Hieroglyphen abgefaßt, beschreiben aber, wie man mit Pinsel und „Tinte", das heißt in Schreibschrift, schrieb.

Ahmt man diese Handhaltung nach, zum Beispiel mit einem dünnen Wasserfarbenpinsel, bekommt man ein Gefühl dafür, wie leicht und flüssig es sich so dahinschreiben läßt.

Auch sonst ist das altägyptische Schreiben mit Pinsel und Tinte unse-rem Umgang mit Wasserfarben ähnlich: Die „Tinte" war ein festes, trockenes Stück Farbe; wollte man damit schreiben, strich man mit dem

14 Schreiber. Wandrelief im Grab des Beamten Chai-ef-Chufu I. (4. Dyn.) in Gisa: 3. Schreiber von rechts arbeitet mit zwei Pinseln; über dem Kasten links ein Gerät, auf dem wohl die Farbe für die Tinte zerrieben wurde.

15 a–b: Statue des Wesirs Ii-meru (13. Dyn.) mit dem Schreibgerät über der linken Schulter, H.: 46 cm. Heidelberg. c: Schreib-palette (Frühzeit), Elfenbein, L.: 6,8 cm. Leiden.

angefeuchteten Pinsel darüber. Brauchte man mehr „Tinte", weil man längere Texte schrieb, löste man ein größeres Stück Farbe in einem mit Wasser gefüllten Töpfchen auf. Zum Handwerkszeug eines altägypti-schen Schreibers gehörten zwei „Tinten": Eine schwarze, mit der übli-cherweise geschrieben wurde, und eine rote zum Hervorheben be-stimmter Stellen. Die schwarzen Farbstücke wurden hergestellt, indem man Ruß, die roten, indem man fein zerriebenen roten Ocker mit Was-ser und Gummi mischte und dann trocknen ließ. (Die Verwendung von Schwarz für die reguläre Schrift und von Rot zum Hervorheben wurde übrigens von den Arabern übernommen[5] und an uns weitergereicht[6]). Um nicht jedesmal den Pinsel auswaschen zu müssen, wenn sie von

Schwarz auf Rot und umgekehrt wechselten, benutzten die Schreiber oft zwei Pinsel, von denen sie sich einen – manchmal auch noch weitere Reservepinsel – hinter das Ohr steckten; wenn es ganz schnell gehen mußte, hielten sie beide Pinsel gleichzeitig in der Hand (Abb. 14).

Die Behältnisse, in denen die altägyptischen Schreiber diese Utensilien mit sich führen konnten, und das Gerät, auf dem die beiden Farben schreibbereit angebracht wurden, bekamen sehr früh eine feste Form. Sie wurden sowohl zum typischen Berufsabzeichen der Schreiber als auch zum Schriftzeichen, mit dem man die Wörter „Schreiber", „schreiben", „Geschriebenes" usw. schrieb[7] (s. die Texte auf S. 54 u. 56). Dieses Schreibzeug bestand aus einem Röhrchen für die Pinsel, einem Ledersäckchen für die Farbstücke und einer Palette mit zwei runden Vertiefungen ähnlich unseren Farbnäpfchen in den Wasserfarbenkästen. Man verband alles durch eine Schnur oder einen Lederriemen miteinander und konnte es sich dann über die Schulter hängen (Abb. 15).

Im Laufe der Zeit, als der Verwaltungsapparat anwuchs und damit die Notwendigkeit des Schreibens zunahm, wurde das Schreibzeug „modernisiert": Seit der 5. Dyn. (ca. 2480–2320 v. Chr.) sieht man auf

16 „Modernes" Schreibgerät (18. Dyn., mit Name des Königs Echnaton), L.: 23 cm B. : 4,9 cm D.: 1 cm. Leiden.

17 Ii-meru (s. Abb. 15) benützt für seine Tinten eine muschelförmige Palette (auf seinem linken Knie); das Gerät über seiner Schulter ist also nur Berufsabzeichen.

18 *Thot schreibt auf seine Schreibpalette.*

19 *Vorder- und Rückseite eines Schreibgerätes (Mittleres Reich) mit Notizen auf der Rückseite (nur noch auf alten Fotos erkennbar), L.: 44 cm. Hildesheim.*

Darstellungen, daß die Schreiber statt des 3teiligen Schreibgerätes ein langes, schmales Kästchen aus Holz oder – vornehmer – aus Elfenbein mit sich führten, das Pinselbehälter und Palette in sich vereinte und in dessen Näpfchen die Farbstücke gleich befestigt waren (Abb. 16, vgl. Abb. 11 und 13a). Viele einfache Schreiber aber besaßen kein so raffiniertes Handwerkszeug; sie führten ihre Pinsel hinter ihr Ohr gesteckt mit sich und benutzten als Palette eine Muschel oder etwas ähnliches, woran sie eine Schlaufe befestigten, um sie beim Schreiben an die Hand hängen oder am Gürtel tragen zu können (vgl. Abb. 14). Als Schriftzeichen und als Berufsabzeichen für die Schreiber wurde aber zu allen Zeiten die alte, 3teilige Form des Schreibzeugs beibehalten, auch als es längst nicht mehr in Gebrauch war (Abb. 17; vgl. Abb. 85).

Das Material, auf das man mit Pinsel und Tinte schrieb, war recht vielfältig: Um sich vor allem beim Registrieren von Zahlen kurze Notizen zu machen, benützte man oft einfach die Rückseite des Schreibzeugs[8] (Abb. 18). Auch der Schreibkasten in Abb. 19 hatte seinem

20   *Beidseitig benütztes Kalkstein-Ostrakon a: Ein Mann in Gebetshaltung vor dem als Ziegenbock dargestellten Gott Amun b: Strichliste für Grabbeigaben, u. a. 2 Dolche, 8 Götterbärte, 9 Stück Leinen. H.: 13 cm B.: 20 cm. Leipzig.*

21 Träger von Grabbeigaben;
2. v. rechts:
mit Schreibgerät und
Schreibtafel, Wandrelief
im Grab des Wesirs Ramose
(18. Dyn.) in Theben.

Besitzer als Merkzettel gedient: Der Schreiber hatte sich darauf die Höhe von Einnahmen notiert und die Namen der Leute, von denen er sie bekommen hatte[9].

Das war jedoch nur ein Notbehelf. Normalerweise benützte man andere Materialien zum Beschreiben. Die billigsten unter ihnen waren die sogenannten *Ostraka* (Singular: *Ostrakon*), das heißt Scherben zerbrochener Tongefäße oder klein abgesplitterte Kalksteinplatten, wie man sie überall finden konnte (Abb. 20). Sie kosteten also gar nichts. Auf sie schrieb man Abrechnungen, kurze Protokolle, Briefe usw.; angehende Schreiber verwendeten sie, wenn sie als Übungsstücke auswendig gelernte oder von Vorlagen kopierte Texte aufschreiben mußten. Ostraka, die man nicht mehr brauchte, warf man weg, und da ja Tonscherben und Steinsplitter recht haltbar sind, wurden ausgerechnet diese Schriftzeugnisse, die die Ägypter in den „Papierkorb" befördert hatten, in besonders großer Zahl gefunden. Uns aber ist dies von großem Nutzen, erlauben uns doch diese „Scherbenhaufen" einen Einblick in private Lebensbereiche, den die bewußt aufbewahrten, offiziellen Texte nicht gestatten. Da man die Ostraka sicher in der Nähe des Ortes wegwarf, an dem man sie gebraucht hatte, kann man aus dem Inhalt der Abfallhaufen schließen, welche Institution dort existiert hatte; zum Beispiel da, wo besonders viele Ostraka mit Schüler-Übungen gefunden wurden, muß es wohl eine Schule gegeben haben[10].

Ein etwas aufwendigerer Schriftträger waren Schreibtafeln[11], die man meist aus Holz herstellte und manchmal mit einer feinen Stuckschicht überzog, so daß es möglich war, sie – ähnlich unseren Schiefertafeln –

immer wieder zu benutzen; denn die Schrift konnte abgewaschen oder auch neu mit Farbe überstrichen werden. Meist hatten die Schreibtafeln ein Loch, durch das ein Band gezogen wurde, um sie besser tragen zu können (Abb. 21). Auf den Schreibtafeln, die man gefunden hat, stehen kurze Aufzeichnungen, Namenslisten, Übungsstücke und Skizzen von Schülern[12] und manchmal auch größere Auszüge aus bekannten Texten (s. u. Abb. 100). Auf einer Tafel findet sich sogar in Hieratisch die Abschrift einer in Hieroglyphen abgefaßten Inschrift;[13] der Schreiber hatte sie also von einer Schriftart in eine andere übertragen[14] (s. u. S. 216).

Der Papyrus

Man schrieb auch noch auf andere Materialien, wie Leder, Stoff usw.; aber der bekannteste Schriftträger Altägyptens ist der *Papyrus*. Zugleich war er auch der vergänglichste, so daß uns nur ein Bruchteil der darauf geschriebenen Dokumente erhalten geblieben ist. Da „Papyrus"[15] auch der Name der Pflanze ist, aus dem das Beschreibmaterial hergestellt wurde, nenne ich letzteres in diesem Kapital zur besseren Verständigung „Papyrusbogen".

Papyrus ist eine Sumpfpflanze und muß in altägyptischer Zeit in großen, regelrechten Papyrus-Wäldern vor allem im Nildelta vorgekommen sein; heute wächst er in Ägypten nicht mehr wild. Aber in Europa gibt es noch einen Ort, wo man mit dem Boot zwischen Papyrus-„Bäumen" durchfahren und sich dadurch ein wenig in altägyptische Zeit zurückversetzen kann: Auf dem Anapo-Flüßchen bei Syrakus, an des-

22   *Mit Papyrus beladene Arbeiter helfen einem auf, der gestürzt ist, Wandrelief im Grab des Ti (5. Dyn.) in Saqqara.*

23   *Papyrusrolle. H.: 15 cm (es ist nur die Hälfte einer quer durchgeschnittenen
Rolle) L.: 280 cm. Tübingen.*

sen Ufern Reste der Papyrusbestände gepflegt werden, die in römischer
Zeit angelegt wurden, um das ägyptische Monopol zu brechen.

Wir kennen Papyrus vor allem als Zimmerpflanze mit einem ziemlich
dünnen Stengel. Im Unterschied dazu kann die Papyrus-Art, aus der
die Papyrusbögen verfertigt wurden, bis zu 5 m hoch werden und hat
einen dreikantigen Stengel von mehreren Zentimetern Durchmesser.
Wie groß und schwer frisch geernteter Papyrus mit seinen von Wasser
vollgesogenen Stengeln sein kann, zeigt recht eindrucksvoll Abb. 22.
Papyrus wurde zu vielerlei verwendet: Zum Bau von kleinen Nachen
aus zusammengebundenen Papyrusstengeln; zum Flechten von Matten,
Körben und ähnlichem aus der Rinde oder dem Inneren des Stengels;
die Papyrusdolden wurden in Blumensträuße eingebunden; der untere
Teil der Stengel konnte – ähnlich unserem Spargel – gegessen werden[16]. Schält man die Stengel ab, kommt ein weißes Mark zum Vor-
schein, das sich ähnlich anfühlt wie das Mark in den Ästen unserer
Hollunderstauden; nur ist das Papyrusmark fasriger.

Zum Anfertigen von Papyrusbögen[17] benötigte man ganz frisch ge-
ernteten Papyrus; denn sobald er etwas getrocknet ist, wird das Mark zu
zäh zum Schneiden. Man schälte seine Stengel und zerschnitt sie in etwa

40 cm lange Abschnitte. Diese wurden nun längs in dünne Streifen gespalten, die man dann auf einer festen, ebenen Unterlage parallel so nebeneinander legte, daß sie einander etwas überlappten. Darüber kam eine zweite Lage ebenso zubereiteter Streifen, die rechtwinklig zur ersten angeordnet wurde (das bewirkte, daß sich der Bogen nicht von sich aus rollte). Das Ganze wurde dann geschlagen, um den stärkehaltigen Saft freizusetzen, der als „Klebstoff" zwischen den Streifen und den beiden Lagen diente. Anschließend mußte der Bogen getrocknet werden; heute legt man ihn dazu zwischen saugfähiges Material und beschwert ihn mit einer Platte, damit er ganz eben wird; wie man in altägyptischer Zeit verfuhr, wissen wir nicht. Zum Schluß glättete man die Schreibfläche mit einem runden Gegenstand, damit der Pinsel des Schreibers nicht an Unebenheiten hängenblieb. So entstanden dünne Bögen (es wurden solche von 0,10 mm und von 0,15 mm gemessen); man konnte sie entweder in noch kleinere Stücke zerschneiden, wenn man darauf zum Beispiel nur einen kurzen Brief schreiben wollte, oder mit anderen Bögen zusammenkleben. Dann paßten lange oder auch mehrere Texte darauf. Zum Aufbewahren und Transportieren rollte man diese oft viele Meter langen[18] „Bücher" zusammen (Abb. 23).

Derjenige, der auf die Idee kam, dieses Beschreibmaterial herzustellen, hat also eine geradezu geniale Erfindung gemacht, durch die dem Ägypter ein Schriftträger zur Verfügung stand,
– dessen Größe je nach Bedarf fast unendlich variierbar war
– den man ganz klein zusammenrollen konnte und der deshalb ein Minimum an Platz beanspruchte (zum Beispiel ergab ein 6 m langer Papyrusbogen eine nur 6 cm dicke Rolle)[19]
– dessen Gewicht relativ gering war.

Er eignete sich daher vorzüglich sowohl zum Archivieren großer Textmengen, als auch zur Mitnahme, wenn die Schreiber in die verschiedenen Orte und Institutionen gingen, um Abrechnungen, Protokolle juristischer Streitigkeiten usw. aufzuzeichnen, oder wenn der König Dekrete in alle Landesteile schickte.

Überlegt man sich, was zu dieser Erfindung geführt haben könnte, muß man zwei Fragen nachgehen:

1. Wie es *technisch* zu ihr gekommen sein kann; denn es liegt ja nicht gerade auf der Hand, aus dem Mark einer Pflanze einen Schriftträger herzustellen, noch dazu auf relativ komplizierte Weise. Ich vermute daher, daß die Idee, Papyrusbögen anzufertigen, ursprünglich ein Nebenprodukt von einer anderen Tätigkeit war, bei der Papyrusmarkstreifen auf eine ähnliche Art verarbeitet wurden. Was sich dazu anbietet,

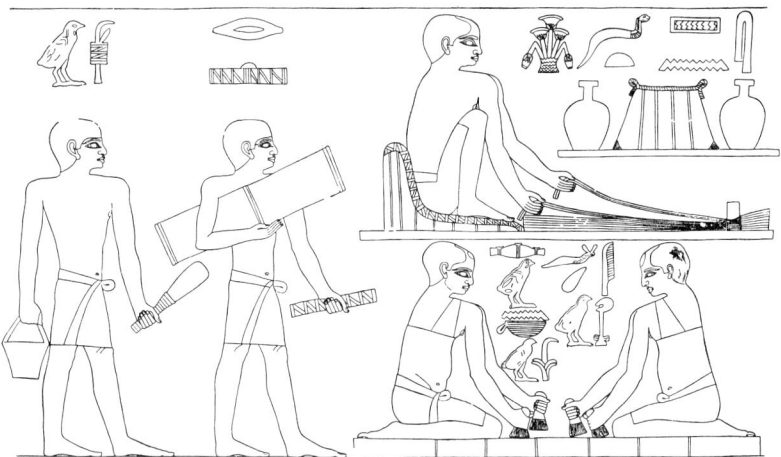

24 Ein „für Papyrusrollen Zuständiger" mit einer Rolle und einem Brett (?) und ein „Diener" mit einem (Wasser-)Gefäß und einem Schlegel (zum Schlagen der Papyrusbögen?) neben Arbeitern, die Matten aus Papyrusstreifen herstellen. Grab des Ti.

ist das „Flechten" und insbesondere das „Weben"[20] von Matten aus in Streifen geschnittenen Papyrusstengeln. Diese Matten unterschieden sich von Papyrusbögen eigentlich nur darin, daß sie dicker waren und daß von den rechtwinklig zueinanderliegenden Streifen „Kette" und „Schuß" abwechselnd oben und unten lagen; dadurch bildeten sie eine recht unebene Oberfläche, die also nicht sonderlich geeignet war, um mit Pinsel und Tinte darauf zu schreiben. Diesen Nachteil aber konnte man leicht beheben, indem man „Kette" und „Schuß" nicht miteinander verwob, sondern nur aufeinander preßte, so daß auf beiden Seiten eine glatte Fläche entstand: Auf der Rückseite die nur durch die vertikalen Streifen („Kette"), auf der Vorderseite die nur durch die horizontalen Streifen („Schuß") gebildete.

Wir kennen eine ganze Reihe szenischer Darstellungen von der Ernte und der Verarbeitung von Papyrusstengeln; man hat sich immer gewundert, daß dabei ausgerechnet die Herstellung von Papyrusbögen, die eine so wichtige Rolle spielten, nirgends zu sehen ist. Ich denke aber, daß man sie doch – zumindest ansatzweise – finden kann, und zwar im Zusammenhang mit dem Mattenweben, wie z. B. auf Abb. 24.

2. Als zweiter Aspekt muß in Betracht gezogen werden, daß auch ein gewisser *Bedarf* vorhanden gewesen sein muß nach einem Schriftträger mit den oben beschriebenen Eigenschaften. Denn auch noch so gute technische Neuerungen lagen zu allen Zeiten solange brach, bis sie wirklich benötigt wurden. Man kann also mit einiger Wahrscheinlich-

keit den Schluß ziehen, daß zu dem Zeitpunkt, als die Herstellung von Papyrusbögen erfunden wurde, der Zweck, zu dem die Schrift gebraucht wurde, einen solchen Schriftträger erforderte. Besonders in diesem Falle sind wir auf indirekte Schlüsse angewiesen; denn der älteste Papyrusbogen, den man gefunden hat, stammt aus einer Zeit (ca. 2870 v. Chr.), aus der man sonst weit und breit auch nicht das kleinste Stückchen dieses Beschreibmaterials kennt. Überdies ist er unbeschriftet, so daß man nicht weiß, welche Art von Texten man um diese Zeit auf Papyrusbögen schrieb. Offenbar galt dieser Bogen als äußerst wertvoll; denn man hatte ihn in einem schön verzierten runden Holzschächtelchen einem hohen Beamten mit ins Grab gegeben[21]. Er war aber sicher kein Einzelstück; vielmehr müssen Papyrusbögen damals bereits in allgemeinem Gebrauch gewesen sein, wie das Vorkommen des Schriftzeichens, das eine Papyrusrolle darstellt (⭲), in hieroglyphischen Texten dieser Zeit zeigt. In Kapitel II 1 werde ich darauf noch einmal zurückkommen.

Der eben beschriebene Sachverhalt zeigt deutlich, wie abhängig unsere Kenntnisse von Zufallsfunden sind, besonders wenn es sich um so leicht vergängliche Materialien wie Papyrus handelt. Die nächstältesten Papyrusbögen – in diesem Fall beschriftete –, die man kennt, stammen erst aus einer 400 Jahre jüngeren Zeit.

„Papyrus" und „Papier"

Das Schreiben auf Papyrus wurde in Ägypten noch sehr lange beibehalten, so daß die Araber nach ihrer Eroberung Ägyptens im 7. Jahrhundert n. Chr. dieses Verfahren übernehmen und fortführen konnten. Um 750 n. Chr. jedoch lernten sie auf Eroberungszügen, die sie bis nach Zentralasien führten, das von den Chinesen etwa 100 v. Chr. erfundene Beschreibmaterial kennen, das wir heute „Papier" nennen. Die Araber trugen die Kenntnis der „Papier"-Herstellung weiter, unter anderem auch nach Europa: Seit 1150 ist sie im damals arabischen Spanien bekannt, seit 1320 in Köln, seit 1391 in Nürnberg[22]. Das Verfahren für die Fertigung des bei uns gebräuchlichsten Schriftträgers haben wir also durch Vermittlung der Araber kennengelernt – nicht aber unsere Bezeichnung dafür, wie man wegen der engen Beziehungen der Araber zu Ägypten vermuten könnte; denn sie benannten sowohl den aus China als auch den aus Ägypten stammenden Schriftträger mit einem und demselben Wort – *qirtās* –, das ja nun keinerlei Ähnlichkeit mit unserem Wort „Papier" hat.

Dieses kam vielmehr auf einem anderen Weg aus Ägypten zu uns: Seit dem Ende des 2. Jahrtausends v. Chr. wurde der Schriftträger Papyrus von Ägypten ausgehend auch in andere Länder des Mittelmeerraumes weiterverbreitet[23]. Als die Griechen ihn kennenlernten, nannten sie ihn πάπυρος (pápyros). Diese Bezeichnung ist im 4. Jahrhundert v. Chr. erstmalig belegt, und zwar als Fremdwort. Die Sprache, aus der die Griechen sie übernommen haben, kann nur die ägyptische sein. Dort aber wurde weder die Pflanze noch der aus ihr gefertigte Schriftträger mit einem auch nur ähnlich klingenden Wort benannt (sondern *šfṭ.w* oder *čmꜥ*). Auf die Frage, aus welchem ägyptischen Wort oder aus welcher Wortgruppe πάπυρος entstanden sein könnte, sind bisher vor allem zwei Antworten gegeben worden: Als der Grieche *Theophrast* (372–287 v. Chr.) erstmals das Wort πάπυρος gebrauchte, waren die Fabrikation der Papyrusbögen und vielleicht auch der Papyrusanbau königliches Monopol; deshalb habe man Pflanze und Schriftträger *p3-n-pr-ꜥ3,* das heißt „das des Pharao", genannt; und daraus könnte im Griechischen πάπυρος entstanden sein[24]. Joseph Vergote, der Ägyptologe, auf den diese Theorie hauptsächlich zurückgeht, hat sie jedoch vor kurzem selbst rediviert[25] und schlägt nun folgende Erklärung vor: Aus dem Ägyptischen stamme lediglich der Wortteil πάπυρ, während -ος eine im Griechischen angehängte Endung sei. πάπυρ leitet J. Vergote aus ägyptisch *p3-pr* her, das ungefähr *papōr* gesprochen wurde und „das des Hauses" oder „das der Verwaltung" bedeutete. Das Wort πάπυρος würde sich dann auf die wichtige Rolle beziehen, die diese Pflanze und der Schriftträger im ägyptischen Staat für die Verwaltung spielten.

Aus dem Griechischen wurde das Wort ins Lateinische übernommen („papyrum" oder „papyrus") und kam von dort in unsere Sprache, in der es seit dem 14. Jahrhundert als „papier" bezeugt ist.

Zurück ins Ägypten des 3. und 2. Jahrtausend v. Chr. und zur Verwendung der Papyrusbögen dort.

Als Vorderseite galt die, die bei der Fabrikation durch die horizontal gelegten Streifen gebildet wurde; sie beschrieb man zuerst und rollte den Bogen dann so, daß sie innen – und somit besser geschützt – war. Wenn ein Bogen für einen Text nicht ausreichte, konnte der Schreiber entweder einen weiteren Bogen ankleben oder auf der Rückseite weiterschreiben. Wenn es nur irgend ging, wurde der Text so auf dem Papyrusbogen plaziert, daß er beim Einrollen nach innen kam und daß er einen gewissen Abstand zu allen Kanten hielt, die ja am ehesten Gefahr liefen, bestoßen zu werden.

Manchmal aber trägt die Rückseite eines Papyrusbogens nicht die Fortsetzung des Textes auf der Vorderseite, sondern ein Schriftstück ganz anderen Inhaltes; dann hat ein Schreiber ein altes, nicht mehr gebrauchtes Dokument benutzt statt eines neuen Papyrusbogens, der ihm vielleicht zu teuer oder zu schade war für das, was er schreiben wollte. So findet man Papyrusrollen, auf deren Vorderseite zum Beispiel Steuerabrechnungen stehen, auf der Rückseite eine Liste von Königsnamen, Abschriften von literarischen Werken und ähnliches. Wollte man einen bereits beidseitig beschriebenen Papyrusbogen wiederverwenden, konnte man die Schrift auch abwaschen und neu darüberschreiben; man nennt dieses Verfahren, bei dem Reste des alten Textes meist noch erkennbar bleiben, „Palimpsest" („wieder Abgekratztes" von griechisch πάλιν = „wieder" und ψάω „kratzen, reiben"). Ebenso gingen Schreiber vor, wenn sie sich verschrieben hatten und es gleich merkten: Sie wischten den Fehler mit Wasser (oder Spucke) ab und schrieben das Richtige darüber. Bemerkten sie ein fehlerhaftes längeres Textstück erst, nachdem sie schon weitergeschrieben hatten, konnten sie den Teil aus dem Papyrusbogen herausschneiden und den Bogen neu kleben[26].

Wie viele Darstellungen zeigen, hatte der im Schneidersitz hockende Schreiber seinen Papyrusbogen quer vor sich auf den Oberschenkeln liegen, und zwar so, daß in der Mitte die zu beschreibende Fläche lag, rechts der bereits beschriebene Teil herabfiel oder sich aufrollte und der Schreiber mit seiner linken Hand den noch unbeschriebenen Rest der Rolle hielt (vgl. Abb. 13c + d und Abb. 15). Zumindest längere Texte wurden in dieser Haltung geschrieben. Wenn sie nur in Kolumnen abgefaßt wurden, war die Aufteilung der Rolle unproblematisch: Man schrieb einfach von rechts nach links Kolumne hinter Kolumne. Sobald jedoch Zeilen vorkamen, hatte man die Wahl, wie lang man sie machen wollte; theoretisch hätten sie so lang sein können wie die ganze Papyrusrolle. Zum Schreiben und Lesen wäre das jedoch ein sehr unpraktisches Verfahren gewesen, da man ja dann den Papyrus für jede Zeile vollständig hätte aufrollen müssen. Deshalb teilten die Schreiber die Papyrusrollen in einzelne „Seiten" auf, die gerade so breit waren, daß man sie bequem handhaben konnte. Dabei mußte nicht einmal auf die Klebestellen Rücksicht genommen werden, die bei der Herstellung durch das Aneinanderfügen mehrerer Papyrusbögen entstanden waren; denn sie waren so sorgfältig ausgeführt und geglättet und außerdem wurde darauf geachtet, daß immer der rechte Bogen auf den linken geklebt wurde, so daß der von rechts nach links geführte Pinsel des

25 Die „Stätte der Briefe des Pharao", Darstellung im Grab des Königlichen Schreibers Tschai (19. Dyn.) in Theben, links das Schreibbüro, rechts das Archiv.

Schreibers leicht darüber weggleiten konnte[27] (wie bereits erwähnt, wurden die Schreibschriften immer von rechts nach links geschrieben). Von der Mitte der 18. Dynastie an wurde für bestimmte kürzere Texte eine neue Art in der Handhabung der Papyrusbögen üblich, die man auch bei dem auf S. 73 gezeigten Brief des Bürgermeisters *Sen-nefer* erkennen kann. Dabei wurde die Seite, auf der der Text begann, so beschrieben, daß die Zeilen rechtwinklig zu den Papyrusfasern stehen; man dachte deshalb früher, die Schreiber hätten nun nicht mehr auf der Papyrus-Vorderseite, sondern auf der Rückseite begonnen. Aber am Verlauf der Klebestellen konnte man ablesen, daß dies nicht der Fall war. Vielleicht kam diese Schreibweise dadurch zustande, daß die Schreiber den Papyrusbogen anders hielten als ihre Kollegen: Sie rollten ihn nicht von einer Seite zur anderen, sondern von sich weg[28], so wie es auf Abb. 25 (vgl. auch Abb. 113b) zu sehen ist. Eine weitere Art, den Papyrusbogen beim Schreiben zu halten, wird in Kap. II 3 (S. 151) behandelt werden.

Bei den Abbildungen von Schriftbeispielen wird auffallen, daß sie nicht in Absätze, Überschriften usw. untergliedert sind. Außer bei Abrechnungen, Listen usw., wo es wichtig war, Gleiches übersichtlich untereinander zu schreiben, war dies auch nicht üblich. Stattdessen konnte man die rote Tinte verwenden, um aus dem sonst schwarz geschriebenen Text bestimmte Wörter hervorzuheben, die den Anfang eines neuen „Abschnittes" kennzeichneten. (Der Gebrauch der roten Tinte konnte außerdem noch verschiedene andere Funktionen erfüllen, auf die hier nicht im Einzelnen eingegangen werden kann[29]).

In manchen Texten wurde ein besonderes Zeichen benutzt, um das Ende eines „Verses" zu markieren (⌐⌐); ich komme darauf weiter unten (S. 167) noch einmal zurück[30]. Diese Möglichkeiten, einen Text zu gliedern, hatte der Schreiber, *während* er ihn schrieb. In vielen Texten stehen aber auch Zeichen, die *nachträglich* eingefügt worden sein können: Es sind rote Punkte, die in der Regel an den oberen Rand der Zeile gesetzt wurden. Man nimmt an, daß sie eine Hilfe für den Leser oder Rezitator sein sollten, damit er die zusammengehörenden Textteile besser erkennen und entsprechend betonen konnte[31]. Das ist die einzige Art von „Interpunktion", die es in altägyptischen Texten gab. Eine Kennzeichnung des Wortendes durch eine Unterbrechung der Schrift oder gar etwas, was unseren Interpunktionszeichen entsprach, existierte in keiner der altägyptischen Schriften.

Transport und Aufbewahrung von Papyrusrollen

Auf vielen Darstellungen ist zu sehen, wie Papyrusrollen transportiert wurden: Unter die Achsel geklemmt oder mehrere zusammengebündelt in einer Truhe wie auf Abb. 26.

Diese Abbildung zeigt übrigens auch, daß verschieden hohe Bögen in Gebrauch waren; Funde von Papyrus-Schriftstücken aus ungefähr derselben Zeit, aus der auch diese Darstellungen stammen (um 2400 v. Chr.), geben uns eine konkrete Vorstellung von den Ausmaßen der Bögen: Die größeren waren etwa 21–23 cm, die kleineren etwa 10–15 cm hoch. Hergestellt wurden sie in einer Höhe von 47 cm und einer Breite von 67–96 cm;[32] das heißt, man halbierte bzw. viertelte die Bögen, bevor man sie verwendete.

Eine andere Art der „Aktentasche" sieht aus wie ein Korb; (vgl. u. S. 75 und Abb. 13a und 14); praktischer zum Tragen war sicher der hohe, zylinderförmige Beutel, der offenbar an seinem unteren Teil versteifte Wände hatte und dessen oberer Teil aus einem weichen Material bestand, so daß man damit den Behälter gleichzeitig verschließen und

26 *Schreiberszene, Wandrelief im Grab des Beamten Seschem-nefer III. (5. Dyn.). Aus Gisa, jetzt Tübingen.*

*27 Schreiber registrieren Rinder bzw. Gänse; Truhen und Aktenbeutel zur Aufnahme
der Papyrusrollen. Wandmalerei aus dem Grab eines Beamten Neb-amun (18. Dyn.)
aus Theben, jetzt London.*

fassen konnte. Mancher ist auch mit einer Schlaufe versehen (Abb. 27),
mit der er – wie bei uns ein Match-Sack – über die Schulter gehängt
werden konnte. Keiner dieser Körbe und Beutel ist im Original erhalten geblieben; ihre Form und ihr Material müssen daher aus den Abbildungen erschlossen werden.

Auf Abb. 80 (S. 150) erkennt man auch Papyrusrollen, die bereits
fertig beschrieben, verschnürt und versiegelt sind: Eine davon trägt ein
kleiner Junge (2. Zeile), wohl ein Lehrling des Schreibbüros, und in der
untersten Zeile steht ein Bündel von fünf solcher Rollen vor dem ganz
rechts hockenden Schreiber. Die verschnürte und versiegelte Papyrusrolle ist auch als Schriftzeichen in die Schrift eingegangen (s. o. S. 38);
man schrieb mit ihr das Wort „Papyrusrolle", altägyptisch *mč3.t;* als
Determinativ steht sie hinter Wörtern, die Abstraktes und ähnliches
bedeuten. Über dem kleinen Jungen auf Abb. 80 und bei dem Mann in
Abb. 13a und 14, der seinem Vordermann eine neue Papyrusrolle zureicht, steht ⌒ = *r* (für *ỉr.ỉ*) *mč3.t* = „der zur Papyrusrolle Gehörende", das heißt die Beischrift bezeichnet diese Personen als die für die
Papyrusrollen Zuständigen (s. auch Abb. 24).

Ich habe eben erwähnt, daß Papyrusrollen versiegelt werden konnten; das tat man insbesondere mit Urkunden, Briefen und ähnlichen

Dokumenten, bei denen man sichergehen wollte, daß kein Unbefugter sie öffnete. Zum Siegeln rollte oder faltete man das Schriftstück zusammen, verschnürte es mehrfach, setzte auf den Knoten ein noch feuchtes Lehmkügelchen, drückte das Siegel hinein und ließ es trocknen[33]. Der König, alle staatlichen Institutionen und Verwaltungsstellen hatten ihre Siegel, viele Beamte besaßen Siegel sowohl für amtliche als auch solche für private Zwecke. Abb. 28 zeigt einen Brief des Bürgermeisters von Theben, *Sen-nefer,* der in der Zeit von König *Amenophis II.* (ca. 1439–1413 v. Chr.) amtierte. Als der Brief 1935 in Ägypten gekauft wurde, war er noch in dem Zustand, in dem *Sen-nefer* ihn abgeschickt hatte: Mehrfach parallel zu den Schriftzeilen gefaltet und danach quer dazu in der Mitte geknickt; die beiden Hälften waren aufeinandergelegt und an ihrem offenen Ende mit einer Schnur umwickelt und zusammengebunden; auf deren Knoten war ein Lehmkügelchen gesetzt und das Siegel eingedrückt. Danach hatte *Sen-nefer* auf die eine Seite den Absender geschrieben: „Bürgermeister der Südstadt (= Theben) *Sen-nefer* an" und auf die andere Seite den Adressaten: „Landpächter *Baki".* Auf der beigegebenen hieroglyphischen Umzeichnung des aufgerollten Briefes kann man sehen, daß dabei die Zeile mit dem Absender auf den Kopf zu stehen kam. Um eine Vorstellung davon zu geben, wie ein altägyptischer Brief klang, bringe ich die Übersetzung dieses Briefchens[34]: „Der Bürgermeister der Südstadt *Sen-nefer* spricht zum Landpächter *Baki,* Sohn des *Kysen,* folgendes: Man bringt dir dieses Schreiben, um dir zu sagen, daß ich bei dir ankommen werde, sobald man in Husechem gelandet ist (er fuhr mit dem Schiff), innerhalb von drei Tagen. Laß mich nichts Fehlerhaftes an deiner Amtsführung finden, sondern laß alles in bester Ordnung sein! Außerdem pflücke für mich viele Pflanzen, Lotusblüten und Blumen (... unklare Stelle ...), und schneide auch 5000 Bretter (?) und 200 (... unklar ...); das Boot, mit dem ich kommen werde, wird sie dann abholen; denn du hast ja in diesem Jahr noch kein Holz gehauen. Nimm dich in Acht und sei nicht träge! Wenn man dir nicht erlaubt, (das Holz) zu schneiden, gehe zum Bürgermeister *User* von Hu. Außerdem hole dir den Hirten von Kus und die Kuhhirten der Herden, die unter meiner Aufsicht stehen, zum Holzschneiden zusammen mit deinen eigenen Leuten. Und ordne auch an, daß die Hirten Milch in neuen Krügen bereit haben, wenn ich komme. Paß auf und sei nicht nachlässig! Denn ich weiß, daß du ein Faulpelz bist und am liebsten im Liegen ißt." Damit endet der Brief.

| *Vorderseite* | *Rückseite* |

Vorderseite

Rückseite

28 *Brief des Sen-nefer (18. Dyn.) a: Hieratisch b: zusammengerollt c: Hieroglyphische Umschrift. H.: 8,8 cm B.: 17,9 cm. Berlin/DDR.*

Eine Post wie bei uns gab es nicht; man beauftragte entweder Boten, wenn einem welche zur Verfügung standen, oder gab die Briefe Reisenden mit. Der Brief des *Sen-nefer* kam entweder nie bei *Baki* an, oder *Baki* war zu faul, ihn zu öffnen – sonst hätte man ihn nicht 3350 Jahre, nachdem er geschrieben wurde, mit ungebrochenem Siegel kaufen können.

Während zum Transport von Akten, Urkunden usw. ein möglichst leichter Behälter benutzt wurde, den man gut in der Hand halten konnte, kam es beim Aufbewahren in erster Linie darauf an, sie zu schützen. Da keine Gebäude erhalten sind mit Büroräumen, Archiven oder Bibliotheken, haben wir fast nur Anhaltspunkte aus Texten und Abbildungen dafür, wie die Papyrusrollen dort gelagert wurden. Dazu kommt noch, daß die meisten der Papyri, die man heute kennt, nicht bei wissenschaftlichen Grabungen gefunden, sondern von ägyptischen Händlern gekauft wurden, die aber oft ihre Fundorte nicht preisgaben. So weiß man nur von wenigen dieser Schriftstücke, wo sie einst deponiert waren[35]. Außerdem muß man immer bedenken, welch leicht vergängliches Material Papyrus ist und daß es lange Zeiten nur überdauern konnte, wenn es vor Luft und vor allem Wasser geschützt war. Dies hat zur Folge, daß man kaum erwarten kann, aus dem feuchten Boden Unterägyptens Papyrusdokumente zu bergen. Und auch in Oberägypten blieben nur ganz bestimmte Papyrusrollen erhalten: Nämlich solche, die man in die unterirdischen Räume von Gräbern oder in deren

29 Deckel eines
Fayence-Kästchens zum Aufbewahren
von Papyrusrollen (Neues Reich).
L.: 18,3 cm B.: 10 cm H.: 3 cm. Tübingen.

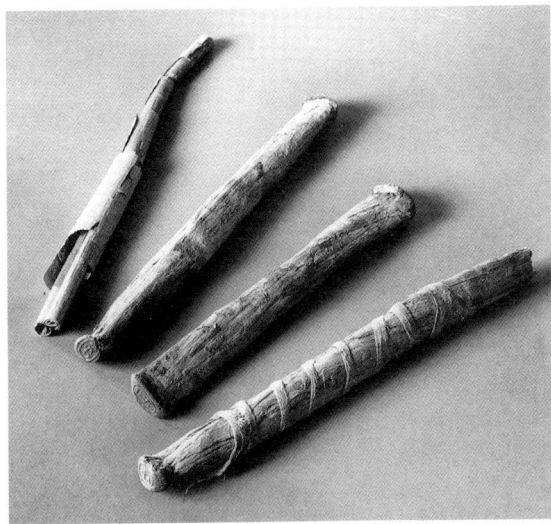

30 a: Stäbe aus Papyrusmark, die Enden tragen Siegel. L.: 17,3–22 cm. Tübingen.
b: Ältere Aufnahme dieser Stäbe, um die hieratisch beschriftete Papyrus-Stücke mit
Leinenstreifen gewickelt waren.

steinerne Oberbauten gelegt hatte, manchmal in Tonkrüge gesteckt – eine offenbar recht beliebte und erfolgreiche Art, diese Schriftstücke zu schützen. Auf einigen Darstellungen sieht man auch Kästen oder Truhen zur Aufnahme der Dokumente. Außer solchen Abbildungen können uns die Determinative weiterhelfen, die gelegentlich hinter das Wort „Aktenbehälter" (⌂ *ḥr.t* ᶜ) gesetzt wurden; da sieht man einmal den „Korb" wie auf Abb. 13a und 14: ⌂ , einmal ein Behältnis, das aus festerem Material zu sein scheint, vielleicht aus Ton: ⌂ . Auch für die „Privatbibliothek" benützte man Kästen aus Holz oder Ton (Fayence)[36]; von ihnen sind sogar einige im Original erhalten, wenn auch manchmal nur fragmentarisch (Abb. 29).

Die Verwaltungsakten, die in Archiven aufbewahrt wurden, klebte man zu mehreren zusammen und wickelte sie um einen (Holz-)Stab (Abb. 30) – so, wie es in einem königlichen Erlaß über die Neuaufteilung bestimmter Ländereien ausdrücklich befohlen wird: „So sollst du ... diese Teilung niederlegen in Schrift, die auf viele Kopien gesetzt wird. Du sollst sie überweisen an den ... Wesir ... *Schemay*. Er ist es, der (sie) zum Büro der versiegelten Akten schickt, damit man sie (dort) zum Holz nimmt" (das heißt auf einen Holzstab aufrollt).[37]

Besonders gut gehalten haben sich die Papyrusrollen, die in Gräber gelegt worden waren; meist bildeten sie einen Teil der Ausstattung, die man dem Toten mitgegeben hatte, sei es um ihn mit dem für ihn nützlichen religiösen Spruchgut zu versorgen, sei es um zu gewährleisten, daß er auch nach seinem Tod seine Berufsausrüstung bei sich hatte. In einem Grab fand man zum Beispiel einen 45×30×30 cm großen, mit Stuck überzogenen Holzkasten, der mehrere beschriftete Papyrusrollen und ein ganzes Bündel 40 cm langer Pinsel enthielt[38]. Ein Grab konnte aber auch regelrecht als Archiv gebraucht werden, in dem die Papyrusrollen vor Witterungseinflüssen besser geschützt waren als in einem Wohnhaus: „.. Was nun die Schriften anlangt, auf die der Himmel regnete im Hause des Schreibers *Hor-scheri*, meines Vaters, so hast du sie herausgeholt, und wir fanden, daß nichts (von der Schrift) ausgelöscht war. Ich sagte dir: ‚Ich will sie noch einmal aufbinden' (wohl um sie zu trocknen). Dann brachtest du sie herunter, und wir legten (sie) in das Grab des *Imen-nechet*, meines (Groß)vaters ...."[39], heißt es in einem Brief eines Mannes, der im 12. Jahrhundert v. Chr. in Deir el-Medineh bei Theben lebte. Tatsächlich wurde 1928 eine ganze Sammlung von Papyrusrollen in einem der Gräber gefunden, die zu diesem Ort gehören und aus derselben Zeit stammen wie der Brief. Ob es sich wirklich um diejenigen handelt, die der Brief erwähnt, ist nicht bewiesen, aber möglich. Der moderne Bearbeiter des Fundes berichtet sogar, daß an einer Rolle etwas Schmutz geklebt habe, so als ob sie „feucht gewesen wäre und ihr Besitzer sie aufgerollt und an einem schmutzigen Platz zum Trocknen ausgelegt hätte"[40].

Wie die Beispiele zeigen, sind es nur einzelne, verstreute Mosaiksteinchen, aus denen wir uns ein vages Bild davon machen können, wie man in altägyptischer Zeit mit „Büchern", Akten und ähnlichem umging. Man weiß zum Beispiel aus vielen Texten auch, daß es eine ganze Reihe Bibliotheken gegeben hat, in denen Papyrusrollen über sehr lange Zeit aufbewahrt beziehungsweise immer wieder abgeschrieben wurden, um die Dokumente weiterzutradieren, wenn ihr Schriftträger zerfiel oder von Würmern zerfressen wurde. Aber keine einzige Bibliothek ist mit ihrem Inhalt oder auch nur einem Teil davon erhalten geblieben; von mehreren Bibliotheken kann man jedoch mittlerweile ungefähr sagen, wo sie sich befanden[41].

Die Schreibschriften

Wenn ich bisher über die Schreibschriften selbst noch nichts gesagt habe, so deshalb, weil ich durch die Behandlung der für sie benutzten Schreibmaterialien und -techniken zunächst deutlich machen wollte,

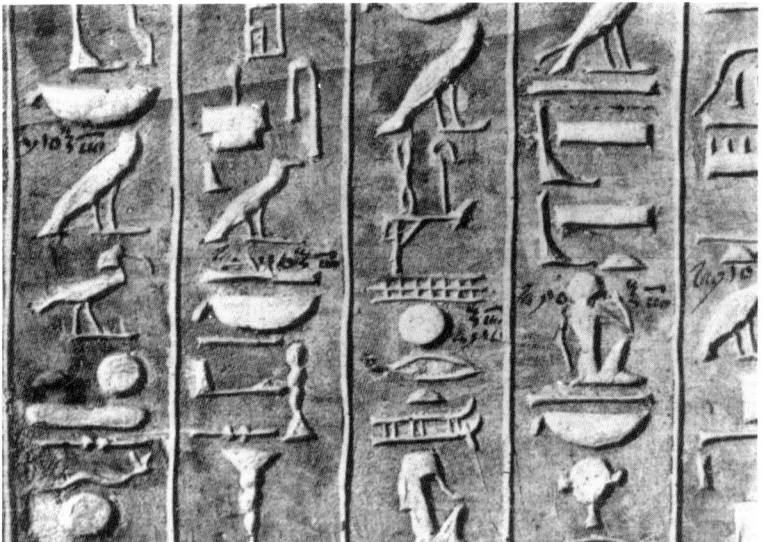

31 Hieroglyphen-Inschrift mit hieratisch geschriebenen Inspektionsvermerken. Grab des Beamten Senmut.

daß wir uns nun in einem ganz anderen Bereich bewegen als im Kapitel über die Hieroglyphen: Die Haupttätigkeit der Schreiber bestand darin, mit Schreibschrift auf Ostraka, Papyrusbögen und ähnliches Material zu schreiben, so daß der weitaus größte Teil der Texte in diesem Bereich entstand – auch wenn man angesichts der Hieroglyphen-Inschriften, die man bei einem Ägyptenbesuch oder in Ägyptischen Museen sieht, einen anderen Eindruck gewinnen kann. Schätzungen besagen, daß nur etwa ein Tausendstel der einst vorhandenen beschriebenen Papyri noch existieren. Das Mißverhältnis zwischen den erhaltenen hieroglyphischen Texten und den in Schreibschrift geschriebenen wurde noch verstärkt dadurch, daß zum Bau von Gräbern und Tempeln, dem Hauptbereich der Hieroglyphen, Stein, und zum Bau von Wohnhäusern, Büros, Archiven aber luftgetrocknete (also nicht einmal gebrannte) Lehmziegel verwendet wurden; sogar die Königspaläste wurden aus Ziegeln errichtet. Von diesen Gebäuden ist daher viel weniger erhalten geblieben als von Gräbern und Tempeln. (Ungebrannte Lehmziegel wurden zum einen benützt, weil sie wegen ihrer Luftdurchlässigkeit dem heißen Klima Ägyptens gemäßer sind als Stein; zum anderen auch, weil man bewußt unterschied zwischen den Wohnstätten für das kurz befristete Leben vor dem Tod und denjenigen für das ewige Leben nach dem Tod und dementsprechend das Baumaterial auswählte.)

Hiero-glyph.	Hierat. 3. Dyn.	Hierat. 5. Dyn.	Hiero-glyph.	Hierat. 3. Dyn.	Hierat. 5. Dyn.

32 Hieratische Schriftzeichen der 3. und 5. Dyn. neben ihrer hieroglyphischen Entsprechung.

Auch wenn Hieroglyphen und Schreibschriften für unterschiedliche Lebensbereiche und Materialien gebräuchlich waren, standen sie doch in enger Verbindung und auch Wechselwirkung zueinander; denn die Schreiber waren für beide Schriften zuständig: Die Ausführung der Hieroglyphen besorgten zwar die Maler bzw. Steinmetzen, von denen wir nicht wissen, ob sie auch schriftkundig waren. Aber die Schreiber verfaßten die Texte, zeichneten die Inschriften vor und beaufsichtigten die Arbeit der Maler und Steinmetzen, wie hieratisch geschriebene Inspektionsvermerke zwischen hieroglyphischen Inschriften noch heute zeigen (Abb. 31). Da zumindest ein Teil der Schreiber sowohl die hieroglyphische als auch die hieratische Schrift beherrschte, kam es in einigen Fällen zur Übernahme einer Schreibgewohnheit von der einen Schrift in die andere. Weil die Schreiber zuerst Hieratisch lernten und es viel häufiger schrieben als die Hieroglyphen, ging die Beeinflussung mehr vom Hieratischen aus als umgekehrt; sehr groß war sie jedoch nicht.

Die *hieratische Schrift*[42] wurde von Anfang an neben den Hieroglyphen gebraucht als deren handschriftliche, mit Pinsel und Tinte schnell schreibbare Variante. Aus der frühesten Zeit ihres Vorkommens (um 3000 v. Chr.) sind in Hieratisch nur kurze Vermerke erhalten, die auf Vorratsgefäße aus Ton oder Stein geschrieben wurden und deren Inhalt (besonders Öl) als Steuerabgaben kennzeichneten. Schon daran wird deutlich, daß das Hieratische die Schrift der Verwaltungsbeamten war,

33 *Papyrusfragment aus dem Totentempel der Mutter des Königs Neferirkare (5. Dyn.) mit Verzeichnis des Tempelgutes. West-Berlin.*

bei der es darum ging, mit möglichst geringem Aufwand schnell und viel schreiben zu können. Dies und das Schreibmaterial bewirkten, daß die einzelnen Schriftzeichen gegenüber ihren hieroglyphischen Vorbildern verkürzt und „verschliffen" wurden. Bei den hieratischen Schriftzeugnissen der ersten Jahrhunderte, das heißt bis etwa 2600 v. Chr., ist noch deutlich das Bemühen zu spüren, auch kleinere Einzelheiten der hieroglyphischen Vorbilder wiederzugeben (Abb. 32).

Dann aber begann in der hieratischen Schrift eine Eigenentwicklung, die sie zwar nie völlig von der Hieroglyphenschrift entfernte, aber doch auch zu Zeichenformen führte, hinter denen man das entsprechende hieroglyphische Urbild nicht mehr so ohne weiteres erkennen kann.

Aus der Zeit um 2460 v. Chr. sind uns die ältesten auf Papyrusbogen geschriebenen Textzeugnisse erhalten, allerdings zum Teil in recht fragmentarischem Zustand: Verwaltungsakten (Abrechnungen, Inventarlisten usw.) aus dem Totentempel der Mutter des Königs *Neferirkare* (ca. 2460–2440 v. Chr.)[43] (Abb. 33) und sechs Papyrusrollen, die zusammen mit einem Bündel Pinsel und schwarzen und roten Farbstücken in einem Holzkasten lagen; sie sind auf beiden Seiten mit Abrechnungen beschrieben[44]. Der Schriftträger Papyrus war um diese Zeit bereits seit 400 Jahren in Gebrauch, und die Art, wie diese ältesten gefundenen Papyri beschrieben sind, zeigt eine von langer Erfahrung herrührende Gewandtheit.

Durch diese Dokumente und insbesondere durch die ältesten bekannten hieratischen Briefe, die aus etwas jüngerer Zeit stammen, wissen

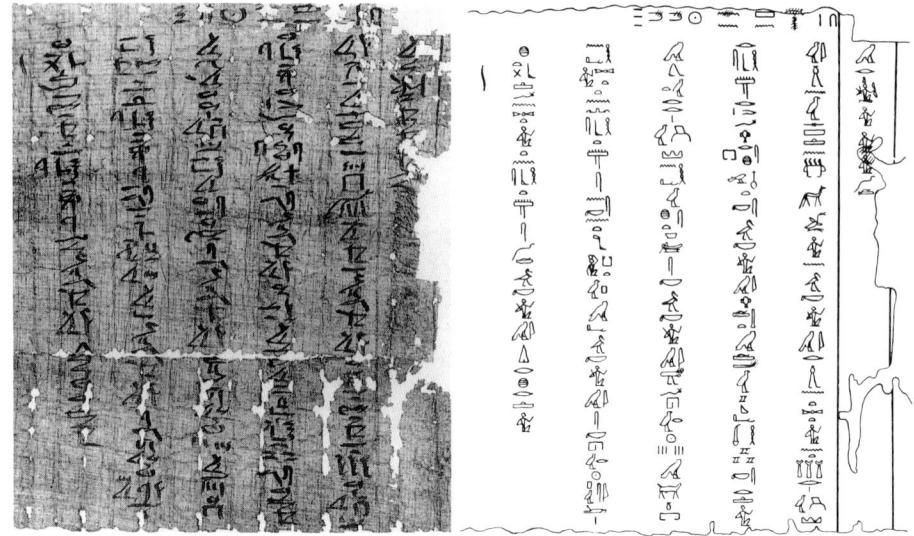

34   *Hieratisch auf Papyrus geschriebener Brief (6. Dyn.) mit seiner hieroglyphischen Umschrift. Kairo.*

wir, wie längere Texte in Hieratisch geschrieben wurden: Die Zeichen wurden grundsätzlich von rechts nach links angeordnet, nie umgekehrt, wie es bei den Hieroglyphen möglich war. Die hieratischen Zeichen setzte man um diese Zeit meist unverbunden neben- oder übereinander und schrieb sie in der Regel in Kolumnen (Abb. 34), nur ausnahmsweise auch in Zeilen.

Am Anfang der 12. Dynastie, also um 1990 v. Chr., änderte sich das:

35   *Aus dem Mathematischen Papyrus Rhind (2. Zwischenzeit). London.*

36 *Kursivhieroglyphen im Totenbuchpapyrus des Beamten Hu-nefer (19. Dyn.).*
London.

Man begann nun, längere Texte in Zeilen zu schreiben. Eine Zeitlang
behielt man daneben die Kolumnenschreibung noch bei (s. u. Abb. 98),
machte dann aber die Zeilenanordnung zur Norm. Als Grund für diese
Änderung wird oft angeführt, beim Schreiben in Kolumnen sei die
Gefahr, daß die schreibende rechte Hand des Schreibers das bereits
Geschriebene verwischt, größer als wenn er in Zeilen schrieb. Betrachtet man aber die Abbildungen von Schreibenden im Flachbild genau,
sieht man, daß sie ihren Pinsel so hielten, daß zwischen Hand und
Schriftträger immer ein relativ großer Abstand blieb; das heißt, obwohl
von rechts nach links geschrieben wurde, konnte mit der Hand nichts
verwischt werden, gleichgültig, ob man vertikal oder horizontal schrieb.
Bei den plastischen Darstellungen von Schreibern (z. B. Abb. 13) liegt
die rechte Hand zwar auf dem Papyrusbogen, sie hält aber den Pinsel so
weit hinten, daß sie auch bei dieser Haltung die Schrift nicht verwischte
(wenn nicht überhaupt im trockenen, heißen Klima Ägyptens die Tinte
so schnell trocknete, daß diese Gefahr gar nicht bestand). Die Änderung muß also andere Gründe gehabt haben, die wir noch nicht kennen.
Die neue Schreibweise zog einige Folgen nach sich: Die Art, wie die
Zeichen gruppiert wurden, mußte an die Zeilenhöhe angepaßt werden;
und es war jetzt leichter, Zeichen miteinander zu verbinden, so daß die
sogenannten „Ligaturen" gegenüber früher zunahmen (Abb. 35).

Etwa zu der Zeit, als diese Neuerung eingeführt wurde, begann man, bestimmte Texte, zum Beispiel religiöse Spruchsammlungen, die dem Toten mit ins Grab gegeben wurden, in einer anderen Schreibschrift zu schreiben, die in der Ägyptologie *Kursivhieroglyphen* oder *Totenbuchkursive* genannt wird (Abb. 36). Sie wird meist auf die älteste Form des Hieratischen zurückgeführt, entspricht aber vor allem der Art, wie die Hieroglyphen auf die Wände skizziert wurden als Vorzeichnung für den Steinmetz oder Maler, der ihnen dann ihr endgültiges Aussehen gab. Meiner Meinung nach haben sich die „Kursivhieroglyphen" daraus entwickelt; dafür spricht unter anderem, daß sie wie die Hieroglyphen sowohl von rechts nach links als auch von links nach rechts geschrieben werden konnten, während dies für das Hieratische nie belegt ist. Die Kursivhieroglyphen verbanden also die Vorteile beider Schriftarten: Den geringen Aufwand an Material und Zeit, den eine mit Pinsel und Tinte geschriebene Schrift erforderte, mit den Möglichkeiten der Bildhaftigkeit und der verschiedenen Schriftrichtungen, wie sie die Hieroglyphenschrift bot.

Mit der Einführung dieser Schrift begann die „Zweigleisigkeit" in den Schreibschriften: Es gab nun eine für den „profanen" und eine mehr für den „heiligen" Gebrauch.

Auch innerhalb des Hieratischen ist nun eine Aufspaltung zu beobachten: Einerseits in eine „Schönschrift" (in der Ägyptologie „Unziale"

37   Aus einem Papyrus der 19. Dyn. (Protokoll eines Zivilprozesses). Die blasser wirkenden Schriftzeichen sind im Original rot. Berlin/DDR.

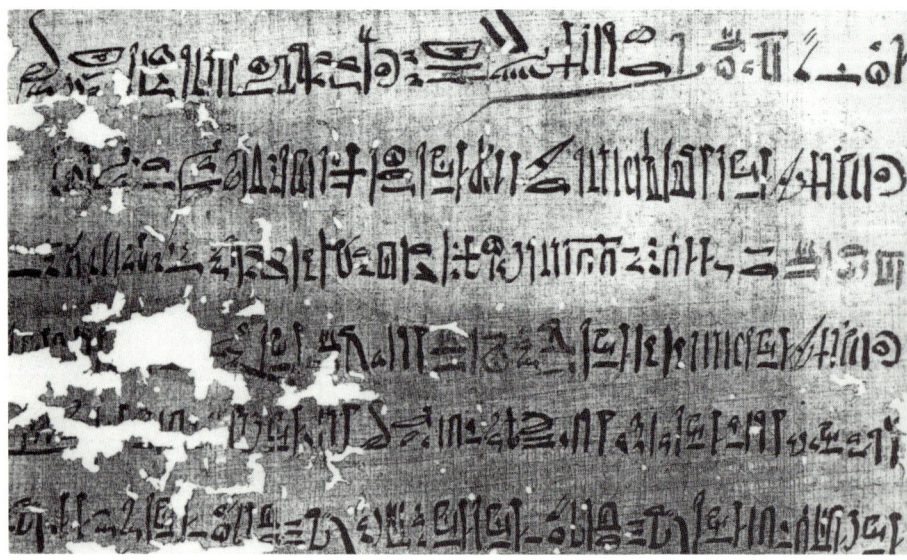

38 Aus der Akte einer Steuerbehörde (Namen von Tempeldomänen und ihrer
Pächter). 19. Dyn. West-Berlin.

oder „Buchschrift" genannt), andrerseits in eine flüchtigere Schrift, bei
der es weniger auf Schönheit als auf praktischen Nutzen ankam und
deren Zeichen daher kleiner und stärker verkürzt geschrieben wurden.
Die „Buchschrift" erlebte in der 18. Dynastie und zu Beginn der
19. Dynastie, das heißt etwa in der Zeit zwischen 1551 und 1290
v. Chr., ihren Höhepunkt; sie hinterließ uns Dokumente, deren ausge-
wogenes Schriftbild und klare, unverschnörkelte Zeichenformen sie als
kalligraphische Meisterwerke erscheinen lassen (Abb. 37, vgl. auch
Abb. 116). Diese Schrift wurde offenbar von speziellen Schreibern gepflegt, die diejenigen Texte, die archiviert werden sollten (wie Gerichtsprotokolle, Rechnungsbücher usw.), besonders sorgfältig (ab-)
schrieben, ebenso auch Texte wissenschaftlichen (zum Beispiel mathematischen, medizinischen) oder literarischen Inhalts.

Die weitere Entwicklung der Schreibschriften ist vor allem geprägt
von der sich vertiefenden Kluft zwischen der „Buchschrift" und der
Alltagsschrift (Abb. 38), die schließlich um 1100 v. Chr. so groß war,

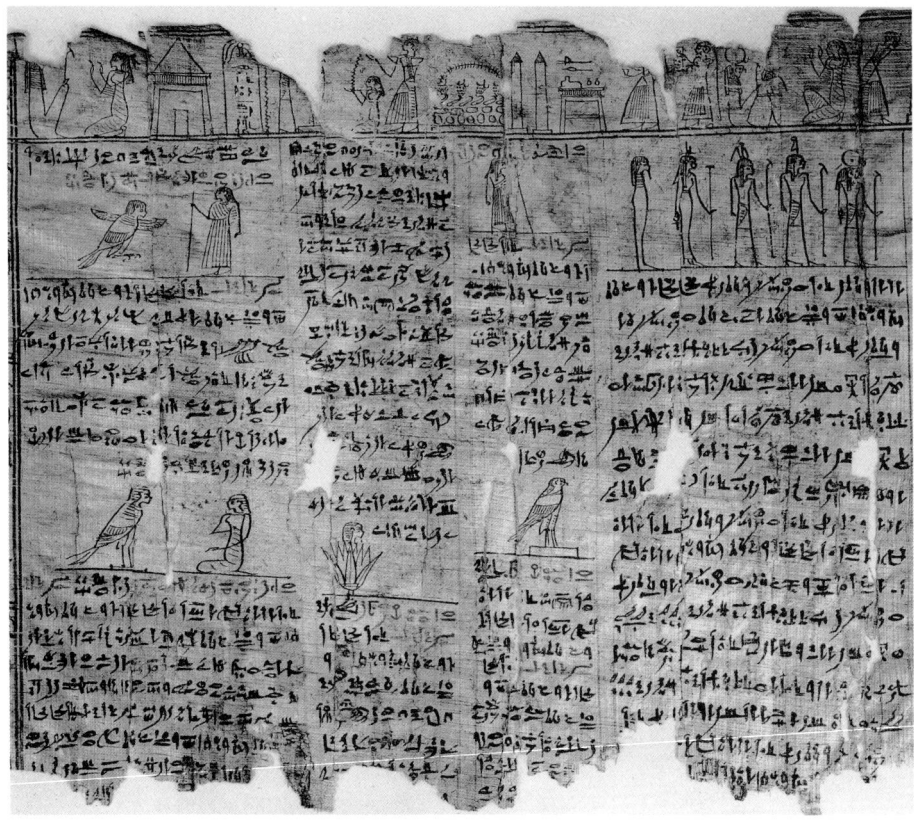

39 Aus einem Totenbuchpapyrus in hieratischer Schrift. 27.–30. Dyn. West-Berlin.

daß zwischen beiden nur schwer noch Ähnlichkeiten zu erkennen sind. Dabei begann die „Buchschrift" zu erstarren, verschnörkelt und manieriert zu werden. Die Distanz zwischen ihr und der Umgangsschrift zeigt sich nun auch am Inhalt der Texte, für die sie gebraucht wurden: Waren die religiösen Spruchsammlungen, die den Toten mit ins Grab gegeben wurden, bisher in „Kursivhieroglyphen" (s. o. S. 82) geschrieben worden, wurde von der 21. Dynastie (ca. 1080 v. Chr.) an dazu immer häufiger auch die „Buchschrift" verwendet[45]. Sie war also jetzt wirklich eine „hieratische" Schrift (Abb. 39).

Während in dieser Schrift noch bis ins 3. Jahrhundert n. Chr. religiöse Texte geschrieben wurden, gingen aus der hieratischen Umgangsschrift zwei neue Schriftvarianten hervor: Die in der Ägyptologie *abnormales Hieratisch* genannte Schrift, die in Oberägypten noch bis in die 27. Dynastie (ab 525 v. Chr.) lebte, und die in Unterägypten entwickelte

Schrift, die die Griechen *demotisch* nannten. Das älteste bekannte demotische Schriftzeugnis stammt aus dem 8. Regierungsjahr von König *Psammetich I.*, also aus dem Jahr 656 v. Chr.[46] Die demotische Schrift war zwar nach dem gleichen System aufgebaut wie die bisher behandelten altägyptischen Schriftarten; ihre Zeichenformen und „Orthographie" wichen jedoch zum Teil so stark von den traditionellen Schreibweisen ab, daß man oft nicht mehr bestimmen kann, welche hieroglyphische Form ihnen entsprechen könnte. Demotisch wurde nun die Verwaltungsschrift; aber „demotisch" in dem Sinne, daß auch das Volk sie hätte schreiben dürfen, wurde sie nie. Sie blieb den Beamten vorbehalten. Im Laufe der Zeit wurde sie auch für religiöse und literarische Texte verwendet. Im Unterschied zum Hieratischen, das ganz selten auch einmal als Stein-Inschrift belegt ist, wurde die demotische Schrift sowohl mit Pinsel und Tinte geschrieben, als auch in Stein geritzt. Das jüngste bekannte demotische Schriftzeugnis stammt aus dem Jahr 452 n. Chr. Diese Schrift war also etwa 1100 Jahre in Gebrauch und machte in dieser Zeit selbstverständlich einige Veränderungen durch. Darauf kann hier nicht näher eingegangen werden[47]. In Abb. 40 sollen aber noch zwei Proben dieser Schrift gegeben werden, um einen Eindruck von ihrem Aussehen zu vermitteln (vgl. auch Abb. 121).

40   a: Fragment einer Stein-Statuette des Priesters Amasis mit demotischem Text auf dem Schurz. Um 200 v. Chr. H.: 35 cm. West-Berlin. b: Quittung über den Verkauf eines Grundstückes, in demotischer Schrift mit Tinte auf ein Holztäfelchen geschrieben. 120 v. Chr. H.: 7,4 cm B.: 11,6 cm. Heidelberg.

3. *Ägyptische Sprache in nicht-ägyptischer Schrift: Die koptische Schrift*

Mit der koptischen Schrift wird ein Randbereich des Themas dieses Buches angeschnitten, den ich aber doch nicht ganz außer Acht lassen will.

Psammetich I. (664–610 v. Chr.), von dem eben schon die Rede war, weil in seiner Zeit die demotische Schrift aufkam, ist zugleich der König, unter dem erstmalig in Ägypten ansässige Griechen bezeugt sind. Er hatte ionische und karische Piraten zu Hilfe gerufen, um mit innenpolitischen Schwierigkeiten fertig zu werden. *Herodot* schrieb darüber 200 Jahre später (Historien II, 154): „Seinen Helfern, den Ioniern und Karern, gab *Psammetichos* Land zum Besiedeln, ein Gelände zu beiden Seiten des Nil, das den Namen ‚Heerlager' erhielt. Diesen Landbesitz wies er ihnen zu. Dazu gewährte er ihnen alles, was er versprochen hatte. Er ordnete ihnen sogar junge Ägypter zu, damit sie die griechische Sprache lernten. Von diesen Leuten, die die Sprache gut lernten, stammen die jetzigen Dolmetscher in Ägypten. Lange Zeit bewohnten die Ionier und Karer diese Gegend. Sie liegt ein wenig meerwärts der Stadt Bubastis am sogenannten pelusischen Nilarm (= im Nildelta). Später holte sie König *Amasis* (570–526 v. Chr.) dort weg und siedelte sie in der Nähe von Memphis an. Er machte sie zu seiner Leibwache gegen die Ägypter. Seit ihrer Ansiedlung in Ägypten erfahren wir Griechen durch diesen Verkehr mit ihnen alles genau, was seit der Zeit des *Psammetichos* im Lande geschieht. Sie waren die ersten Menschen fremder Sprache, die sich in Ägypten festsetzten."[1]. Spätestens seit dieser Zeit gab es also Ägypter, die die griechische Sprache lernten.

Die Ansiedlung der griechischen Söldner in Ägypten hatte zur Folge, daß auch andere Griechen, besonders Kaufleute und Handwerker, ins Land zogen. Um 570 v. Chr. lebten bereits soviele Griechen in Ägypten, daß es zu ernsthaften Reibereien zwischen ihnen und der einheimischen Bevölkerung kommen konnte[2]. Seit der Eroberung durch *Alexander d. Gr.* im Jahr 332 v. Chr. wurde Ägypten sogar von Griechen regiert.

Es waren also alle Voraussetzungen vorhanden, daß in Ägypten auch die griechische Art zu schreiben bekannt wurde. Wann das geschah, wissen wir nicht; das älteste sicher datierte in Ägypten gefundene griechische Schriftzeugnis stammt aus dem Jahr 311/310 v. Chr.[3] Spätestens von da an konnten Ägypter Kenntnis haben von dieser Schrift, die ganz anders aufgebaut war als ihre eigene. In der Einleitung habe ich beschrieben, welche zwei wesentlichen Einschnitte zwischen dem altägyptischen und dem griechischen Schriftsystem lagen: 1. Der Zeichenbestand war auf das notwendige Mindestmaß reduziert, 2. die Schreibung der Vokale durch extra Zeichen wurde zur Regel gemacht.

Aber so erstrebenswert die griechische Art zu schreiben aus unserer Sicht erscheint – die Ägypter schrieben noch lange ihre Sprache in ihrem eigenen Schriftsystem. Texte, die sowohl Ägypter als auch Griechen verstehen sollten, wurden in beiden Sprachen und Schriften abgefaßt; das berühmteste Beispiel dafür ist das 196 v. Chr. abgefaßte Dekret auf dem sogenannten „Stein von Rosette", der die Schlüsselrolle spielte bei der Entzifferung des altägyptischen Schriftsystems durch Champollion: Auf ihn ist das Dekret in zwei ägyptischen Versionen – in hieroglyphischer und in demotischer Schrift – geschrieben, und ein drittes Mal in griechischer Sprache und Schrift (s. u. Abb. 121). 30 v. Chr. kam Ägypten zwar unter römische Oberherrschaft, aber die offizielle Verwaltungssprache blieb weiterhin Griechisch.

Erst aus dem Ende des 1. Jahrhunderts n. Chr. sind die frühesten Texte bekannt, in denen auch für die ägyptische Sprache griechische Schrift verwendet wurde[4]: Es sind Zaubertexte, bei denen es ja immer in besonderem Maße darauf ankommt, daß sie genau ausgesprochen werden; um sie so lautgetreu wie nur möglich festzuhalten, war die griechische Schrift zweifellos geeigneter als eine der altägyptischen Schriften.

In breitem Ausmaß wurde diese Art zu schreiben seit dem 3. Jahrhundert n. Chr. angewandt; ausgelöst wurde dies dadurch, daß auch die Bevölkerungsteile Ägyptens, die kein Griechisch konnten – und das war die breite Masse des Volkes –, die Schriften der Religionen verstehen und lesen können sollten, die inzwischen in Ägypten Fuß gefaßt hatten: Judentum und Christentum[5]. Deshalb übersetzte man deren Schriften aus dem Griechischen in die zeitgenössische ägyptische Umgangssprache. Dadurch daß sie zur „Schriftsprache" gemacht wurde, ist uns diese letzte Entwicklungsstufe der altägyptischen Sprache erhalten geblieben, noch dazu in einer Schrift, die auch die Vokale wiedergab.

Auf den ersten Blick erstaunt, daß man zum Festhalten der Übersetzungen nicht eine der altägyptischen Schriften benutzte; aber sie symbolisierten sicher zu sehr das „heidnische" Ägypten und dessen Religion und waren außerdem das Revier der Verwaltungs- und Priester-Elite der Gesellschaft, so daß es nicht gerade nahelag, sie nun für die Verbreitung jüdischer und christlicher Schriften im Volk zu verwenden. Als einfachste Lösung bot sich vielmehr an, beim Übersetzen der griechischen Texte in die ägyptische Umgangssprache die griechische Schrift beizubehalten. Nur für die Laute, für die die griechische Schrift keine Zeichen bot, griff man auf eine ägyptische Schrift zurück und reicherte die griechische Schrift mit einigen demotischen Schriftzeichen an, so daß die „neue" Schrift in ihrer endgültigen Ausprägung folgende Zeichen enthielt:

ⲁ	a	ⲓ	i	ⲣ	v	ⲱ	sch
ⲃ	b	ⲕ	k	ⲥ	s	ϥ	f
ⲅ	g	ⲗ	l	ⲧ	t	ⳉ	h
ⲇ	d	ⲙ	m	ⲩ	u	ⳋ	tsch
ⲉ	e	ⲛ	n	ⲫ	ph	ⳓ	kj
ⲍ	z	ⲝ	ks	ⲭ	ch	ⳁ	tj
ⲏ	ē	ⲟ	o	ⲯ	ps		
ⲑ	th	ⲡ	p	ⲱ	ō		

41   Die koptischen Schriftzeichen und ihre Umschrift.

Als Bezeichnung für diese Schrift und die mit ihr geschriebene ägyptische Sprachstufe hat sich „koptisch" eingebürgert. Dieses Wort ist über das arabische Wort *qubt* auf αἰγύπτιος *(aigýptios)* zurückzuführen, wie die Griechen seit Jahrhunderten[6] das Volk am Nil genannt hatten. „Koptisch" heißt also eigentlich nichts anderes als „ägyptisch". Seine spezielle Bedeutung bekam es, nachdem um 640 n. Chr. die Araber Ägypten erobert und den Islam dorthin gebracht hatten. Seitdem sind die „Kopten" diejenigen, die die neue Religion nicht annahmen, sondern bei der alten Religion blieben: Dem Christentum in seiner ägyptischen Ausprägung. Sie pflegten auch ihre Sprache und Schrift weiter, so daß beide nie ganz in Vergessenheit gerieten. Im heutigen Ägypten spielt das Koptische etwa die Rolle wie das Lateinische bei uns, als es noch Liturgiesprache im römisch-katholischen Gottesdienst war. Aber es gibt Tendenzen, die Kenntnis der koptischen Schrift und Sprache wieder mehr zu verbreiten.

Die koptische Schrift konnte in Stein gemeißelt oder mit Pinsel und Tinte auf verschiedene Materialien (Papyrus, Ostraka, Leder, Holz usw.) geschrieben werden. Man schrieb sie – in der Regel – ohne Wortzwischenräume und von links nach rechts (Abb. 42).

42 *a: Koptischer Grabstein aus dem Friedhof des Jeremiasklosters bei Saqqara. 8.–9. Jahrhundert n. Chr. H.: 65 cm B.: 40 cm. Heidelberg. Übersetzung (1. Zeichen: Christusmonogramm): „O Vater, Sohn und (2) heiliger Geist! O hei- (3)liger Michael, o heilige (4) Maria, Apa Gabriel, (5) unser Vater Adam, Apa (6) Jeremias, Apa Hen- (7)noch, Ama Sibyilla! (8) Unser Bruder, Papa (9) Anup, der Barbier (?), (10) er starb am (11) 18. Tybi in (11) Frieden. Amen." (Die Ziffern in Klammern bezeichnen die Zeilen)*

b: *Koptischer Brief auf einem Kalkstein-Ostrakon. 6.–7. Jahrhundert n. Chr. H.: 12 cm B.: 13 cm. Heidelberg. Übers.: „Zuerst grüßen wir Dich. Tue uns den Gefallen und gib uns die anderen 20 Krüge zu den 2 Krügen, die Du (schon) hergebracht hast. Wahrlich, wir brauchen (sie) sehr. Lebe wohl im Herrn!" Auf der Rückseite stehen Adressat und Absender: „An den seligen [zerstört] Von dem seligen Johannes".*

II. Die Schriftkundigen in der altägyptischen Gesellschaft und was sie schrieben

Nachdem im letzten Kapitel das Handwerkszeug und die Schriftarten behandelt wurden, die die altägyptischen Schreiber verwendeten, sollen im Mittelpunkt dieses Kapitels ihre damit erzeugten „Produkte" stehen. Dabei gehe ich chronologisch vor und beginne mit der Zeit, mit der die Einleitung endete. Auf der Suche nach den Anfängen unserer Schrift waren wir um 3000 v. Chr. an einem Punkt angelangt, wo man nicht mehr – wie bis dahin – weiterfragen kann, woher Ägypten beziehungsweise Sumer oder Elam das Schreiben lernte. An dieser Stelle ist vielmehr die Frage zu stellen, aus welchen Gründen Kulturen überhaupt eine Schrift entwickelten.

War eine Schrift erst einmal vorhanden, konnte sie auch für andere Zwecke verwendet werden als nur für die, für die sie ursprünglich gedacht war. In welche Bereiche die Schrift im Ägypten des 3. und 2. Jahrtausends vordrang, soll in diesem Kapitel beschrieben werden.

Um sich die Umwelt, in der dies geschah, besser vorstellen zu können, möchte ich ein paar Bemerkungen über sie vorausschicken. Denn manche Eigenheiten der altägyptischen Gesellschaftsform sind nur im Rahmen der natürlichen Gegebenheiten verständlich, in denen sie entstanden.

Sowohl geographisch als auch klimatisch ist Ägypten ein kontrastreiches Land und war es in altägyptischer Zeit noch ausgeprägter als heute. Der auffallendste Gegensatz ist der zwischen Wüste und Fruchtland mit der scharfen Grenze zwischen beiden, so daß man – wie es oft beschrieben wird – gleichzeitig mit dem einen Fuß im Fruchtland und mit dem anderen in der Wüste stehen kann. Auch das Fruchtland selbst war in zwei unterschiedlichen Formen vorhanden: Im Norden das weite, sumpfige, von vielen Wasseradern durchzogene Mündungsgebiet des Nils, das von Norden her betrachtet die Form des griechischen Buchstabens Δ (= Delta) hat und deshalb bereits von *Herodot* „Delta" genannt wurde; südlich der Deltaspitze dagegen war es langgezogen und schmal, eingezwängt zwischen die Gebirge der beiden Wüsten (Abb. 43). Im Delta war genug Platz für große Weideflächen, im südli-

chen Landesteil mußte man sparsamst umgehen mit dem bißchen an-
baufähigen Boden; dafür hatte man hier viel kürzere Wege in die Wüste, aus der man Steine und andere Rohstoffe holte. Da die Wüste so
nah an die Siedlungen herantrat, konnte man ihre Felsen und Trocken-
heit auch nutzen zum Schutz der Toten und deren Beigaben vor der
Vergänglichkeit: Dort wurden die Gräber, die „Häuser für die Ewigkeit" angelegt.

43   Ägypten und sein Umfeld.

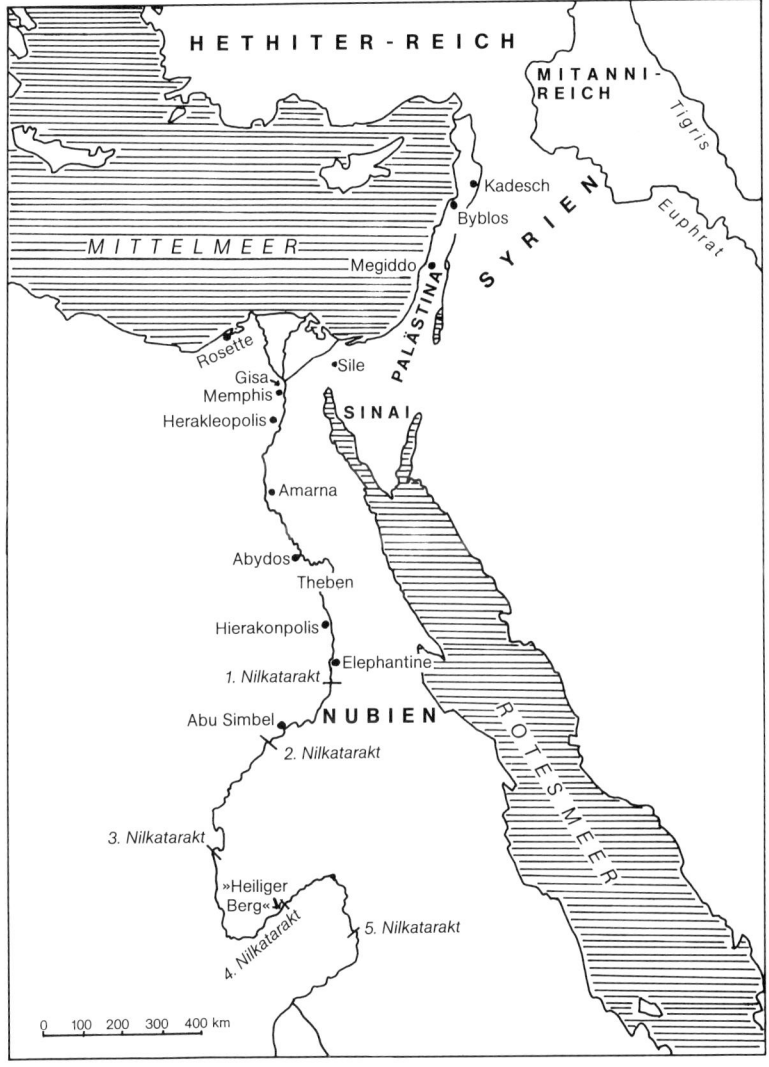

Die Art des Klimas sorgte für einen zusätzlichen Kontrast: Abgesehen von ganz seltenen Regenfällen war es von oben grundsätzlich trokken. Aber jedes Jahr begann als Folge von Monsunregen in Äthiopien und im Sudan die Wassermenge des Nils zuzunehmen, bis sie Anfang September ihren Höchstpunkt erreichte (durchschnittlich 8–10 m über dem Tiefststand); danach ging sie wieder zurück bis zu ihrem Tiefststand Anfang Mai[1]. Das heißt, insbesondere das oberägyptische Fruchtland war jährlich zwei Extremen ausgesetzt: Einige Monate stand es unter Wasser, dann wieder lag es trocken.

Eine weitere Besonderheit Ägyptens ist die Ausrichtung des Landes: Sein längster Teil wurde gebildet durch die „beiden Ufer" – wie es auch in altägyptischen Texten immer wieder heißt – eines Flusses, der mit nur geringfügigen Abweichungen eine Hauptrichtung einhält, so daß man sich überall leicht orientieren kann: Flußabwärts ist Norden, flußaufwärts Süden. Mit der Sonnenbahn bildet der Nil ein Koordinatenkreuz, in das sich der altägyptische Mensch selbst auch eingebunden fühlte: So benützte er dieselben Wörter für „Süden" und „vorne", für „Norden" und „hinten", für „Westen" und „rechts", für „Osten" und „links"[2].

Die den Ägypter umgebende Natur war also sehr klar gegliedert und dadurch relativ gut berechenbar. Natürlich kam die Nilflut nicht jedes Jahr an genau dem gleichen Tag und war auch nicht immer gleich hoch. Aber man mußte sich nicht – wie wir oft von unserem Wetter – völlig von ihr überraschen lassen, sondern konnte sich auf sie bereits einstellen, bevor sie Ägypten erreichte: Dazu brauchte man sie nur schon möglichst weit südlich der Südgrenze zu beobachten und Termin und Fluthöhe nach Norden weiterzumelden.

So regte die Beschaffenheit von Ägyptens Umwelt zu vorausschauendem Planen an und förderte die dazu nötigen Organisationsformen. Sie machte dies jedoch auch notwendig:

– war nämlich die Überschwemmung zu niedrig oder zu hoch, gab es Mißernten; Hungersnöte waren die Folge, wenn man nicht in besseren Jahren vorgesorgt und Vorräte angelegt hatte und sie dann sinnvoll zu verteilen wußte;

– da die Landesteile so unterschiedlich große Gebiete von Acker- und Weideland hatten, ging es dem Staat um so besser, je klüger der Austausch zwischen dem nördlichen Unter- und dem südlichen Oberägypten organisiert war. Da es kaum eine Gegend in Ägypten gibt, die man nicht mit dem Schiff erreichen kann, war es besonders leicht und schnell möglich, zum Beispiel Viehherden aus Oberägypten ins Delta zum Weiden zu transportieren, oder Getreide von einem ertragreicheren Gebiet oder von zentralen Vorratsspeichern in ein ärmeres;

– weil die Nilüberschwemmung die Feldergrenzen verwischte, mußte man die Felder vermessen und ihre Größe registriert haben, bevor die Überschwemmung sie erreicht hatte. „Mir scheint, daß hierbei die Kunst der Landvermessung („Geometrie") erfunden wurde, die dann nach Griechenland kam", schreibt *Herodot* (Historien II, 109) dazu[3];

– während die Felder überflutet waren, konnten die Bauern sie nicht bearbeiten. Wenn – wie manche Wissenschaftler vermuten – die Überschwemmung so hoch werden konnte, daß dann Schiffe auch außerhalb des eigentlichen Flußbettes fahren konnten, war die Überschwemmungszeit besonders geeignet, die zum Bauen von Gräbern, Tempeln usw. benötigten Steine von den Steinbrüchen zu den Baustellen zu transportieren. Das würde heißen, daß gleichzeitig große Menschenmassen (die unbeschäftigten Bauern) und relativ gute Beförderungsmöglichkeiten zur Verfügung standen. Wollte sich die Staatsführung dies zunutze machen, benötigte sie dazu ausgezeichnete Organisatoren.

Die natürlichen Gegebenheiten aber waren es nicht allein, die eine planvolle Vorratshaltung, ein Katasterwesen, den Bau riesiger Steindenkmäler usw. ermöglichten. Sondern es mußte noch die Schrift hinzukommen.

In der altägyptischen Gesellschaft hing denn auch schreiben zu können engstens zusammen mit verwalten, registrieren, organisieren: Nur wer die Schrift beherrschte, konnte die Verwaltungslaufbahn einschlagen, und nur die Ausbildung zu einem „Verwaltungsbeamten" bot überhaupt die Möglichkeit, schreiben zu lernen. In der ägyptologischen Literatur werden daher oft die Wörter „Schreiber" und „Beamter"[4] im gleichen Sinne benützt.

Das aus unseren gesellschaftlichen Verhältnissen übertragene Wort „Beamter" kann suggerieren, daß es sich nur auf weltliche Institutionen bezieht. In der altägyptischen Gesellschaft aber gab es eine Aufteilung zwischen „Kirche und Staat" prinzipiell nicht; mit „Beamte" sind also auch für Tempel und Grabanlagen Tätige gemeint.

Innerhalb der altägyptischen Beamtenschaft bestand eine ausgeprägte Hierarchie: Ganz unten waren die einfachen Schreiber, die Viehherden, Getreidelieferungen usw. registrieren mußten, oder auch in den Dörfern hie und da für einen „Analphabeten" einen Brief schrieben, kleinere Streitigkeiten schlichteten und Arbeiten überwachten; unter diesen Menschen galten auch schon die niedrigen Schreiber als Respektspersonen, als Mitglieder der gesellschaftlichen Elite. Ganz oben standen die Beamten, die im Staat eine Rolle spielten, die man mit der unserer Minister, Präsidenten und Kanzler vergleichen könnte; über ihnen gab es nur noch den König. Die hohen Beamten hatten ihrerseits wieder eine ganze Schar von Beamten zur Verfügung, an die sie Arbeiten delegieren konnten – eine Art „mittlerer Beamtenschicht". Die verschiedenen hierarchischen Ebenen waren nicht strikt gegeneinander abgegrenzt, sondern waren – wenigstens im Prinzip – bis in die obersten Stufen hinein durchlässig. Die Regel aber war, daß der Sohn eines niederen Beamten ebenfalls niederer Beamter wurde; von einigen berühmten Ausnahmen wird weiter unten zu reden sein. Auch war es nicht ausgeschlossen, daß jemand, der aus einer „Analphabetenfamilie" stammte, schreiben lernen und Beamter werden konnte.

Die „Analphabeten" der altägyptischen Gesellschaft waren die Landarbeiter, Handwerker, Arbeiter usw. Sie waren entweder staatlichen Institutionen zugeteilt oder hohen Beamten, die für ihre Dienste in erster Linie durch Ländereien und die sie bearbeitenden Menschen „bezahlt" wurden.

Zum schriftunkundigen Teil gehörten auch die meisten Frauen; Frauen hatten sehr lange Zeit überhaupt keinen Zugang zur Beamtenlaufbahn und damit zu einer Schreiber-Ausbildung. Trotzdem spricht einiges dafür, daß einzelne Frauen schreiben gelernt haben[5].

Ausschließlich im Kreis des männlichen Bevölkerungsteils also bewegt sich dieses Buch, und unter diesen wiederum nur im Bereich der Beamten und der Könige. Man schätzt[6], daß sie höchstens 1% der altägyptischen Bevölkerung ausmachten; aber weil nur sie Schriftliches hinterlassen konnten, bilden sie für uns die Hauptinformanten über Altägypten.

Ganz so stumm wie früher, als die Ägyptologen sich fast nur auf die Untersuchung von Texten konzentrierten, ist dieser 99% große „Rest" der altägyptischen Bevölkerung inzwischen allerdings nicht mehr; denn gerade in letzter Zeit beschäftigen sich immer mehr Wissenschaftler auch mit schriftlosen Gräbern, Gegenständen und Siedlungsresten. Und sie haben Methoden entwickelt, um daraus Rückschlüsse auf die Lebensweise der Menschen zu ziehen, die diese Gebäude und Objekte einst benützten.

Daß das, was wir durch die Texte erfahren, nur einen kleinen Ausschnitt der altägyptischen Wirklichkeit und eine ganz spezielle Sicht der Dinge wiedergeben kann – nämlich die der Beamten- und Regierungs-Elite –, muß immer im Auge behalten werden.

1. *Wozu die Ägypter eine Schrift brauchten*[1].
Die Zeit um 3000 v. Chr.

Um 3000 v. Chr. wurde in Ägypten zum ersten Mal geschrieben. Das heißt, daß sich damals die ägyptische Kultur umwandelte von einer „mündlichen" in eine Schriftkultur. Um zu veranschaulichen, was solch ein Schritt bedeutet, seien zwei Bemerkungen über mündliche und schriftliche Kommunikation vorausgeschickt.

1. Wer nicht lesen und schreiben kann, gilt in unserer Gesellschaft in der Regel als ungebildet und als jemand, dem etwas ganz Wesentliches fehlt. Dasselbe Urteil klingt auch in der Bezeichnung durch, mit der man oft Kulturen belegt, die keine Schrift benützen: „Schriftlose" Kultur. Das heißt, man hat nur im Blick, was ihnen – verglichen mit unserer Kultur – fehlt und beachtet nicht, was sie stattdessen haben. Die Tatsache, daß es zu allen Zeiten Kulturen gab und gibt, die ohne Schrift existieren, beweist, daß die Schrift nicht in jedem Falle für Kulturen lebensnotwendig ist; es ist sogar von mehreren Kulturen bezeugt, daß sie zwar durch Mitglieder anderer Kulturen Schrift kennenlernten, es aber ablehnten, sie zu übernehmen und sich auch nicht dazu anregen ließen, eine eigene zu entwickeln. Die Schrift scheint also nicht von allen Menschen als etwas ausschließlich Vorteilhaftes, Erstrebenswertes betrachtet zu werden, und „Schriftlosigkeit" nicht nur als Mangel[2].

Mit den Worten von drei – sehr unterschiedlichen – Autoren unseres eigenen Kulturkreises möchte ich illustrieren, daß selbst in unserer Schriftkultur dem Schriftgebrauch bisweilen auch Vorbehalte entgegengebracht werden und welche Gefahren in ihm gesehen werden können. Der griechische Philosoph *Platon* (427–347 v. Chr.) läßt in seinem „Phaidros" *Sokrates* sagen: „Bedenklich, nämlich, mein *Phaidros*, ist darin das Schreiben und sehr verwandt der Malerei. Denn auch ihre Schöpfungen stehen da wie lebend, – doch fragst du sie etwas, herrscht würdevolles Schweigen. Genauso verhalten sich geschriebene Worte: du könntest glauben, sie sprechen wie vernünftige Wesen, – doch fragst du, lernbegierig, sie nach etwas, so melden sie immer nur eines-und-dasselbe. Und jedes Wort, das einmal geschrieben ist, treibt sich in der Welt herum, – gleichermaßen bei denen, die es verstehen, wie bei denen, die es in keiner Weise angeht, und es weiß nicht, zu wem es sprechen soll und zu wem nicht. Wird es mißhandelt oder zu Unrecht getadelt, dann bedarf es des Vaters immer als Helfer; denn selber hat es sich zu wehren oder sich zu helfen nicht die Kraft" und: „Wer denkt, er könne seine Kunst in Geschriebenem hinterlassen, und wer es aufnimmt mit der Meinung, etwas Klares und Zuverlässiges sei aus Geschriebenem zu entnehmen, der ist von reichlicher Einfalt belastet . . ., wenn er geschriebene Worte zu andrem von Nutzen glaubt als dazu: den Wissenden zu erinnern, worüber geschrieben steht."[3]

Hans Paasche (1881–1920), der sich zu Beginn unseres Jahrhunderts mehrmals in Afrika aufhielt, verfaßte nach seiner Rückkehr eine fingierte Briefserie, in der ein durch Deutschland reisender Afrikaner seinem König über seine Erlebnisse berichtete; da heißt es über das Schreiben: „Auch im täglichen Leben bringt das Geschriebene Gefahr. Der Hutu in Kitara kann nicht schreiben und darf es nicht lernen. Er sieht sich den Mann an, der spricht, fragt nach seiner Herkunft und Vergangenheit und beurteilt danach den Wert seines Wortes. Mißfällt ihm der Sprechende, dann beachtet er ihn nicht. Der Bauer in Deutschland hat es schwer, hinter dem Geschriebenen den Mann zu erkennen, dem er vertrauen soll."[4]

Der Schriftsteller Karl Heinrich Waggerl (1897–1973) äußerte sich so: „Ich entdeckte, daß es allein dem Sprechenden zufällt, den Gleichklang mit dem Hörenden herzustellen, und daß sich mitunter nur durch Miene und Geste deutlich machen läßt, was anders unsagbar bliebe" und: „Wenn das Wort am Anfang war, dann muß es wohl das gesprochene und gehörte, das im Geist bewahrte und im Herzen bewegte gewesen sein. Sogar die Götter waren ja von jeher Analphabeten, sie redeten gern und hörten zuweilen. Der hymnische Wortgesang drang an ihr Ohr, auch das Gestammel der geplagten Erdenkinder. Es mag in alten Zeiten wie heutzutage viele Dichter gegeben haben, aber nur das Werk der Größten war kraftvoll genug, sich im Gedächtnis vieler Generationen zu bewahren. Die Möglichkeit, akustische Phänomene durch das visuelle Medium der Schrift zu konservieren, ist wohl eher von den Krämern als von den Poeten entdeckt worden . . ."[5].

Die Gefahr der schriftlichen gegenüber der mündlichen Mitteilung wird also vor allem darin gesehen, daß Schriftliches auch ganz losgelöst von dem Menschen weiterexistieren kann, der es einmal formuliert hat; dies kann zur Folge haben,

– daß man das Geschriebene mit dem Sprechenden verwechselt und deshalb – vergeblich – hofft, davon Antworten auf Rückfragen zu erhalten;

– daß die Persönlichkeit des Menschen, von dem das Geschriebene stammt, dahinter verschwinden oder auch sich verstecken kann, was bei mündlicher Kommunikation nicht so leicht möglich ist;

– daß in der schriftlichen Mitteilung wesentliche Elemente fehlen, die eine mündliche begleiten und mit zum Verständnis beitragen: Die Gestik und die Mimik, die manchmal sogar ausschlaggebend sind für etwas, „was anders unsagbar bliebe".

– daß mit der Schrift alles, und sei es noch so wertlos oder schlecht, festgehalten und bewahrt werden kann, während von mündlich Überliefertem „nur das Werk der Größten kraftvoll genug war, sich im Gedächtnis vieler Generationen zu bewahren." Mündliche Kommunikation hat im Vergleich zur schriftlichen also auch eine ganze Reihe von Vorteilen, und das Aufbewahren von Texten allein mit Hilfe des Gedächtnisses birgt nicht nur Nachteile gegenüber schriftlich Fixiertem.

Man betrachtet deshalb Kulturen, die keine Schrift gebrauchen, nicht mehr ausschließlich als solche, denen etwas fehlt, sondern erkennt an, daß sie nur eine andere Methode benützen, um Informationen weiterzugeben als wir. Man drückt dies auch darin aus, wie man sie bezeichnet und nennt sie dann nicht mehr „schriftlose", sondern zum Beispiel „mündliche" Kulturen.

2. Wir sind so daran gewöhnt, alles aufzuschreiben, was wir uns auch nur für kurze Zeit merken wollen, daß wir oft gar nicht mehr wissen, wie leistungsfähig ein menschliches Gedächtnis sein kann. So konnte man sich auch nicht vorstellen, daß es möglich wäre, ohne Schrift Wissen oder gar Texte längere Zeit zu bewahren und über mehrere Jahrhunderte korrekt zu überliefern. Hier liegt die Wurzel für eine weitere Negativ-Wertung: Man sprach mündlichen Kulturen einfach ab, ein Interesse am Bewahren ihrer Vergangenheit zu haben, ja man hielt sie sogar regelrecht für „geschichtslos"[6]. Das kommt auch zum Ausdruck, wenn die Zeit Ägyptens, die noch nicht durch Schriftzeugnisse belegt ist, als „vorgeschichtliche" und die Zeit danach als „geschichtliche" bezeichnet wird[7]. Aus der Gleichsetzung mündliche = geschichtslose Kultur konnte man den Schluß ziehen, die Schrifterfindung oder -entwicklung in Altägypten habe ihre Ursache darin, daß nun dort ein Geschichtsbewußtsein erwacht sei und das Bedürfnis angeregt hätte, bestimmte Ereignisse festzuhalten[8].

Die Annahme, mündliche Kulturen hätten kein Geschichtsbewußtsein oder nicht einmal eine Geschichte, ist jedoch falsch. Sie ist eindeutig widerlegt vor allem durch ethnologische Untersuchungen über Kulturen, die zwar keine Schrift, aber sehr wohl ein Geschichtsbewußtsein (und natürlich eine Geschichte) und lange Überlieferungsketten haben. „Die Ethnologie kann ... bestätigen, daß es bei allen Völkern das gibt, was Rothacker in seiner Bonner Universitätsrede (1931) über ‚Das historische Bewußtsein' den ‚historischen Sinn' genannt hat, nämlich jenen ‚urtümlichen menschlichen Trieb, Ereignisse und Gestalten der Vergangenheit festzuhalten, sich zu erinnern und zu erzählen . . .'"; zu diesem Ergebnis kam der Ethnologe Rüdiger Schott in seiner Abhandlung „Das Geschichtsbewußtsein schriftloser Völker"[9], in der er eine ganze Reihe von Beispielen zusammenstellte. Es ist also keine Kultur ohne Geschichtsbewußtsein erwiesen. Auch das vorschriftliche Ägypten wird davon keine Ausnahme gewesen sein.

Die Bezeichnung „vorgeschichtlich" für diese frühe Epoche kann daher heute nur noch in dem Sinne verstanden werden, daß es für *uns* schwerer ist, Einzelheiten der Geschichte aus dieser mündlichen und mehr als 5000 Jahre zurückliegenden Zeit zu erfahren als aus der schriftlichen Zeit.

Um eine Vorstellung davon zu vermitteln, wie mündliche Kulturen ihre Geschichte und anderes Wissen aus ihrer Vergangenheit bewahren können und auch davon, was der Übergang von einer mündlichen zu einer Schriftkultur bedeutet, sollen einige Beispiele mündlicher Traditionen beschrieben werden[10].

Natürlich hat auch das Gedächtnis von Menschen in mündlichen Kulturen seine Grenzen; aber man kann sie erweitern – oder zumindest verhindern, daß sie enger werden als notwendig – durch verschiedene Methoden, die uns ebenfalls geläufig sind: Man trainiert das Gedächtnis, indem man es möglichst viel nutzt; man wiederholt das Gelernte immer wieder, indem man es laut ausspricht; man baut sich „Eselsbrücken"; man gebraucht Gedächtnisstützen, wie zum Beispiel den Knoten im Taschentuch; und wir kennen die Erfahrung, daß man etwas leichter behalten kann, wenn es eine bestimmte Form hat, einen Rhythmus, einen Reim, eine eingängige Melodie. Deshalb benützen wir eine besondere Form nicht nur in Gedichten oder Liedern, sondern auch für Kenntnisse, die wir uns schwer merken können, aber zum Beispiel in der Schule lernen müssen: „Drei, drei, drei, bei Issus Keilerei", „trenne nie st, denn es tut ihm weh" usw.

Ähnliche Methoden sind auch in mündlichen Kulturen zu beobachten; dort werden sie jedoch notwendigerweise viel intensiver angewandt als bei uns, da diese Völker ja auf ihr Gedächtnis völlig angewiesen sind und nicht mal schnell in einem Buch nachschlagen können, wenn sie etwas vergessen haben. In einer mündlichen Kultur ist das Gedächtnis geradezu lebensnotwendig; denn je mehr von dem behalten wird, was ihre Menschen – auch vor langer Zeit – einmal herausgefunden haben, wie sie mit ihrer Umwelt am besten umgehen, welche Ernährung für sie am günstigsten ist, wie man Behausungen baut, Gerätschaften, Kleider, Schmuck herstellt, wie man besonders gut mit den Menschen der eigenen Kultur, wie mit denen einer anderen auskommt, um so beständiger ist die Kultur; heute ist an einer Reihe von Beispielen zu sehen, wie Kulturen zugrundegehen, weil durch äußere Einflüsse zuviel von diesem Wissen verlorengeht.

Weil alles im Gedächtnis bewahrt werden muß, bleiben Menschen einer mündlichen Kultur darin dauernd im „Training". Außerdem benützt man auch in diesen Kulturen Gedächtnisstützen; zum Beispiel auf den Marquesas-Inseln in Polynesien wurden Genealogien und andere Traditionen anhand von Bündeln aus Kokosnußfasern rezitiert, von denen Knotenschnüre herabhingen[11]. Ebenfalls von den Polynesiern wird berichtet, daß sie ihre Ahnenlisten in einer Art „Gedicht" im Gedächtnis behielten und bei feierlichen Anlässen in Form einer Litanei rezitierten. Sehr wichtig ist, daß das, was im Gedächtnis bewahrt werden soll, immer wieder ausgesprochen und angehört wird; dadurch wird es wiederholt, an andere weitergegeben und es kann von anderen überprüft werden, ob die Erinnerung korrekt ist. Sehr oft sind es ganz bestimmte Personen in einer Gesellschaft, deren Hauptberuf das Bewahren und Weitergeben des Wissens ist, die sich also sehr intensiv darauf konzentrieren und es dadurch zu einer besonders hohen Gedächtnisleistung bringen können (vgl. auch Schauspieler und Rezitatoren bei uns). Sie wiederholen das Überlieferte zum Teil bei bestimmten Anlässen, zum Teil aber auch täglich, wie es etwa von den *Griots* in Westafrika berichtet wird[12], indem sie es den anderen sprechend oder singend vortragen. In mündlichen Kulturen ist also das Bewahren der Überlieferung unlösbar mit den Menschen verbunden, die sie buchstäblich am „Leben" erhalten: Mit den Menschen, die sie im Gedächtnis behalten und sie aussprechen, und mit denjenigen, die sie anhören und so in ihr Gedächtnis aufnehmen. Eine andere Möglichkeit der Weitergabe gibt es ja dort nicht.

In einer Schriftkultur dagegen kann etwas einmal Formuliertes auch dann noch weiter existieren, wenn es kein einziger Mensch mehr im Gedächtnis hat: Wenn es schriftlich „festgehalten" wurde. Für eine Gesellschaft bedeutet deshalb die Verwendung der Schrift, daß es zur Bewahrung der Überlieferung nicht mehr notwendig ist, daß mehrere Menschen sie im Gedächtnis haben und anderen immer wieder vortragen und daß das Überlieferte auf diese Weise unter den Menschen „lebt"; sondern es genügt im Extremfall einer, der es aufschreibt und es so deponiert, daß es erhalten bleibt. So könnte aus dem Häuptling, der in einer mündlichen Gesellschaft angewiesen war auf andere Menschen als Bewahrer des Wissens seines Volkes, einer werden, der sich mit Hilfe der Schrift davon völlig unabhängig macht. Und wenn nicht alle Mitglieder seiner Gesellschaft auch schriftkundig sind, oder wenn er das, was er geschrieben hat, an einem für andere unzugänglichen Ort aufbewahrt, ist nicht mehr – wie in einer mündlichen Kultur – von den anderen Gesellschaftsmitgliedern erkennbar und überprüfbar, was von ihrer Kultur überliefert wird; die Überlieferung ist nicht mehr eine Gemeinschaftsleistung.

Wenn aber auch in einer mündlichen Kultur eine so hohe Überlieferungsleistung möglich ist und zudem die Mündlichkeit für die Gesellschaft insgesamt günstig ist – warum wurde dann in Ägypten eine Schrift entwickelt und in Gebrauch genommen? Anders gefragt: Was änderte sich um 3000 v. Chr. in Ägypten, so daß Anforderungen entstanden sein könnten, für die die Gedächtnisleistung nicht mehr ausreichte?

Deutlich erkennbar ist, daß sich um diese Zeit die Organisationsform der Menschen, die zwischen dem 1. Nilkatarakt und der Mittelmeerküste lebten, gewandelt hatte. Vorausgegangen waren[13] durch Klimaveränderungen bedingte Wanderbewegungen der Menschen aus den das Niltal umgebenden Gebieten: Vom 15. bis zum 7. Jahrtausend war das Klima in ganz Afrika wesentlich feuchter gewesen als heute, so daß die Gebiete, die wir als Wüsten kennen, Steppen waren und den Menschen bessere Lebensbedingungen boten als das zu dieser Zeit recht sumpfige Niltal. Von 6500 v. Chr. an jedoch begann das Klima – unterbrochen durch eine relativ feuchte Phase um 4000 v. Chr. – in einem Ost-West-Gürtel auf der Höhe der heutigen Sahara immer trockener zu werden, so daß das Niltal nördlich des 1. Kataraktes zu einer Fluß-Oase wurde und nun die besseren Lebensmöglichkeiten bot. Langsam zogen dann immer mehr Menschen aus der austrocknenden Steppe in Richtung Nil. Man kann sich vorstellen, daß die Menschen, die am Nil siedelten, im Laufe der Zeit immer mehr wurden, immer dichter lebten, sich erst in kleinen, dann in größeren Gruppen organisierten. Aus ethnologischen und anderen Untersuchungen weiß man, daß ein Zusammenhang besteht zwischen der Größe und der Struktur einer Gesellschaft.

Auf einer anderen Ebene erlebt dies jeder, der unterrichtet, Diskussionen führt, musiziert: In kleinen Gruppen ist es prinzipiell möglich, ohne Hierarchie auszukommen; man braucht keinen Sprecher, Diskussionsleiter, oder Dirigenten. Je größer eine Gruppe wird, um so mehr tendiert sie dazu, sich aufzuteilen in Leitende und Geleitete. Ähnlich scheinen sich auch Völker zu verhalten[14]: In „egalitärer" Form sind nur relativ kleine belegt; in großen Völkern dagegen gliedert sich die Gesellschaft auf in einen Teil, der ihren organisatorischen, sozialen und kulturellen Zusammenhalt sichert und einen, der für ihre materielle Basis (Nahrung, Kleidung, Behausung usw.) sorgt.

Man weiß, daß sich im Niltal nördlich des 1. Kataraktes schließlich zwei größere Herrschaftsbereiche – der eine in Ober-, der andere in Unterägypten – entwickelt hatten, aus denen um 3200 v. Chr. dann der altägyptische Gesamtstaat entstand[15]. Er erstreckte sich von Süden nach Norden, am Nil entlang gemessen, mehr als 1000 km lang. Um das Land zu organisieren, hatte sich eine anfangs wohl sehr kleine, mit der Zeit anwachsende Gruppe herausgebildet, die sich ausschließlich darauf konzentrierte, es zu regieren und zu verwalten. Diese Menschen mußten also durch die übrigen Mitglieder der Gesellschaft miternährt werden. Dazu war es nötig, ein Verfahren zu finden, das garantierte, daß die Regierenden und Verwaltenden immer ausreichend versorgt waren: Man führte Abgaben – „Steuern" nennen wir sie – ein, die nach einem immer mehr verfeinerten System eingetrieben wurden. Um sie in den richtigen Zeitabständen zu erheben, um ihre Höhe der Größe der Ernteerträge anzupassen, um sie zu registrieren, zu speichern, weiterzuverteilen usw., wurde ein großer Verwaltungsaufwand nötig, durch den nun ganz andersartige Anforderungen an die Erinnerungsleistung der Menschen gestellt wurden als in den zumeist wesentlich kleineren mündlichen Kulturen: Es mußten vor allem Zahlen, und zwar in großem Ausmaß, behalten werden – und da stößt das menschliche Gedächtnis offenbar an seine Grenzen. Daß es wesentlich schwieriger ist, Zahlen und zusammenhanglose Einzeldaten im Gedächtnis zu behalten als etwas, womit man einen Inhalt verbinden kann, kennen wir nicht nur aus eigener Erfahrung; sondern es ist auch daran abzulesen, daß sogar mündliche Kulturen dafür besondere Gedächtnisstützen entwickelt haben, zum Beispiel Knotenschnüre, Kerbhölzer, oder eine Art von Notizen. Zum Beispiel wenn wir sagen, jemand habe „etwas auf dem Kerbholz", so rührt das daher, daß man bei uns in einer Zeit, als noch nicht jeder lesen und schreiben konnte, Hölzer benutzte, um den Betrag von Schulden zu vermerken: Man kerbte einen Stab entsprechend der Höhe der Schulden quer ein, spaltete ihn der Länge nach und gab Gläubiger und Schuldner je eine Hälfte; durch Aneinanderfügen der beiden Hälften war kontrollierbar, ob nicht einer der beiden nachträglich den Betrag verändert hatte[16].

Seit einiger Zeit ist sogar bekannt, daß und auf welche Weise solche zum Zählen benötigten Merkhilfen zur Ausbildung einer Schrift – nämlich der sumerischen – führten: Vor etwa 10 Jahren fand die Archäologin Denise Schmandt-Besserat heraus[17], daß seit dem Ende des 9. Jahrtausends v. Chr. im ganzen Vorderen Orient und auch zum Teil im Niltal 1–3 cm große, verschieden geformte Tongegenstände in Gebrauch waren als sogenannte „Zählsteine", um zum Beispiel im Archiv eines Palastes jede Veränderung im Bestand seines Besitzes zu registrieren. Sie hatten geometrische Formen und bedeuteten bestimmte Tiere, Getreidemaße, Metall, Öl usw. Das Zählsteinsystem wurde noch bis 1500 v. Chr. benützt, das heißt bis in eine Zeit, als es schon längst ausgebildete Schriften gab; da das System in keilschriftlichen Texten beschrieben ist, kennt man es genauer: Wenn zum Beispiel ein Schaf geboren oder eingehandelt wurde, legte man einen Zählstein für „1 Schaf" (= eine Scheibe mit kreuzförmiger Einritzung) an der entsprechenden „Registrierstelle" des Archivs dazu; wenn Getreide verkauft oder verbraucht wurde, nahm man die dazugehörenden Zählsteine (Kugeln mit 1 Einschnitt) heraus. In der Zeit, als die Organisation der Gesellschaft in Sumer komplexer wurde, wurde das Zählsteinsystem (ab etwa 3250 v. Chr.) Schritt für Schritt verfeinert: Man entwickelte eine Methode, um zu kennzeichnen, wem die Zählsteine gehörten und um sicherzustellen, daß an ihrem Bestand durch Unbefugte nichts verändert wurde: Die Zählsteine wurden in einen hohlen Ball (5–7 cm Durchmesser) aus noch feuchtem Ton gesteckt; dann verschloß man diesen Ball – in der Wissenschaft „Bulla" genannt – und drückte außen ein Siegel ein. Nun aber sah man ja die Zählsteine nicht mehr, so daß sie ihre Gedächtnis-stützende Funktion verloren hatten. Deshalb ging man schon bald (um 3200 v. Chr.) dazu über, neben den Siegeln auch die Zählsteine, die der Tonball enthielt, in seine Oberfläche einzudrükken. Dadurch wurden die Zählsteine im Innern praktisch überflüssig; der nächste Schritt (um 3100 v. Chr.) war, sie wegzulassen und statt der Tonbälle Tontafeln zu benutzen mit den Siegeln und einer entsprechenden Anzahl geometrischer Zeichen, die anfangs noch eingedrückt, bald aber mit einem spitzen Gegenstand eingeritzt wurden, so daß die Formen exakter wiedergegeben werden konnten. Sie waren der Beginn der sumerischen Schrift (Abb. 44), deren Zeichen zwar im Laufe der Zeit ihre geometrische beziehungsweise bildhafte Form verloren und zur „Keilschrift"[18] wurden, die man aber auch weiterhin in feuchte Tontafeln einritzte. „So liegt der Anfang der Schrift in Bereichen, deren Überlieferungswürdigkeit sich als unmittelbare praktische Notlage im Zuge einer komplexen Gesellschaftsentwicklung aufdrängte – ohne daß die übernommenen Überlieferungsformen in der Lage gewesen wären,

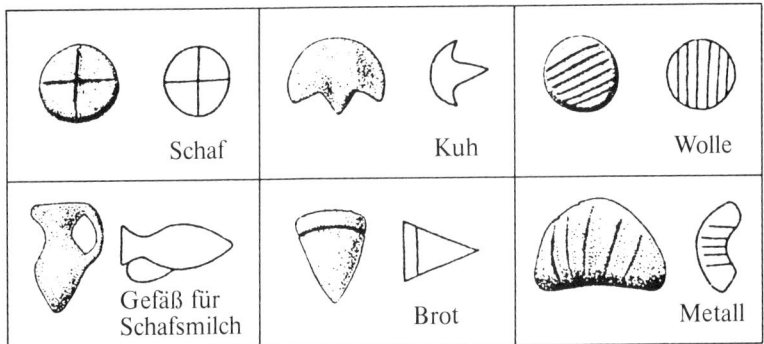

44 Einige Zählsteine und die ihnen entsprechenden Zeichen der frühen sumerischen Schrift (jeweils rechts daneben).

eine angemessene Lösung zu bieten. Die Anfänge der Schrift sind an eine relativ triviale Überlieferungstätigkeit gekoppelt – ein Umstand, der das Erstaunen literaler ‚Geisteswissenschaftler' beim Anblick der gefundenen schriftlichen Archive immer neu provoziert hat: Die Texte, die zunächst und am häufigsten in schriftlicher Form verfaßt wurden, sind ‚Wirtschaftstexte' ", so resümiert Konrad Ehlich den Prozess der Schriftentwicklung in Sumer[19]; und der oben zitierte K. H. Waggerl kam – von ganz anderen Überlegungen her und natürlich ohne jegliche Kenntnis dieses Vorgangs – im Grunde zum selben Ergebnis: „Die Möglichkeit, akustische Phänomene durch das visuelle Medium der Schrift zu konservieren, ist wohl eher von den Krämern als von den Poeten entdeckt worden ... "

Daß man den Weg, der zu einer Schrift führte, so konkret beobachten kann wie bei der sumerischen, ist m. W. ein einmaliger Idealfall, der vor allem dadurch bedingt ist, daß die Schrift-Vorstufen – die Zählsteine und ihre „Couverts" – aus dauerhaftem Material hergestellt waren und daß deshalb so viele von ihnen bis heute erhalten geblieben sind.

In Ägypten dagegen war dies nicht der Fall; das heißt man kann nicht nachweisen, wie die Vorstufen zur altägyptischen Schrift aussahen. Es gibt jedoch einige Anhaltspunkte dafür, aus welchem Material sie gewesen sein könnten[20]: Einer ist das hieroglyphische Schriftzeichen für das Wort „Jahr" (ᛉ), das wahrscheinlich die Mittelrippe des Blattes der Dattelpalme (Phoenix dactylifera L.) darstellt[21]. Man führt die Wahl gerade dieses Zeichens darauf zurück, daß Palmblattrippen einst als Gedächtnisstützen dienten, um die Anzahl der Jahre festzuhalten, die ein Mensch alt war oder die ein Herrscher regiert hat, indem man in jedem Jahr eine Kerbe in der Blattrippe anbrachte[22]. – Der Gebrauch von Blattrippen der Raphia-Palme als Gedächtnisstütze zum Beispiel beim Weben ist übrigens bei den Ashanti in Westafrika noch heute üblich[23]. Ein weiterer Anhaltspunkt sind – allerdings erst vom 15. Jahrhundert v. Chr. an belegte – Darstellungen von Gottheiten, die die Namen des Königs auf die Blätter eines Baumes schreiben als Zeichen dafür, daß sie ihm eine besonders lange Regierungszeit versprechen[24] (Abb. 45). Diese Darstellungen könnten darauf hinweisen, daß man einmal Blätter eines Baumes als Beschreibmaterial benutzt hat. Eine Parallele für diese Möglichkeit gibt es unter anderem in Indien[25], wo die Blätter der Fächerpalme beschrieben wurden, indem man die Zeichen mit einem Metallgriffel einritzte und sie dann mit dem Saft dunkler Blätter oder mit Ruß einschwärzte[26]. Genaueres aber kann man über die Vorläufer der Schrift in Ägypten nicht sagen.

In unser Blickfeld tritt die Schrift Altägyptens erst, als sie sich zwar teilweise noch in einer Experimentierphase befand, aber ihr System schon fertig ausgebildet war. Die frühesten Denkmäler, auf denen sie bezeugt ist, gehören zwei unterschiedlichen Bereichen an: Dem Bereich des Götterkultes und dem verwaltungstechnisch-wirtschaftlichen Bereich. Da die ältesten Beispiele für beide Gruppen aus derselben Zeit stammen, kann man nicht entscheiden, ob auch in Ägypten die Schrift ursprünglich für Verwaltung und Wirtschaft entwickelt und erst im Nachhinein auch für andere, zum Beispiel kultische, Zwecke in Gebrauch genommen wurde. Sondern aus den ältesten ägyptischen Schriftbelegen könnte ebensogut die umgekehrte Reihenfolge geschlossen werden, wie auch die Möglichkeit, daß Bedürfnisse beider Bereiche bei der Herausbildung der Schrift zusammenwirkten.

Die hier als *kultisch* klassifizierte Gruppe besteht aus Steindenkmälern; diejenigen unter ihnen, die man eindeutig datieren kann, weil ein Königsnamen auf ihnen steht, wurden in mehreren Depots des Tempels von Hierakonpolis entdeckt. Hierakonpolis („Falkenstadt"), wie die Griechen diesen Ort wegen des dort verehrten falkengestaltigen Gottes *Horus* nannten, war höchstwahrscheinlich[27] vor der Schaffung des altägyptischen Gesamtstaates die Hauptstadt des oberägyptischen Reiches gewesen und spielte auch später eine wichtige Rolle; deshalb wurde ihr Tempel immer wieder erneuert und ersetzt. Dabei wurden die Kultgegenstände aus älterer Zeit, wenn man keinen Verwendungszweck mehr

45 Der Gott Atum (links), Thot und die Schreibergöttin Seschat (rechts, beide mit einer Palmblattrippe in der linken Hand) schreiben den Namen des zwischen ihnen sitzenden Königs Ramses II. auf die Blätter eines Baumes. Wandrelief im Totentempel Ramses' II. in Theben.

für sie hatte, nicht einfach vernichtet, sondern in Depots vergraben; und dadurch überstanden sie die Jahrtausende bis heute. Zu ihnen gehören auch die nun zu besprechenden Gegenstände.

Es handelt sich um steinerne, mit Reliefarbeit „verzierte" Nachbildungen von Objekten, die außerhalb des Tempels weniger dekoriert und in kleinerem Format, manchmal auch aus anderem Material hergestellt, in Gebrauch waren: Zwei Prunk-Keulenköpfe und eine Prunk-Schminkpalette. Die Keule diente um diese Zeit (später nicht mehr) als Waffe; Schminkpaletten, von denen viele in schlichterer Form und zum Teil mit deutlichen Reibespuren, in Gräbern gefunden wurden[28], benützte man, um Fett mit Bleiglanz zu einer Schminke zu zerreiben, die man – zum Schutz der Augen und aus kosmetischen Gründen – um die Augen strich (vgl. bei uns „Khol", „Kochl" oder „Kajal"). Dem Toten gab man Schminkpaletten mit ins Grab und legte sie ihm oft in seine

*46   a: Prunk-Keulenköpfe:
Die größte (H.: 25 cm) ist die
des Königs Skorpion, die
nächstkleinere (H.: 19,5 cm)
die des Königs Narmer. Beide
aus Kalkstein. Oxford.
b: Prunk-Schminkpalette des
Königs Narmer. Grüner Schist.
H.: 63,5 cm B.: 40 cm
D.: 1,5–4 cm. Kairo.*

47 *Relief vom Prunk-Keulenkopf*
des Königs Skorpion.

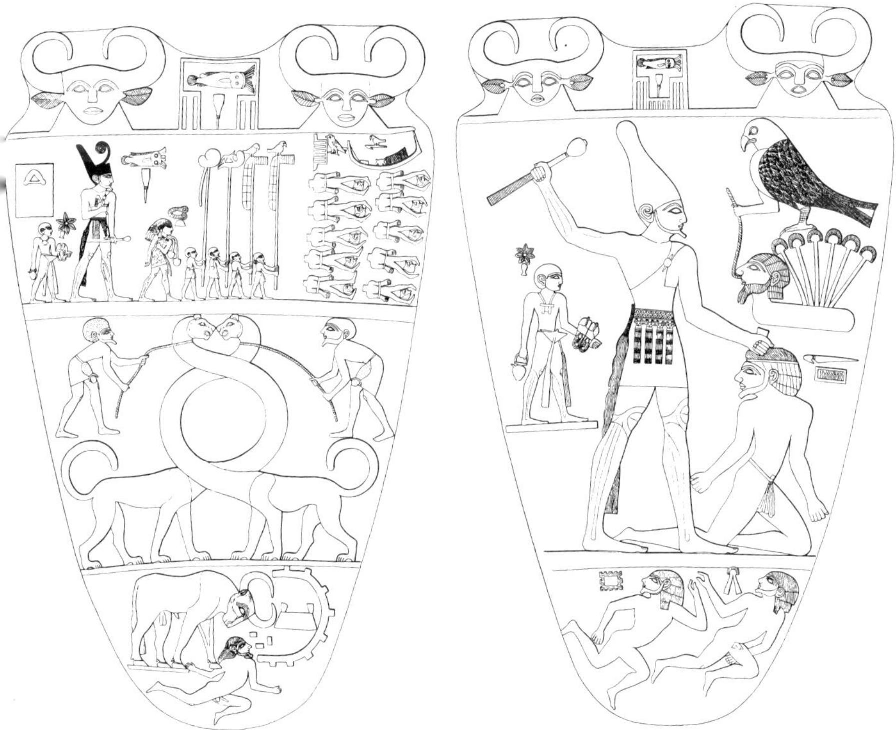

48 *Die beiden Seiten der Prunk-Schminkpalette des Königs Narmer.*

rechte Hand, damit er sie auch in seinem Leben nach dem Tod zur Verfügung hatte. Die im Tempel gefundenen Prunk-Schminkpaletten waren entweder einfach Weihgaben oder wurden beim Götterkult benötigt; denn aus späterer Zeit, aus der uns genauere Schilderungen des Tempelzeremonials erhalten sind, wissen wir, daß die Statuen der Götter wie Menschen behandelt wurden, das heißt täglich gereinigt, gekleidet, gespeist und auch geschminkt werden mußten. Für die Prunk-Keulen läßt sich jedoch keine solche Erklärung finden; sie sind wohl Weihgaben. Man hat zwar noch eine ganze Reihe weiterer Prunk-Schminkpaletten gefunden, die zum Teil ebenfalls Schriftzeichen tragen[29]; auf ihnen ist jedoch kein Königsname erhalten, so daß sie nicht genau datiert werden können.

Die ältesten sicher datierbaren Kultgegenstände sind ein fragmentarisch erhaltener Prunk-Keulenkopf von König *Skorpion*[30], ein gut erhaltener von König *Narmer* und eine unversehrt gefundene Prunk-Schminkpalette ebenfalls von *Narmer* (Abb. 46). Darüber, welcher dieser beiden Könige der ältere ist, besteht noch keine völlige Einigkeit in der Ägyptologie[31]; die am häufigsten vertretene Ansicht ist, daß König *Skorpion* drei Regierungszeiten vor *Narmer* anzusetzen ist[32]. Er wäre dann der erste König, aus dessen Zeit (kurz vor 3000 v. Chr.) wir sichere Belege für die Verwendung von Schrift kennen. Vielleicht ist sein Name auch noch auf mehreren Steingegenständen erhalten; dies ist deshalb schwer zu entscheiden, weil er genauso geschrieben wurde wie das Tier Skorpion. Auf der Prunk-Keule dagegen ist deutlich zu sehen, daß hier der Name des Königs gemeint ist (Abb. 47): Der König, erkennbar an seiner Krone, ist in einem szenischen Zusammenhang abgebildet. Gefolgt von zwei Männern, die schattenspendende Fächer hinter seinen Kopf halten, steht der König mit einer Hacke in den Händen am Ufer eines Gewässers, an dem einige Menschen arbeiten; ihm kommen zwei Männer entgegen mit einem Korb und Kornähren in den Händen. Die genaue Bedeutung dieser Darstellung – ob es sich zum Beispiel um ein Fest oder eine besondere Tat des Königs handelt – kennen wir nicht. Vor dem Gesicht des Königs stehen zwei Zeichen, die offensichtlich nicht zur Szene gehören: Ein als Rosette oder Stern oder Palmenkrone gedeutetes[33] und darunter ein Skorpion. Betrachtet man dazu die Prunk-Schminkpalette von *Narmer* (Abb. 46b und 48), begegnet man dem Zeichen der „Rosette" wieder, zusammen mit einem zweiten Zeichen. Die Gruppe steht einmal vor, einmal hinter dem Kopf des Mannes, der dem König folgt und ein Gefäß und Sandalen trägt. Man erklärt das beiden Zeichenfolgen gemeinsame Zeichen allgemein als

Titel des Königs[34], so daß auf dem Keulenkopf „König *Skorpion*" und die Beischrift zum Sandalenträger auf der Palette als „Diener (o. ä.) des Königs" zu lesen ist. Warum müssen wir hier so herumrätseln, obwohl doch die altägyptische Schrift hinreichend bekannt ist? Die Erklärung dafür ist, daß einige der frühen Schriftzeichen wieder aufgegeben wurden, also nie in späteren, ausführlicheren Texten vorkommen, aus denen dann ihre Aussprache und Bedeutung genauer ermittelt werden könnte. Das beweist, daß die Schrift um diese Zeit noch nicht ihren endgültigen Standard erreicht hat. Dies und die Tatsache, daß aus dieser Epoche nur kurze und zudem sehr knapp geschriebene Texte erhalten sind, erschweren oft ihr Verständnis. Daraus erklärt sich übrigens auch, warum einige der frühen Königsnamen in der ägyptologischen Literatur unter verschiedenen Formen auftauchen[35].

Der Name des Königs ist auf der Palette drei Mal zu sehen (Abb. 48): Zweimal am oberen Rand in der Mitte zwischen den beiden Kuhköpfen innerhalb einer Darstellung, die wahrscheinlich die Fassade des Königspalastes mit ihrer Nischengliederung wiedergibt. Außerdem steht er – wie auch auf dem Keulenkopf des *Skorpion* – einmal vor dem Gesicht des Königs. Die dazu verwendeten Schriftzeichen werden meist[36] als Darstellungen eines Welses und eines Meißels gedeutet. Das Wort für „Wels" wurde später unter anderem 𓆟, also *nꜥr* mit dem Wels als Determinativ, geschrieben; das Zeichen des Meißels ist zur Schreibung verschiedener Wörter häufig belegt, komplementiert durch die beiden Zeichen 𓄟 *(m)* und *(r)*, zum Beispiel in 𓉴 oder 𓄟 für „Pyramide", und in 𓄟 „krank, schmerzhaft, schlimm, Krankheit". Daher weiß man, daß mit dem Meißel auch die Konsonantenfolge *mr* geschrieben werden konnte. Der Königsname wird daher meist *Nꜥr-mr* umschrieben und ägyptologisch *Narmer* ausgesprochen.

Von den übrigen Schriftzeichen auf dieser Palette seien nur noch zwei erwähnt, da sie in späteren Texten häufig vorkommen: ⸗ *(č)* und ⌒ *(t)* (Abb. 48a neben dem Kopf des Mannes, der dem König vorausgeht); es könnte eine frühe, dann aber aufgegebene Schreibung für den Titel des obersten Verwaltungsbeamten, des „Wesirs", *č3.tỉ* sein[37].

Um zu verstehen, zu welchem Zweck die Schrift hier gebraucht ist, muß man etwas näher betrachten, was auf der Palette dargestellt ist. Beide Seiten sind in mehrere „Zeilen" unterteilt, deren oberste bereits beschrieben wurde: Zwischen zwei Kuhköpfen, deren genaue Bedeutung wir nicht kennen, steht in der Palastfassade der Name des Königs, *Narmer*. Darunter sieht man in Abb. 48a:

– Vier Standartenträger, der „Wesir", König *Narmer* und sein Sandalenträger gehen auf einen Ort zu, wo die Leichen von 10 gefesselten und enthaupteten Menschen liegen. Der König und sein Gefolge kommen von einem Gebäude, in das die Hieroglyphe *čb3* geschrieben ist und die das Wort für „ausrüsten, bekleiden" wiedergeben kann; das heißt es ist damit ein „Ankleidehaus" o. ä. bezeichnet.

– Zwei Männer halten die langen Hälse von zwei Tieren an einem Strick fest; die Hälse sind so umeinander gewunden, daß sie den Napf bilden, der zum Anreiben der Augenschminke diente.

– Ein Stier trampelt auf einen unbekleideten Mann und zerstört mit seinen Hörnern die Umfassungsmauer einer Festung.

Auf der anderen Seite (Abb. 48b) erkennt man folgendes:

– Der König, diesmal nur von seinem Sandalenträger begleitet, hält mit der einen Hand einen vor ihm knienden Mann am Haarschopf gepackt und holt mit der anderen, mit einer Keule bewaffneten Hand zum Schlag gegen ihn aus. Über dem Knienden führt ein Falke, dessen rechter Fuß zu einer Hand umgebildet ist, an einem Strick den aus einem Landstück mit Pflanzen darauf „herauswachsenden" Kopf eines Mannes.

– Zwei gestürzte oder fliehende unbekleidete Männer, beide mit einer Beischrift versehen.

Zu diesen Abbildungen wurden eine Menge unterschiedlicher Deutungen geäußert, die vor allem die Frage betreffen, ob hier ganz bestimmte historische Ereignisse festgehalten sind und wenn ja, welche[38]. Da wir über keine ausführlichen Nachrichten aus dieser Zeit verfügen, wird sich wohl keine der Auffassungen als die allein richtige nachweisen lassen.

Folgendes kann man jedoch mit einiger Wahrscheinlichkeit sagen: Die Darstellung des Falken vor dem König, der den Mann zu erschlagen droht, zeigt sicher den Gott des Tempels, in dem diese Palette gefunden wurde. Er führt dem König den Kopf eines Menschen an einem Strick zu, der durch dessen Nase oder Lippe gezogen ist; das tat er gewiß nur mit einem Feind des Königs. Daß dieser Kopf aus einem Stück Land herauswächst, weist darauf hin, daß es sich nicht um einen einzelnen Menschen, sondern um ein ganzes feindliches Gebiet handelt. Das Motiv des Königs, der einen oder mehrere Feinde hält und sie zu töten droht, vor einem Gott, der dem König gefesselte Feinde bringt oder ihm Waffen zureicht, ist bis in die späteste altägyptische Zeit immer wieder dargestellt worden[39] (s. u. Abb. 106 und 109); besonders auffällig und groß sieht man sie auf Tempelwänden, und zwar auf der

Außenseite, meist neben dem Eingang. Die Deutungen dieser Szene sind vielschichtig; eines ist jedoch sicher: Daß sie nicht ein bestimmtes Ereignis wiedergibt, sondern buchstäblich „anschaulich" macht, was mit Worten nur viel weniger eindrucksvoll gesagt werden kann: Der König schützt den im Tempel wohnenden Gott vor seinen Feinden; der König besiegt die Feinde seines Landes auf Befehl und mit Hilfe des Gottes; der König hält die Feinde von seinem Land fern, indem er demonstriert, daß er sie mit göttlicher Unterstützung gefangennehmen und erschlagen kann, falls sie in sein Land eindringen – in dieser „abschreckenden"[40] Funktion wurde diese Szene vor allem auch an Ägyptens Grenzen angebracht oder außerhalb des Niltales in Gebieten, die der ägyptische König als seinen Einflußbereich reklamieren wollte.

Was aber kann die Darstellung dieser Szene gerade auf einer Schminkpalette bedeuten, die ja sicher nur innerhalb des Tempels verwendet wurde, so daß kein Feind sie sehen und durch sie abgeschreckt werden konnte? Wenn man von späteren Zeiten zurückschließen darf, in denen nur der König – oder ein anstelle des Königs handelnder Priester – direkten Umgang mit dem Gott und dessen Kultbild im Tempel haben konnte, war die Schminkpalette nur für den König und den Gott sichtbar. Hier stoßen wir auf eine weitere Eigenart der altägyptischen Kultur, die unserer – zumindest in dieser Konsequenz – fremd ist: Man bildete nicht nur deshalb etwas ab und man schrieb nicht nur deshalb etwas auf, damit jemand es sehen und lesen konnte, sondern man benützte Bild und Schrift, insbesondere die hieroglyphische, auch dazu, etwas buchstäblich „festzuhalten", zu „verewigen". Dazu genügte es, daß sie vorhanden waren; ob sie auch gesehen werden konnten, war zweitrangig.

Fragt man also nach der Funktion, die die Schrift auf einem Denkmal wie der Schminkpalette des *Narmer* hatte, so ergibt sich, daß sie hier – zusammen mit der Darstellung – das Zusammenspiel des Königs und des Gottes beim Abschrecken und Bekämpfen der Feinde für ewig festhalten und garantieren sollte.

Noch ein Wort zu den verschiedenen Kronen, die *Narmer* trägt: Sie weisen ihn als König von Ober- und Unterägypten aus, ⍦ symbolisierte Oberägypten, ⍦ Unterägypten[41]. Die Tatsache, daß der altägyptische Staat aus der Vereinigung dieser beiden einst selbständigen Reiche entstanden war, blieb – verstärkt durch die landschaftlichen Unterschiede von Delta und Niltal – zu allen Zeiten bewußt und wurde auf vielerlei Weise zum Ausdruck gebracht, unter anderem durch diese beiden Kronen.

Die Palette des *Narmer* ist sowohl hierfür der älteste Beleg als auch
für die Szene des Feinde-Erschlagens; aus diesem Grund wurde *Narmer*
lange Zeit als der König angesehen, der die Vereinigung der beiden
Länder vollzog. Seine Palette galt als Zeugnis dafür, bis klar wurde, daß
die Reichseinigung schon etwa 200 Jahre vor ihm erfolgt war (s. o. S. 101).
Betrachtet man nun auch die Darstellung auf dem Prunk-Keulenkopf
des *Narmer* (Abb. 49), fällt als erstes auf, daß hier offenbar eine friedliche Handlung dargestellt ist. Soweit die Fragmente der *Skorpion*-Keule
Rückschlüsse erlauben, ist dies auch dort der Fall. Friedliche Szenen auf
einer Waffe – kriegerische, in der zudem diese Waffe eine wichtige Rolle
spielt, auf einer Schminkpalette: Dies wirkt wie eine Verschränkung von
beiden Bereichen, die zusammen als wesentlich betrachtet wurden für
das Wohlergehen des Volkes, dessen Garant der König war.

Was auf der *Narmer*-Keule dargestellt ist, kann im Einzelnen nicht
eindeutig erklärt werden. Erkennbar ist der König mit seiner unterägyptischen Krone, der in einer Halle über einer hohen Treppe auf dem
Thron sitzt. Dahinter ist in zwei Zeilen sein Gefolge zu sehen, zu dem
auch hier der „Wesir" und der Sandalenträger gehören. Über ihnen steht
in der Palastfassade eingeschrieben der Name *Narmer*; diesmal hockt der
Falkengott *Horus* auf der Fassade und steht für den Königstitel. Auf den
König kommen vier Standartenträger zu, die auch auf der Palette zu
sehen waren; in der Zeile darunter ist ein Mann in einer Sänfte dargestellt und hinter ihm drei Männer im Laufschritt zwischen 2 × 3 sichel-
förmigen Zeichen[42]. Das für das Thema Schrift Wichtigste steht darunter: Hier kommen nicht 1 Kuh, 1 Ziege, 8 Kaulquappen, 2 Lotuspflanzen, 2 Finger + 1 Gefangener, 2 Kaulquappen, 2 Finger auf die Treppe
zu, sondern hier geht das Bild fast unmerklich in Schrift über; denn es
sind Zahlenangaben, die jeweils unter beziehungsweise hinter dem Ge-
zählten stehen, so daß zu lesen ist: 400 000 Kühe, 1 422 000 (= 1 000 000
+ 400 000 + 20 000 + 2 000) Ziegen, 120 000 (= 100 000 + 20 000)
Gefangene. Es handelt sich wohl um Gaben, Tribute o. ä., die dem
König anläßlich eines Festes gebracht werden.

Auf beiden Gegenständen des *Narmer* kann man übrigens auch sehen,
wie die Hieroglyphenschrift teils von links nach rechts, teils von rechts
nach links geschrieben und zu lesen ist. Auf dem Keulenkopf ist es
besonders offensichtlich: In der Schreibung des *Horus*-Titels und des
Namens des Königs „blicken" der *Horus*falke und der Wels nach rechts;
in den Zahlenangaben aber blicken die Lebewesen nach links. Welche
Schriftrichtung gewählt wurde, war, wie schon gesagt, nicht willkürlich;
in Bildbeischriften zum Beispiel wurde sie in die Handlung eingepaßt,

49 *Relief vom Prunk-Keulenkopf des Königs Narmer.*

indem die Blickrichtung der Schriftzeichen der der abgebildeten Menschen und Tiere entsprach, auf die der Text sich bezog.

Faßt man zusammen, in welcher Funktion die Schrift auf den drei ältesten Steinreliefs gebraucht ist, so fällt als erstes auf, daß sie nicht für sich steht, sondern in szenische Darstellungen eingebunden ist und diese ergänzt, indem sie wiedergibt, was nicht oder nur schwer abbildbar ist: Namen, Titel und Zahlen. Über den Verwendungszweck läßt sich sagen: Die Schrift befindet sich auf Weihgaben beziehungsweise – im Fall der Palette – auf einem im Götterkult benötigten Gegenstand, die der König seinem Gott *Horus* gestiftet hat. Sie sind aus Stein hergestellt, und das bedeutet in Altägypten immer, daß man damit etwas verewigen wollte. Die Darstellungen und Beischriften darauf beziehen sich alle auf den König selbst; nur er ist mit Namen genannt, die anderen Personen bleiben anonym. Bezieht man die oben geäußerten Überlegungen über den Wandel von einer mündlichen zu einer Schriftkultur mit ein, so möchte ich diese Dokumente als Zeichen dafür sehen, daß anfangs die Schrift – zumindest nominell – ausschließlich vom König gebraucht wurde; so konnte er sich unabhängig machen von anderen Menschen und eine extreme Monopolstellung für sich schaffen. Angewiesen war er nur auf seinen Gott. So ist verständlich, wenn er die Ereignisse (Feste, Sieg über Feinde, Wohlergehen des Landes, Tributleistungen), bei denen sich der König den Beistand des Gottes wünschte, in Stein verewigte und dafür sorgte, daß sie sich immer in nächster Nähe des Gottes – vielleicht in Form der Schminkpalette sogar täglich vor seinen Augen – befanden.

Die frühesten Schriftzeugnisse aus dem *verwaltungstechnisch-wirtschaftlichen* Bereich wurden ebenfalls in kultischem Zusammenhang gefun-

*50 a: Durch Propfen aus Nilschlamm verschlossene Tonkrüge. H.: 36 bzw. 43 cm.
Heidelberg. b: Siegelabdruck des Königs Peribsen in einem Krugverschluß.
H.: 18,5 cm. Leiden.*

den, nämlich in Gräbern und Tempeln. Das heißt jedoch nicht, daß sie
nur dort Verwendung gefunden hätten, sondern lediglich, daß sie sich
nur dort bis heute erhalten haben. Es handelt sich um Gefäße aus Stein
oder Ton, die dazu dienten, Nahrungsmittel aufzubewahren; die Schrift
ist entweder in ihre Wand eingeritzt beziehungsweise -gemeißelt oder
mit Tinte auf sie geschrieben oder mit einem Siegel in den noch feuchten Ton der Krugverschlüsse eingedrückt (Abb. 50). Aus der Art dieser
Schriftvermerke geht hervor, daß der Inhalt der Krüge Steuerabgaben
waren, die zu dieser Zeit in erster Linie – so kann man aus den Rück-
ständen in den Gefäßen schließen – aus Öl bestanden[43]. Die Steuern
zog der König ein, indem er in bestimmten Abständen zusammen mit
seinem Gefolge und seinen höchsten Beamten sein ganzes Land durch-
reiste[44]. Mit den Abgaben wurde der Lebensunterhalt des Königs, seiner Familie, seines Hofes und seines stetig anwachsenden Verwaltungsapparates bestritten. Da die Altägypter davon überzeugt waren, daß
man nach dem Tod ewig weiterleben kann und daß man dazu prinzipiell
dieselbe materielle Versorgung benötigte wie vor dem Tod, statteten sie
auch ihre Gräber mit soviel Nahrungsmitteln, Kleidern, Möbeln usw.
wie nur möglich aus. Beim allergrößten Teil der Bevölkerung reichte es
zwar nur zu Gruben in der Erde, wenigen Beigaben darin und einem
kleinen Hügel darüber; für die Mitglieder des Königshauses und des
Verwaltungsapparates aber mußten zum Teil riesige „Häuser für die
Ewigkeit“ als Gräber gebaut und mit großen Mengen von Lebensmit-
teln gefüllt werden. Die Steuerabgaben dienten also nicht nur für den

Unterhalt der Könige und Beamten vor, sondern auch nach deren Tod. In diesem Zusammenhang wurden diese Schriftzeugnisse gefunden.

Der früheste König, aus dessen Regierungszeit Krüge mit Steuervermerken erhalten sind, ist – wie im „kultischen" Bereich – König *Skorpion*. Beispiele dafür sind die Tintenaufschriften auf zwei Tongefäßen aus dem Friedhof von Tarchan[45] (Abb. 51). Hier hockt, wie es auf dem Keulenkopf des *Narmer* zu sehen war, der Königsgott *Horus* in Gestalt des Falken über einem Viereck, in das der Königsname eingeschrieben ist und das sicher die Palastfassade kennzeichnen soll. Rechts daneben sieht man eine Pflanze und unter dem Königsnamen drei waagrechte Striche; letztere sind eine Art Kürzel – das heißt keine eigentlichen Schriftzeichen – das anzeigt, daß der Krug Öl enthielt[43]. Mit der Pflan-

51 *Tongefäß mit hieratischer Tintenaufschrift mit dem Namen des Königs Skorpion. H.: ca. 25 cm.*

52 a: *Tongefäß mit hieroglyphischer Tintenaufschrift mit dem Namen des Königs Sechen. H.: 23,2 cm. Leiden. b: Fragment des ältesten bekannten Siegelabdrucks mit dem Namen des Königs Sechen. H.: ca. 1,5 cm B.: ca. 3 cm.*

ze wurde „Oberägypten" geschrieben. Der Krug enthielt also eine Steuerabgabe aus Oberägypten für König *Skorpion* und zwar Öl. Die Aufschrift ist einer der Belege dafür, daß man schon zur Zeit dieses Königs neben den hieroglyphischen Schriftzeichen auch eine kursive Variante davon benutzte und daß man dafür Tinte und Pinsel gebrauchte. Aus der Regierungszeit des übernächsten Königs (sein Name war *Sechen, Ka* o. ä.) sind schon wesentlich mehr Vermerke über Steuerabgaben aus Ober- und Unterägypten bekannt, vor allem auf Krügen in seinem Grab[46]. Aus seiner Zeit ist auch der älteste Siegelabdruck bezeugt (Abb. 52). Diese Art der „Beschriftung" nahm in der Folgezeit schnell zu, ein deutlicher Hinweis auf die rasch fortschreitende Durchorganisation der altägyptischen Gesellschaft und auf ein Anwachsen des Verwaltungsapparates. Denn hinter dem Gebrauch von Siegeln steht der Wunsch nach Rationalisierung beim Anbringen des Steuervermerkes: Es geht viel schneller, einmal ein Siegel herzustellen und es dann nur noch abdrücken zu müssen, als den Vermerk auf jeden Krug eigens zu schreiben. Außerdem wurde es dadurch möglich, die Aufschriften zu normieren und zu verhindern, daß Unbefugte Steuervermerke anbrachten; denn Siegel konnte man zentral herstellen lassen, speziellen Institutionen und Beamten zuteilen und ihren Gebrauch kontrollieren.

Die Siegel waren übrigens nicht eine Erfindung der Ägypter, sondern die Idee stammt aus Sumer; daß die Ägypter sie kennenlernten, ist ein Beweis für die frühen Kontakte zwischen beiden Ländern. Einige der ältesten in Ägypten gefundenen Siegel sind in ihrem Dekor den sumerischen so ähnlich, daß sie sehr gut auch Importware aus Sumer sein können. Sie trugen allerdings keine Schriftzeichen, sondern nur Abbilder von Tieren und geometrische Muster[47].

Die sumerischen wie auch die frühesten altägyptischen Siegel waren kleine Zylinder aus Stein, Holz oder Elfenbein, in deren Mantelfläche rundumlaufend die Bilder beziehungsweise hieroglyphische Schriftzeichen eingeschnitten wurden, die man dann in den feuchten Ton abrollen konnte[48]; „Rollsiegel" werden sie deshalb genannt. Oft waren sie längs durchbohrt, um einen Griff daran befestigen, oder sie an einer Halskette tragen zu können.

In die frühesten altägyptischen schrifttragenden Siegel war nur der Name des Königs eingeschnitten (Abb. 53). Dies zeigt, daß der König noch den Anspruch erhob, den Staat – zumindest offiziell – allein zu leiten, allein zu besitzen und keine Aufgaben an andere zu delegieren.

Durch die Verwendung von Siegeln ergaben sich übrigens zwangsläufig zwei Schriftrichtungen, und vielleicht war es daher für den Ägypter

53 Siegelabdruck mit dem Namen des Königs Narmer.
H.: ca. 7,5 cm B.: ca. 11,4 cm.

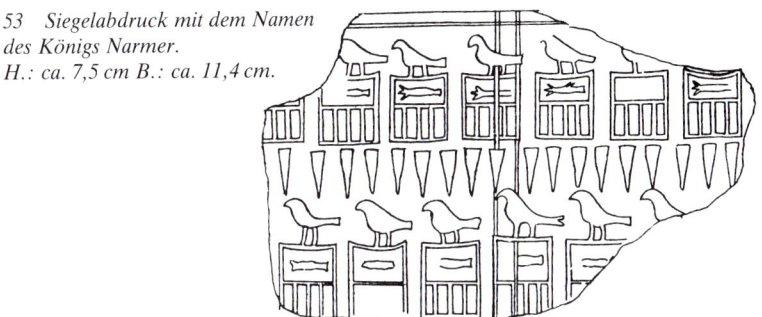

so selbstverständlich, seine Hieroglyphenschrift in zweierlei Weise zu lesen: In die Rollsiegel eingeschnitten wurden die Schriftzeichen in der Regel mit Blickrichtung nach rechts (also von rechts nach links zu lesen)[49]; ihr Abdruck ergab dann die dazu spiegelbildliche Richtung.

Was ist nun von den allerfrühesten Schriftzeugnissen abzulesen für die Frage, wozu die Ägypter eine Schrift brauchten? Zuallererst fällt auf, daß alle sich ausschließlich auf den König beziehen: Nur er wird auf diesen Denkmälern mit Namen genannt. Die beiden Arten der Denkmäler, auf denen die frühesten Schriftzeichen erhalten sind, zeigen, in welchen Bereichen der König sich der Schrift bediente: Einerseits in seinem Verhältnis zu seinem Gott, andrerseits in seinem Verhältnis zu seinem Volk. Gegenüber dem Gott hielt er in Stein fest, welche Taten er vollbrachte beziehungsweise mit Hilfe des Gottes zu vollbringen als seine Pflicht ansah; die Schrift ermöglichte es ihm, dabei auch seinen Namen zu verewigen, die Titel seiner Beamten zu nennen, die Zahl der erhaltenen oder erwünschten Festgaben oder Tribute anzugeben. Gegenüber seinem Volk war die Schrift das wesentliche Mittel, um die Organisation einer Gesellschaftsform durchzuführen und vor allem aufrechtzuerhalten, die auf der einen Seite aus einer zentralen Regierungs- und Verwaltungsspitze bestand und auf der anderen Seite aus dem breiten Volk, das sowohl für seinen eigenen Lebensunterhalt als auch für den der Regierenden und Verwaltenden aufkommen mußte. Die dazu nötige Eintreibung, Kontrollierung, Verwaltung und Weiterverteilung der Steuerabgaben zu bewerkstelligen, ist in einem so großen Land wie Ägypten kaum vorstellbar ohne Schrift. „Die Schrift hängt somit engstens mit der Aufrechterhaltung der altägyptischen Gesellschaftsordnung zusammen", resümiert Wolfgang Schenkel[50] seine Untersuchung „Wozu die Ägypter eine Schrift brauchten".

Das Wohlergehen des Volkes hing nach altägyptischem Weltbild von beiden Bereichen gleichermaßen ab: Vom engen Verhältnis zwischen König und Götterwelt und von der möglichst effizienten Organisation der beschriebenen Wirtschaftsstruktur. Die Schrift spielte in beiden eine ausschlaggebende Rolle.

Der König stellte sich in dieser frühesten Zeit so dar, als habe nur er die Fähigkeit zu schreiben besessen. In den folgenden Kapiteln wird zu zeigen sein, daß sich dies mit dem Anwachsen der Anforderungen an die Verwaltung und dem Ausbau der Bürokratie nicht mehr durchhalten ließ, sondern daß immer mehr auch andere Menschen lesen und schreiben lernen mußten, um Verwaltungsaufgaben übernehmen zu können. Für die Schrift selbst bedeuten die bisher beschriebenen vier[51] Regierungszeiten, daß sowohl die Merkmale ihres Systems als auch die Spezifika ihrer Anwendung wie in einer Knospe prinzipiell angelegt wurden, die sich im Laufe der Zeit mehr und mehr entfaltete.

2. Der Beruf des Schreiber-Beamten entsteht.
Die ersten beiden Dynastien (ca. 2985–2665 v. Chr.)

Wenn man neuere Übersichten über die altägyptische Chronologie betrachtet, bemerkt man, daß die bisher erwähnten Könige vor der 1. Dynastie aufgeführt sind und als „prädynastische" Könige bezeichnet oder einer „0. Dynastie" zugerechnet werden. Der Grund dafür ist, daß sie bei *Manetho,* auf dessen Beschreibung der altägyptischen Geschichte sich unsere Dynastien-Einteilung stützt (s. o. S. 11), nicht vorkommen. Sondern bei ihm ist der erste König Ägyptens ein König namens *Menes.* Auch *Herodot* (Historien II, 100) ließ die Liste der Könige mit ihm beginnen: „Auf *Menes* folgten 330 weitere Könige, deren Namen die Priester aus einem Buch vorlasen". Die altägyptischen Königslisten, die uns aus dem 13. Jahrhundert v. Chr. erhalten sind, werden ebenfalls von *Menes* angeführt[1]. In der ägyptologischen Forschung galt *Menes* daher lange Zeit als der König, der als erster Gesamtägypten beherrschte, nachdem er das unter- und oberägyptische Reich vereinigt hatte. Man kannte zwar die Könige *Skorpion, Narmer* usw. längst, aber ihre zeitliche Einordnung war umstritten. Zudem wußte man nicht, welcher unter diesen Königen *Menes* war[2]; denn unter diesem Namen war er erst vom 15. Jahrhundert v. Chr. an belegt. Nun hatte jeder altägyptische König mehrere Namen, zumindest seinen Geburtsnamen und den, den er bei seiner Thronbesteigung annahm (später bestand die Königs-

54 Fragmente eines Siegelabdrucks mit den Resten der Namen Narmer und Men, gefunden in Abydos. H.: ca. 2,3 cm.

titulatur aus fünf Titeln und Namen)³. Der König wurde aber selten in den Inschriften mit allen seinen Namen genannt, und besonders in der frühesten Zeit wurde der Geburtsname in offiziellen Texten fast nie erwähnt. *Menes* – so nahm man deshalb an – war der Geburtsname eines Königs, der uns auf seinen zeitgenössischen Denkmälern nur unter seinem Thronnamen erhalten blieb, dessen Geburtsname aber den Altägyptern aus anderen Quellen bekannt war.

Inzwischen herrscht relativ große Einigkeit darüber, daß mit *Menes* König *Aha* gemeint ist und daß *Aha* kurz nach 3000 v. Chr. König *Narmer* auf dem Thron folgte. Auf den Bruchstücken eines Siegelabdrucks (Abb. 54) sind sogar Reste der Namen *Narmer* und *Men* nebeneinander zu erkennen; das kann darauf hindeuten, daß *Menes-Aha Narmer*'s Sohn war und daß er hier als Prinz mit seinem Geburtsnamen genannt ist⁴ – aus solch winzigen Dokumenten müssen manchmal unsere Kenntnisse über die früheste Geschichte Ägyptens gezogen werden.

Narmer und seine drei Vorgänger, deren Namen uns schriftlich überliefert sind, waren also offenbar sowohl den Verfassern der altägyptischen Königslisten als auch *Herodot* und *Manetho* unbekannt. Wie kommt es, daß sie über diese Periode weniger gut informiert waren als wir? Die Antwort auf diese Frage muß in den Quellen gesucht werden, aus denen sie einerseits und die modernen Forscher andrerseits ihr Wissen über diese Zeit bezogen. Für die Ägyptologen bestehen diese Quellen vor allem in Gegenständen, die bei der Ausgrabung von Tempeldepots und Gräbern gefunden wurden. *Manetho, Herodot* und den Altägyptern aber standen ganz andere Informationsquellen zur Verfügung, deren Art *Herodot* ausdrücklich nennt: Aus einem Buch hätten ihm die Priester die Namen von *Menes* und seinen 330 Nachfolgern vorgelesen. Von solchen Büchern ist uns nur wenig erhalten geblieben; aber *Herodot*'s Bemerkung, *Manetho*'s Geschichtswerk und die altägyptischen Königslisten beweisen, daß die Namen der Könige, ihre Regierungsdauer und wichtige Ereignisse aus ihrer Zeit fortlaufend schriftlich festgehalten und daß diese Dokumentation aufbewahrt wurde[5]. Außerdem findet man in altägyptischen Texten immer wieder den Hinweis, daß man in alten Schriften nachschlug, wenn man etwas aus der Vergangenheit erfahren wollte[6]. Zum Beispiel nutzten die Könige sie, um die Erstmaligkeit eines Ereignisses oder einer Tat betonen zu können. So wird in einer Inschrift *Ramses' IV.* (ca. 1162–1156 v. Chr.) berichtet, man habe in den „Annalen" nachgelesen, um festzustellen, ob früher schon jemals einem anderen König ähnlich Wunderbares geschehen sei wie *Ramses IV.* bei einem seiner Tempelbesuche; dabei wird von den „Annalen" gesagt, daß sie zurückreichen bis in die „Urzeit des Königtums, so wie es aufeinanderfolgte auf der (Schrift)-Rolle bis in die Zeit der Vorväter"[7].

Die Diskrepanz zwischen den durch moderne Grabungen gewonnenen Erkenntnissen und dem altägyptischen Wissen über die frühesten Könige kann dann dadurch erklärt werden, daß mit dieser Annalenschreibung erst unter König *Menes-Aha* begonnen worden war. Ursprünglich mag ein ganz praktischer, durch die Bürokratie bedingter Grund dazu geführt haben: In altägyptischer Zeit wurde nie eine Zeitrechnung benützt, die nur einen einzigen Bezugspunkt (wie zum Beispiel bei uns Christi Geburt) hatte. Sondern der längste Zeitabschnitt, in dem die Jahre fortlaufend durchgezählt wurden, war die Regierungszeit eines Königs[8]; bestieg ein neuer König den Thron, fing man wieder mit „Jahr 1" an zu zählen. Für viele Zwecke der Verwaltung, des Rechts usw. wird es jedoch nicht ausgereicht haben, nur bis zum 1. Jahr des gerade regierenden Königs zurückrechnen zu können; besonders problematisch wurde es, wenn mehrere sehr kurz regierende Könige aufeinanderfolgten. So wurde es nötig, auch die genaue Reihenfolge der Könige und die Zahl ihrer Regierungsjahre fortlaufend festzuhalten und in einer Form aufzubewahren, daß ihre Reihenfolge nicht durcheinandergeraten konnte; und dazu war sicher die Papyrusrolle besonders geeignet.

Die aus dem Befund der altägyptischen Königslisten und der Berichte *Herodot*'s und *Manetho*'s geschlossene Vermutung, daß die Annalenschreibung unter König *Menes-Aha* begonnen habe, wird gestützt durch Schriftzeugnisse aus der Regierungszeit dieses Königs (ca. 2985–2955 v. Chr.). Sie belegen, daß unter seiner Herrschaft[9] eine neue Art eingeführt wurde, die Öl-Steuerabgaben zu kennzeichnen, in der nicht nur – wie bisher – festgehalten wurde, in welches Königs Regierungszeit die Abgabe gemacht wurde, sondern auch, in welchem Regierungsjahr des Königs. Aber man zählte sie noch nicht einfach durch, sondern „benannte" die Jahre, indem man mehrere wichtige Ereignisse darstellte

55 *Annalentäfelchen mit dem Namen des Königs De(we)n, gefunden in Abydos. Am rechten Rand die Hieroglyphe für „Jahr" (s. o. S. 103). Ebenholz. H.: 5,25 cm B.: 7,5 cm.*

und beschrieb, die in ihnen stattgefunden hatten. Diese Angaben wurden nicht direkt auf den Produkten angebracht, sondern auf kleinen, nur wenige Zentimeter großen Täfelchen aus Holz oder Elfenbein, in die sie eingeritzt oder mit Tinte aufgetragen wurden; sie hängte man dann an die Produkte. Diese „Annalen-" oder „Jahrestäfelchen", wie sie in der Ägyptologie genannt werden, sind von König *Aha* an bis zum Ende der 1. Dynastie (ca. bis 2810 v. Chr.) belegt[10] (Abb. 55).

Daß solche Jahreskennzeichnungen nicht nur zur Etikettierung von Produkten verwendet, sondern auch aufgelistet und archiviert wurden, bezeugt eine Platte aus Stein, die frühestens unter König *Neferirkare* (um 2450 v. Chr.) beschriftet wurde. Von ihr sind nur Bruchstücke erhalten; nach ihrem größten (43,5 × 25 cm) im Museum von Palermo aufbewahrten Fragment wird die Platte „Palermostein" genannt[11]. Auf seiner Vorder- und Rückseite sind für jeden König alle[12] seine Regierungsjahre mit ihren herausragenden Ereignissen und der für die Festlegung der Steuern wichtigen Höhe der Nilüberschwemmung aufgezeichnet. Hat in einem Jahr ein Regierungswechsel stattgefunden, ist sogar in Monaten und Tagen genau angegeben, welchen Teil des Jahres der alte König vor der Thronbesteigung des neuen noch regiert hatte (Abb. 56). Zu welchem Zweck diese Zusammenstellung gemacht wurde, geht aus den Inschriften nicht hervor, da sowohl Anfang als auch Ende, wo am ehesten solche Angaben gestanden haben können, verloren sind. Es kann sein, daß er der „Datensicherung" – wie wir es heute nennen würden – der auf Papyrus stehenden und dort leichter von Vergänglichkeit bedrohten Dokumentation dienen sollte.

All dies sind indirekte Hinweise darauf, daß unter König *Menes-Aha* Verwaltung, Rechtsprechung usw. soweit fortgeschritten waren, daß es nötig wurde, die Jahre so zu dokumentieren, daß man sie eindeutig identifizieren und zählen konnte. Für diese Aufgabe muß es Annalenschreiber und zur Aufbewahrung der Aufzeichnung Archive gegeben haben. Man erkennt daran, daß die Organisation der altägyptischen Gesellschaft nun zunehmend komplexere Formen annahm. Dadurch entstanden immer mehr und neue Aufgabenbereiche, und der König mußte den Kreis derer, denen er Funktionen und Ämter anvertraute, erweitern.

Die Schriftzeugnisse, die uns aus dieser Zeit erhalten sind, sind zwar noch immer nicht sehr redselig; dennoch läßt sich an ihnen ablesen, wie die Monopolstellung des Königs zurückging und im gleichen Maße nichtkönigliche Amtsinhaber an Bedeutung und Eigenständigkeit ge-

56   *Aus dem „Palermostein": Oberste Zeile: Name des Königs (hier des Ni-netscher, 2. Dyn.), dessen Regierungsjahre, durch die Hieroglyphe für „Jahr" voneinander getrennt, darunter vermerkt sind (in einer extra Zeile: Höhe der Nilüberschwemmung). Die vertikale Linie im unteren Teil, die auch über die Zeile für den Königsnamen reicht, teilt ein Jahr auf, in dem ein Regierungswechsel stattgefunden hat.*

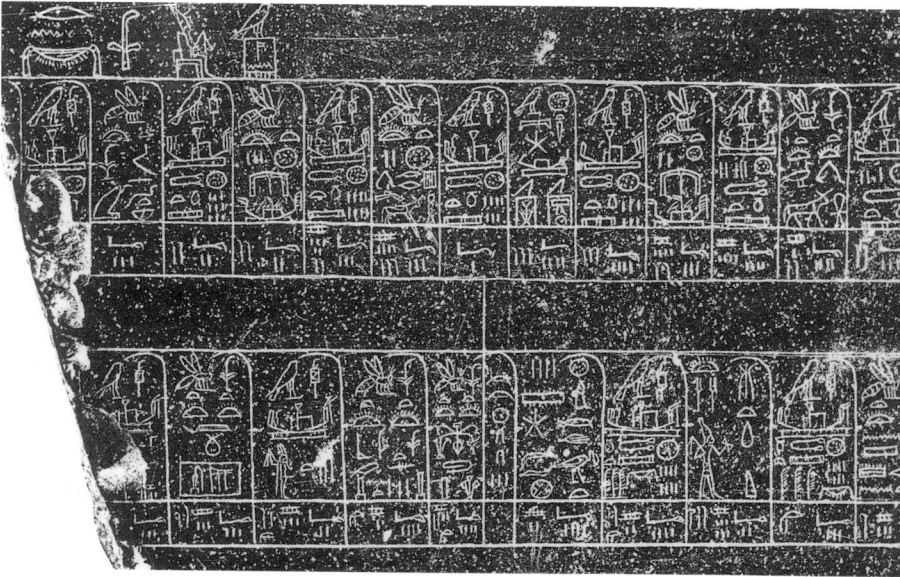

57 *Zwei nebeneinander abgerollte Siegelabdrucke aus dem Grab des Beamten Hemaka in Saqqara a: mit Name und Titeln des Hemaka b: mit dem Namen des Königs De(we)n.*

58 *Zwei Siegelabrollungen aus dem Grab des Hemaka mit dem Namen des Königs De(we)n und Titeln des Beamten Hemaka.*

wannen. Dies ist besonders erkennbar an der Einführung neuer Arten von Siegelaufschriften: Bisher hatten sie nur den Namen des Königs, manchmal noch den eines Prinzen, genannt. Jetzt aber wurden auch Siegel hergestellt ohne Königsnamen, sondern nur mit dem Namen und Titel(n) eines Beamten[13]. Wurde mit ihnen ein Produkt versiegelt, so mußte es anfangs noch mit einem Königssiegel gegengesiegelt werden, das heißt, es wurden beide Siegel nebeneinander abgerollt[14] (Abb. 57).

Dann aber wurden, in der zweiten Regierungshälfte des Königs *Dewen* (ca. 2900–2850 v.Chr.)[15], die Königssiegel ganz aufgegeben[16] und stattdessen Amtssiegel benutzt, die ebenfalls eine Neuerung bedeuteten: Sie zeigen den Namen des regierenden Königs und die Bezeichnung eines Amtes, meist die Verwaltung oder Leitung einer Wirtschaftsanlage (Abb. 58). Das bedeutet, daß der König das hohe Recht des Siegelns und sogar des Gegensiegelns delegiert hatte an jemanden, der es nun in seinem Namen ausübte. Da auf diesen Siegeln nur der Titel, aber nicht der Name des Amtsinhabers stand, war das Siegel übertragbar, der Titelinhaber austauschbar. Damit ist deutlich die alleinige Verfügungsgewalt des Königs über diese Ämter dokumentiert.

Für die drei abgebildeten Siegelabrollungen habe ich bewußt Siegel ein und derselben Person gewählt, da ihr Name weiter oben auf dem Jahrestäfelchen von König *Dewen* (s. Abb. 55) bereits zu sehen war und man ihn deshalb leichter wiedererkennen kann. Auf dem Jahrestäfelchen ist der Name (von rechts nach links) , auf dem Siegelabdruck (von links nach rechts) und geschrieben. hatte den Lautwert *m3*, den Lautwert *k3*; der Beamte hieß also *Ḥm3-k3* (Hemaka).

Die verschiedenen Schreibweisen auf dem Siegelabdruck haben wohl nur „dekorative" Gründe. Der Name des Königs, unter dem *Hemaka* amtierte, ist ; in der ägyptologischen Literatur wird er *Den*, *Niudi* oder – meist – *Dewen* genannt (*w* wurde häufig nicht geschrieben). *Hemaka* führte die Titel „Siegler des Königs", „Leiter der Residenz" und „Domänenverwalter".

Wie überaus hoch die Stellung eines solchen Beamten um diese Zeit war, zeigt sein Grab in Saqqara: Es ist so riesig (57,30 × 26 m) und so reich ausgestattet[17], daß es in der Ägyptologie zeitweise als Grab eines Königs angesehen wurde[18]: Der oberirdische Bau enthält 45 Magazinräume, die teilweise leer (wohl ausgeraubt) gefunden wurden, teilweise aber mit großen Mengen an Grabbeigaben, vor allem Krügen, in deren Verschluß unter anderem die oben gezeigten Siegel eingedrückt waren[19]. Einige Räume waren angefüllt mit Gegenständen, die wohl zum täglichen Gebrauch des *Hemaka* gehörten; in einem fand man – neben 36 Sicheln, 17 Stäben, Hunderten von Jagdbögen, teilweise in Lederköchern, Matten, Stoffen usw. – eine kleine runde, mit Intarsienarbeit aus verschiedenen Hölzern verzierte Holzdose (10 cm hoch und 19 cm ∅), die nur ein Objekt enthielt: Die oben (S. 66) bereits erwähnte älteste, aber unbeschriftete Papyrusrolle[20].

Hemaka lebte nur wenige Jahrzehnte, nachdem die Annalenschreibung eingeführt worden war; m. E. ist es gut möglich, daß die Erfindung des Beschreibstoffes Papyrus mit ihr zusammenhing. Denn Papyrusbögen sind geradezu ideal dazu geeignet, fortlaufende Informationen aufzunehmen, deren Reihenfolge nicht durcheinandergeraten darf und die im Laufe der Zeit immer mehr werden.

In einem anderen, sehr viel ärmer ausgestatteten Grab aus dieser Zeit wurden auch die ältesten Beispiele für die Palette gefunden, wie wir sie als Teil der älteren Form des Schreibgerätes (s. o. S. 58) und der Hiero-

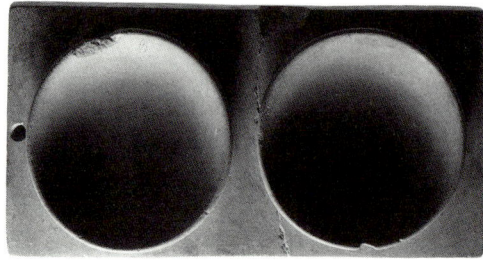

59 *Schreibpalette aus Stein (nicht eine der im Text erwähnten, aber eine ähnlich aussehende). L.: 13,4 cm. West-Berlin.*

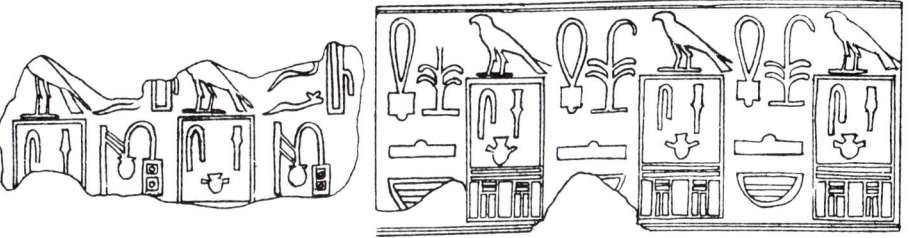

60 *Zwei Siegelabrollungen mit dem Namen des Königs Sechemib a: mit dem ältesten Beleg für den Titel „Schreiber". H.: 2 cm B.: 5 cm. b: mit dem ältesten Beleg für die Papyrusrolle als Hieroglyphenzeichen. H.: 3,1 cm B.: 7,2 cm.*

glyphe für „schreiben; Schreiber; Geschriebenes" kennen. Nur in einer kleinen Grube war ihr Besitzer bestattet worden; auf sein Becken hatte man ihm eine große Palette (27,8 × 13,97 cm) aus Schiefer gelegt (vgl. Abb. 59), daneben einen Kupfermeißel; vor seinen Händen fand man eine kleine Palette (10,5 × 5,58 cm), ebenfalls aus Schiefer, neben einem Ostrakon, auf das mit Tinte mehrere Zahlen geschrieben sind[21]. Das Grab enthält sonst keine Inschriften. Aber an den Beigaben läßt sich mit einiger Wahrscheinlichkeit ablesen, daß der Bestattete ein Schreiber war und sowohl mit Pinsel und Tinte umzugehen wußte als auch mit dem Meißel, das heißt Hieratisch und Hieroglyphen beherrschte. In den Näpfen beider Paletten sind noch Reste von schwarzer und roter Farbe und sogar Spuren vom Abstreifen des Pinsels am Napfrand zu sehen.

Solche Grabbeigaben zeigen, daß sich die Schreibkunst nun unter den nichtköniglichen Personen ausbreitete und daß man stolz darauf war, zur Gruppe der „Schreiber" zu gehören. Als Berufsbezeichnung ist der Titel „Schreiber" erstmalig erhalten auf Siegelabdrücken aus der Regierungszeit des Königs *Sechemib* (ca. 2725–2695 v. Chr.), also etwa 200 Jahre nach *Hemaka*. Sie wurden im Grab des Königs *Peribsen*[22] gefunden, aus dem wir – ebenfalls in Siegelabrollungen – auch die ältesten Belege für die Papyrusrolle als Hieroglyphenzeichen kennen[23] (Abb. 60).

Schreiber hatte es, wie an den vielen Schriftzeugnissen zu sehen war, längst vorher gegeben; aber als Berufsgruppe, die über eigene Amtssiegel verfügte, sind sie erst von nun an bezeugt.

Auch außerhalb des rein beruflichen Bereichs machte sich die zunehmende Selbständigkeit der Beamten bemerkbar: Etwa von der Mitte der 1. Dynastie, das heißt von ca. 2900 v. Chr. an, wurden nichtköniglichen Toten auch Rollsiegel mit ins Grab gegeben, von denen jedoch nur ganz selten eines tatsächlich zum Versiegeln eines Gefäßes benutzt

61 *Rollsiegel, seine Abrollung und deren Umzeichnung mit der Darstellung des vor einem Tisch sitzenden Verstorbenen. Daneben ist sein Name eingeschnitten. Schwarzer Stein. H.: 1,65 cm. Leipzig.*

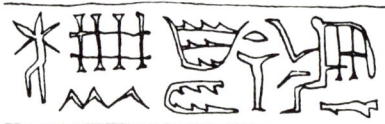

wurde[24]; sie hatten offensichtlich eine andere Funktion. Auf sie sind der Name und Titel des Verstorbenen geschrieben und ein Zusatz, der zeigt, daß das Siegel speziell für den *toten* Grabinhaber hergestellt wurde. Dieser Zusatz kam in zwei Formen vor, die man mit „Verklärter" und „Erhabener" übersetzen kann. „Erhabener" wurde mit dem Zeichen eines auf einem Stuhl sitzenden Mannes geschrieben; daraus entwickelte sich bald[25] das Bild eines Mannes, der vor einem Tisch sitzt und eine Hand nach den darauf liegenden Speisen ausstreckt (Abb. 61). Diese Siegel wurden neben den Opfervorräten in den Grabkammern gefunden[26]. Dadurch wird erkennbar, welchem Zweck sie dienten: Nun verwendeten auch nichtkönigliche Personen die Schrift in der Funktion, die ich oben in Bezug auf die Schminkpalette und Keulenköpfe der Könige *Skorpion* und *Narmer* beschrieben habe: Um festzuhalten und zu verewigen. Das Wichtigste, was man zum Leben vor und nach dem Tod braucht, sind Nahrungsmittel. Und um sie mit Sicherheit ewig zur Verfügung zu haben, auch dann, wenn die Naturalbeigaben nicht ausreichten, geraubt waren und die Nachkommen keine mehr brachten, hielt man sie in Hieroglyphenschrift und Bild fest zusammen mit Namen (und Titel) dessen, dem sie zugedacht waren. Die Beamten begannen, die Schrift in dieser Absicht zu verwenden, auf Nachbildungen der Objekte, die zu ihren Lebzeiten Zeichen ihrer Amtswürde waren: Auf Rollsiegeln. Die Szene des Toten vor dem „Speisetisch" wurde bald auch auf Steinplatten angebracht, die man ebenfalls in die Gräber legte oder in ihre Außenwand einließ[27]. Auf diesen Platten war mehr Platz als auf den Siegeln, und ihn nutzte man, um außer Speisen noch vieles andere abzubilden oder hinzuschreiben, was lebensnotwendig war: Stoffe, Gefäße, Säcke usw. (Abb. 62).

Sich der Möglichkeiten der Hieroglyphenschrift und des Bildes zu bedienen, um das zum Leben nach dem Tod Notwendige zu ergänzen oder zu ersetzen und für ewig abzusichern, ist in dieser Zeit eine Besonderheit nichtköniglicher Personen, vor allem solcher, die zwar zur Verwaltungs-Elite der Gesellschaft gehörten, aber sich keine Naturalbeigaben in großen Mengen leisten konnten. In die Gräber der Könige und so hoher Beamter wie *Hemaka* gab man keine Grabbeigaben in Form von Schrift und Bild, sondern sie waren angefüllt mit Originalbeigaben. Sozusagen um dies auszugleichen, begannen die nicht so reichen Schreibkundigen, die Text- und Bildelemente, die bis dahin nur der amtlichen Versiegelung oder Etikettierung der – ja auch als Grabbeigaben verwendeten – Produkte gedient hatten, nun in einem Zusammenhang zu gebrauchen, der nichts mehr mit Verwaltung und Bürokratie zu tun hatte, sondern mit ihrem eigenen Leben nach dem Tod. Daß hiermit auf einer niederen Beamtenebene ein eigener Weg in der Anwendung der Hieroglyphenschrift eingeschlagen wurde, geschah zwar sicher nicht ohne Billigung des Königs; aber es zeugt vom wachsenden Selbstbewußtsein der schriftkundigen Schicht des Volkes, daß sie ihre beruflichen Kenntnisse nicht mehr nur zur Erfüllung ihrer amtlichen Aufgaben nutzte, sondern auch für das eigene Wohlergehen.

So sind uns aus dieser Zeit viel mehr Textzeugnisse aus der Gruppe der Beamten erhalten als von den Königen selbst. Von letzteren kennen

62　Kalksteinstele (2. Dyn.) aus einem Grab in Heluan: Der Verstorbene, Nebi-ka, sitzt vor einem Tisch mit Speisen, daneben ein Schenkel, Geflügel und Getränke. H.: 26 cm B.: 56,5 cm D.: 7 cm. Leiden.

*63   Grabstein des Königs
Schlange (1. Dyn.) aus Abydos.
H. des abgebildeten Teils:
ca. 140 cm B.: 65 cm. Paris.*

*64   Graffito des Königs Schlange
an einer Felswand im
Wadi Abbad. H.: ca. 11 cm.*

wir vor allem einige Grabstelen, von denen jeweils zwei vor ihrem Grab aufgestellt wurden an der Stelle, an der die Totenopfer dargebracht werden sollten und die den Namen des hier bestatteten Königs tragen. Sie sind in einer unvergleichlich höheren Qualität ausgeführt als die Grabsteine der Beamten. Ein besonders schönes Beispiel dafür ist die Grabstele des Königs *Schlange* (ca. 2910–2900 v. Chr.) (Abb. 63).

Eine weitere Art vom König oder in seinem Auftrag angebrachter Inschriften ist aus der Zeit dieses Königs zum ersten Mal sicher[28] belegt: Inschriften, die in Felswände eingeritzt sind im Gebirge außerhalb des Niltales, wohin Expeditionen geführt wurden, um Rohstoffe zu gewinnen. Das „Graffito" des Königs *Schlange* (Abb. 64) wurde im Wadi Abbad gefunden, durch das – zumindest aus späterer Zeit ist dies bekannt – Expeditionen zu den Goldminen von Barramije zogen[29].

Solche Felsinschriften scheinen demonstrieren zu sollen, daß auch diese weitab gelegenen Gebiete noch vom ägyptischen König zu seinem Bereich gezählt wurden; kleine Ritzungen wie die von König *Schlange* zeigen dies zwar nicht gerade besonders imponierend; aber später wurden die Expeditionsinschriften zunehmend größer und qualitätvoller. Am Ende der 2. Dynastie hatte die altägyptische Schrift bereits eine 400jährige Geschichte hinter sich. Von dem, was in dieser Zeit wirklich geschrieben wurde, ist uns zwar nur ein Bruchteil erhalten geblieben, besonders das, was in Tempeldepots und in Gräbern die Zeiten überdauert hat; außerdem einige in Stein gehauene Inschriften, wie die königlichen Grabstelen, oder in Felswände geritzte Texte. Aber aus dem Wenigen kann doch eine Entwicklung abgelesen werden, deren Hauptmerkmal die allmähliche Verbreitung des anfangs nur dem König und seinen engsten Vertrauten vorbehaltenen Schriftgebrauchs war; dadurch entstand der Beruf der Schreiber-Beamten, die mit der Zeit immer mehr aus der Anonymität heraustraten und der Schriftanwendung neue Impulse gaben. In der Epoche, die im folgenden Kapitel behandelt werden soll, wird dies noch deutlicher.

3. Die Beamtenschaft gewinnt an Macht, der Schriftgebrauch wird ausgeweitet. Das Alte Reich (ca. 2665–2135 v. Chr.)

Die bisher behandelten Schrifterzeugnisse waren sehr knapp und nannten nur Namen und Titel von Personen, Bezeichnungen von Orten oder Gegenständen und Mengenangaben; aber es wurde schon gesagt, daß wir mit wesentlich mehr Schriftlichem aus dieser Zeit rechnen müssen, das jedoch nicht erhalten geblieben ist. Daß man auf jeden Fall mehr als nur einzelne Wörter schreiben konnte, beweist ein im Grab des Königs *Peribsen* (um 2700 v. Chr.) gefundener Rollsiegelabdruck, auf dem eine längere Folge von Wörtern mit voll ausgeschriebenen Grammatikformen steht[1].

Aus den ersten zwei Jahrhunderten des Alten Reiches fehlen zwar ebenfalls noch alle auf Papyrus geschriebenen Dokumente. Dennoch kennen wir aus dieser Zeit ungleich viel mehr und ausführlichere Texte als aus der Zeit davor. Denn die aus dauerhaftem Material, besonders Stein, gearbeiteten Inschriften nahmen nun geradezu sprunghaft zu. Wir haben es also auch jetzt vor allem mit der Hieroglyphenschrift zu tun; hieratisch Geschriebenes ist nur in Form einzelner Wörter, zum Beispiel als Topfaufschrift, erhalten.

Zu Beginn des Alten Reiches wurden grundlegende Änderungen in der altägyptischen Gesellschaft eingeleitet, die eine steigende Bedeutung des Schreiberstandes zur Folge hatten: Die Könige ließen sich nicht mehr – wie vorher – in Gräbern bestatten, die größtenteils aus Lehmziegeln gebaut waren, sondern unter riesigen Stein-„Bergen", den Pyramiden. Wie wichtig es den Menschen war, nach dem Tod weiterleben zu können und daß man dazu prinzipiell dasselbe brauchte wie im

Leben vor dem Tod, wurde oben schon betont. Für das Weiterleben des Königs galt dies in ganz besonderem Maße. Es wird die Erfahrung gewesen sein, daß die bisher ergriffenen Maßnahmen nicht genügten, um den Leichnam und die Grabausstattung vor Zerstörung und Raub zu schützen, die den Bau der Steinmonumente veranlaßte. Nur so läßt sich erklären, wie es möglich war, die für den Pyramidenbau notwendigen Menschenmengen nicht nur zu einer solchen Arbeitsleistung einzuziehen, sondern sie auch unter Kontrolle zu halten; lediglich mit Zwangsmaßnahmen ist dies kaum vorstellbar. Dazu mußte – wie beim Bau der mittelalterlichen Kathedralen – auch ein eigenes Interesse und dadurch eine Motivation zu dieser Arbeit hinzukommen. Es waren keine Sklaven, die die Pyramiden bauten, wie oft behauptet wird; sondern man schätzt, daß 3000–5000 ständige Arbeiter für das Grabmal tätig waren und dazu eine weit größere Zahl „Saisonarbeiter", das heißt Menschen, die sonst einer anderen Beschäftigung nachgingen. Dabei wurden die in der Einleitung zu diesem Kapitel beschriebenen Gegebenheiten des Landes genutzt: Während der Überschwemmungszeit, wenn die Bauern ihre Äcker nicht bearbeiten konnten, wurden sie zum Bau der Pyramiden eingezogen.

Djoser (ca. 2650–2630 v. Chr.) war der erste König, der sich eine Pyramide bauen ließ; in Saqqara, nahe seiner am Schnittpunkt zwischen Ober- und Unterägypten liegenden Residenz Memphis, wurde sie errichtet: Erst nur in Gestalt eines rechteckigen Hügels über der unterirdisch angelegten Sargkammer, dann ausgebaut zu einer letztlich sechsstufigen Pyramide, die umgeben ist von steinernen Bauwerken, die wahrscheinlich die wichtigsten Gebäude von *Djoser*'s Hauptstadt verewigen sollten; um den ganzen Bezirk ließ er eine insgesamt 1,5 km lange, fein gearbeitete Steinmauer bauen (Abb. 65). Dazu wurden mehr als 1000000 Tonnen Steine verbaut und bearbeitet; die Bauzeit betrug wahrscheinlich nicht mehr als 20 Jahre.

Dies zeugt sowohl von einem immensen Arbeitsaufwand als auch von einer Organisations-Fähigkeit, wie sie in früherer Zeit nicht nötig gewesen war: Die Saison-Arbeiter mußten requiriert, untergebracht, ernährt und sinnvoll eingesetzt werden; man mußte die Steine in den Steinbrüchen abbauen, bearbeiten und zur Baustelle transportieren; die ständig eingesetzten Arbeiter mußten ausgebildet und angeleitet werden[2]. Dazu brauchte man – neben Fachleuten, wie Mathematikern, Architekten, Steinmetzen – vor allem Verwalter, Schreiber, Organisatoren.

Zur selben Zeit wurde damit begonnen, das gesamte Land straffer durchzuorganisieren und in einzelne Verwaltungsbezirke – in der Ägyp-

65   *Stufenpyramide des Königs Djoser in Saqqara mit einem Teil der Umfassungs-
     mauer und dem Eingang, von Süd-Osten gesehen.*

tologie „Gaue" genannt – aufzuteilen, was wiederum eine Ausweitung
des Verwaltungsapparates nötig machte und einen wachsenden Bedarf
an schreibkundigen Menschen zur Folge hatte.

   Daß nicht nur aus unserer Sicht der Bau der *Djoser*-Pyramide als
Auslöser für die zunehmende Bürokratisierung der altägyptischen Gesellschaft wirkte, zeigte die Tatsache, daß der Bauleiter der *Djoser*-
Pyramide, *Imhotep,* später (seit dem Neuen Reich) als Patron der
Schreiber und (seit der 26. Dyn) als Gott in Gestalt eines sitzenden
Mannes mit einer Papyrusrolle auf dem Schoß (Abb. 66) verehrt wurde[3]. *Imhotep* muß auch eine „Lehre" verfaßt haben, die älteste, von der
wir Kenntnis haben; sie ist zwar nicht erhalten, aber in vielen altägyptischen Texten erwähnt[4].

   Lehren waren schriftlich abgefaßte Texte, die die lesekundige Jugend, also den
Beamtennachwuchs, in die Spielregeln und in das Weltbild der altägyptischen Gesellschaft einführten; einige sind auch an Nachfolger im Königsamt adressiert (Genaueres dazu im nächsten Kapitel).

   Imhotep hat also nicht nur den Anstoß dazu gegeben, das gesamte
Land stärker in den Griff zu bekommen, sondern auch die Beamten-
schaft nach einem einheitlichen Welt- und Menschenbild zu formen.
Das war sicher ein notwendiger und kluger Schritt, um trotz der nun

66   Bronzestatuette des Imhotep. Ptolemäerzeit. H.: 12 cm. Tübingen.

67 König Djoser bei einem kultischen Lauf und hieroglyphische Beischriften. Wandrelief in einem unterirdischen Raum seiner Grabanlage.

immer mehr auch weitab von der Residenz eingesetzten Beamten das ganze Land unter einem gemeinsamen Weltbild vereint zu halten.

Die Grabanlage des *Djoser* ist nicht nur die älteste Pyramide, sondern auch die erste Grabanlage, in der Schrift nicht mehr nur als Vermerke auf Grabbeigaben vorkommt: Hier findet man Schrift auch auf den Wänden einiger Räume in Form von Beischriften zu bildlichen Darstellungen (Abb. 67). Da diese Räume tief unter der Erde liegen und unzugänglich waren, können Schrift und Bild dort nur in der einen Absicht angebracht worden sein: Das Abgebildete und Aufgeschriebene zu verewigen.

Das Grab des *Imhotep* ist bisher nicht gefunden worden; auch ist kein zeitgenössisches Bildnis von ihm bekannt. Aber das Grab eines Kollegen von ihm, das heißt eines ebenfalls sehr hohen Beamten unter *Djoser*, wurde nicht weit von *Djoser*'s Grab entfernt ausgegraben[5]: Auch im Tode sollten und wollten die Beamten ihrem König nahe sein. Dieser Beamte hieß *Hesire* und trug eine ganze Reihe von Titeln[6], unter anderem „Vorsteher der königlichen Schreiber", „Diademhüter" und

„Einzieher der Abgaben". Den oberirdischen Teil seines Grabes bildet ein 43 m langer und mehr als 20 m breiter, viereckiger massiver Lehmziegelbau, der nur durch zwei Korridore und einige Kammern durchbrochen ist.

Die Wände eines der Korridore tragen Abbildungen und Inschriften; hiermit haben wir auch aus dem Bereich der Beamten das älteste Zeugnis für beschriftete und bebilderte Grabwände. Sie unterscheiden sich von denen im Grab des Königs jedoch sowohl im Anbringungsort als auch inhaltlich: Im *Djoser*-Grab befinden sie sich in unterirdischen, unzugänglichen Räumen, im *Hesire*-Grab in oberirdischen, zugänglichen; im *Djoser*-Grab ist der König bei königlichen Zeremonien verewigt, im *Hesire*-Grab der tote Grabherr mit seinen Grabbeigaben: Auf die eine Wand des Korridors sind Kopfstützen, Möbel, verschiedene Spiele und ein ganzes Ölmagazin gemalt: Ein Schrank mit geöffneten Türen voller Öl-gefäße, denen jeweils beigeschrieben ist, welche Ölsorte sie enthalten[7]. An der gegenüberliegenden Wand waren fünf Holzpaneele befestigt, auf denen in erhabenem Relief *Hesire* abgebildet ist, begleitet von Inschriften, die seinen Namen, mehrere Titel und zum Teil auch Opfergaben nennen. Es sind die ältesten, genaueren Darstellungen eines Beamten (Abb. 68). Seine Zugehörigkeit zur Oberschicht ist daran zu erkennen, daß er Perücken trägt (drei verschiedene sind dargestellt) und einen fein plissierten „Schurz" (wie in der Ägyptologie diese Art Wickelrock genannt wird) beziehungsweise einmal ein den ganzen Körper einhüllendes Gewand. Als Ausdruck seiner Autorität hält *Hesire* mehrere Stöcke und Stäbe in seinen Händen. Was jedoch für unser Thema besonders interessiert, ist, daß er – offensichtlich als Amtsabzeichen – das Handwerkszeug eines Schreibers trägt, einmal in der linken Hand, die übrigen Male über die rechte Schulter gehängt: Die Palette mit den zwei Näpfen für schwarze und rote Farbe, das Pinsel-Etui und das Säckchen für die Farbstücke (s. o. S. 58). Seine Zugehörigkeit zum Stand der Schreibkundigen zu demonstrieren war für *Hesire* offenbar sehr wichtig (weiter unten wird man sehen, daß später die Grabbesitzer sich selbst nur in Ausnahmefällen auf ihren Grabwänden als Schreiber darstellen ließen.)

Hesire ist viermal stehend oder schreitend abgebildet und einmal vor dem Speisetisch sitzend, die eine Hand nach den darauf liegenden Broten ausgestreckt. Diese Szene (Abb. 68c) scheint ihm die wichtigste gewesen zu sein; denn dort ist ihm die größte Zahl von Titeln – dreizehn – beigeschrieben, auf den anderen Paneelen dagegen nur je sechs. Die Inschriften zu der Speisetisch-Szene sind so dicht gedrängt angeord-

68 *a–c: Holzpaneele aus dem Grab des Beamten Hesire. H.: 114 cm. Kairo.*

net, daß man erst nur schwer erkennen kann, in welcher Reihenfolge die Zeichen zu lesen sind. Bei genauerem Hinsehen bemerkt man, daß die Zeichen im oberen Feld nach rechts blicken, die Zeichen vor *Hesire* aber nach links; am Antilopenkopf über den Broten wird es am deutlichsten. Daraus kann auch derjenige, der das Geschriebene nicht aussprechen oder übersetzen kann, schließen, was gemeint ist: Die Inschriften, deren Zeichen in die gleiche Richtung wie *Hesire* blicken, sind Ergänzungen zu seinem Abbild und beschreiben seine Person genauer – sie nennen seine Titel und seinen Namen –; die Inschriften, deren Zeichen ihm entgegenblicken, sollen auf ihn „zukommen": Sie zählen Opfergaben auf, die *Hesire* – zusätzlich zu den abgebildeten Broten – bekommen soll: Eine Wasserspende, ein Handwaschgerät; die Zeichen der folgenden Worte sind bereits aus Kapitel I. 1 bekannt:

Weihrauch (𓊃𓈖𓊃 *ś:nčr*, wörtlich: „göttlich Machendes"), eine junge An-
tilope (𓂋𓈖 *rn*) und Wein (𓈖𓊪 *ỉrp*).

Betrachtet man die Darstellungen und Inschriften im Grab des *Hesire*
in ihrem Zusammenhang, so versteht man ihren Zweck: Zum einen
sollte *Hesire* verewigt werden mit allem, was zu seiner Amts-Persönlich-
keit gehörte, das heißt als Mitglied der gesellschaftlichen Elite und der
Schreibkundigen. Als solches wollte er Zugriff haben auf alles zum
Leben Notwendige, zuallererst auf eine Mahlzeit mit Speisen und Ge-
tränken und – für die dazu gehörende Reinigung – auf Wasser und
Weihrauch. Außerdem sollte *Hesire* auch noch das zur ewigen Verfügung haben, was auf der gegenüberliegenden Wand dargestellt ist: Den
ganzen Hausrat und viele Sorten Öl. Man fand zwar in den unterirdischen Räumen seines Grabes neben der Kammer für seinen Sarg noch
die Reste von wirklichen Grabbeigaben – unter anderem Steingefäße in
derselben Form, wie sie im Ölmagazin gemalt sind[8]; aber *Hesire* hielt es
offenbar für notwendig, die Versorgung für sein Leben nach dem Tod
doppelt „abzusichern".

Daß neben dem Abbilden des Gewünschten die Hieroglyphenschrift
zu diesem Zweck verwendet wurde, ist schon von den ersten Schriftdo-
kumenten an bezeugt (s. o. S. 111). Im Grunde genommen stellen *Hesire*'s Bilder und Inschriften nur eine Erweiterung der Rollsiegel und
Grabsteine dar, die früher den Beamten mit ins Grab gegeben wurden
und die den Toten mit Name und Titeln vor dem Speisetisch zeigen
(s. o. S. 126).

Neben den Tempeln waren die Fundorte der Schriftzeugnisse bisher
fast ausschließlich die Gräber von Königen und Beamten. Sie bleiben
auch weiterhin erst einmal die Hauptquelle, aus der wir unsere Kenntnisse beziehen. Die auf den Tempel- und Grabwänden benutzte Schriftart ist prinzipiell die Hieroglyphenschrift, die grundsätzlich verwendet
wurde, wenn man etwas durch Aufschreiben verewigen wollte.

Außerhalb des rein kultischen Bereiches gebrauchte man die Hieroglyphenschrift zwar ebenfalls, aber in viel geringerem Maße. Ein Beispiel dafür sind die Inschriften, die auf Felswänden angebracht wurden
besonders in den Wadis und Bergwerksgebieten in der Ost-Wüste und
auf der Halbinsel Sinai. Anfänge dieses Brauches wurden oben schon
für die frühere Zeit erwähnt (s. o. S. 128); dabei handelte es sich allerdings nur um kleine Einritzungen, die den Namen des regierenden

69 *Felsinschrift des Königs Snofru (4. Dyn.) im Wadi Maghara. H.: 112 cm
B.: 125 cm. Kairo.*

Königs und vielleicht noch den eines Beamten nannten. Von der Zeit
des Königs *Djoser* an wurden diese Felsinschriften jedoch zahlreicher,
ausführlicher, größer und sind außerdem deutlich sorgfältiger gearbeitet. In der 3. und 4. Dynastie (ca. 2665–2480 v. Chr.) wurden sie vor
allem bei den Türkisbergwerken im Wadi Maghara[9] auf dem Sinai angebracht; die meisten von ihnen enthalten als Hauptmotiv das Bild,
Titel und Name des Königs[10], der im Begriff ist, einen Feind zu erschlagen (Abb. 69), wie es oben (S. 107) bereits auf der Palette des *Narmer*
zu sehen war. Der König sollte offenbar außerhalb des Niltales – wenigstens in seinem Abbild und seinem Namen – ebenfalls präsent sein und
damit zeigen, daß er auch die Wüstengebiete und den Sinai als Teil
seines Herrschaftsbereiches betrachtete und über ihre Rohstoffe selbstverständlich verfügen konnte. Manchmal haben sich daneben auch Beamte mit Bild und Nennung ihres Namens und ihrer Titel verewigt und
unter den Schutz ihres Feinde abwehrenden Königs gestellt.
In welchen Bereichen und zu welchen Zwecken die Hieroglyphenschrift
gebraucht wurde, hatte sich also gegenüber der Zeit vor dem Alten

Reich im Prinzip nicht geändert; sondern es wurde nun nur gründlicher ausgeschöpft, welche Möglichkeiten in dieser Schrift steckten. Das hängt gewiß mit der wachsenden Zahl von Schreibern zusammen und mit ihrem zunehmenden Ansehen; denn dadurch konnten einige von ihnen mehr Eigenständigkeit gewinnen und waren in der Lage, ihre Schreibkunst nicht ausschließlich im Rahmen ihrer beruflichen Pflichten anzuwenden, sondern sie auch für eigene Zwecke auszubauen. Diesen Eindruck bekommt man jedenfalls, wenn man die hieroglyphischen Schriftzeugnisse im Verlaufe der nächsten Dynastien betrachtet: Da wurde vor allem in den Gräbern der hohen Beamten immer noch eine neue Methode gefunden, wie mit Hilfe der Schrift (und des Bildes) ihre Versorgung für das ewige Leben sicherer gemacht werden konnte. Dadurch sind die folgenden Jahrhunderte m. E. die lebendigste und interessanteste Zeit hinsichtlich der Hieroglyphenschrift: Es wurde vieles ausprobiert, von dem manches später weiter beibehalten, anderes wieder aufgegeben wurde. Aber gerade das Ausprobieren läßt erkennen, was diese Schrift zu leisten imstande war, weil man dabei bisweilen bis an die Grenzen ihrer Möglichkeiten gegangen ist. Ich möchte dies im Folgenden anhand der wichtigsten Etappen illustrieren.

Die nächste ist erkennbar im Grab des Beamten *Metjen*[11], der nur wenig später als *Hesire* lebte. Er ließ sich wie *Hesire* in Saqqara bestatten, jedoch nicht wie dieser in einem Lehmziegelgrab, sondern in einem aus Stein gebauten. Dieses dauerhafte Material stand nun also nicht mehr nur den Königen zur Verfügung, sondern auch den hohen Beamten. Im oberirdischen Teil des *Metjen*-Grabes führt ein schmaler (0,67 m), hoher (2,52 m) und etwa 1,8 m langer Gang zu einem ca. 2,2 m breiten Querraum; alle Wände sowohl des Ganges als auch des Raumes sind von oben bis unten mit Inschriften (Abb. 70) und Bildern bedeckt[12], die in erhabenem Relief aus dem Stein gearbeitet wurden.

Jedoch nicht nur die Fülle der Texte und das Material, in das sie geschrieben sind, unterscheidet diese Inschriften von denen im Grab des *Hesire*, sondern auch ihr Inhalt und ihre Form: Wie bei *Hesire* sind die Titel des *Metjen* zwar ebenfalls über seiner Darstellung vor dem Speisetisch aufgelistet; aber die Titelreihen nehmen hier einen viel größeren Raum ein, das heißt sie erhielten mehr Gewicht. Außerdem ließ *Metjen* – auf die Wände des Ganges – die Verfügungen schreiben, in denen der König festgelegt hatte, wie *Metjen* für seine Dienste am Staat entlohnt wurde und welche Anteile am Besitz seiner Eltern ihm als Erbe übertragen wurden. Man kann diese Texte als Ergänzung zu den

70 *Schriftbeispiel aus dem Grab des Beamten Metjen (4. Dyn.). Berlin/DDR.*

Titeln deuten: Als ausführlichere und konkretere Beschreibung der Amtsperson *Metjen,* seiner Verdienste und seiner Stellung, die die Nachwelt auf einen angemessenen Totenkult verpflichten sollten. Diese Inschriften sind die ältesten längeren Texte, die erhalten geblieben sind. Selbstverständlich wurden königliche Erlasse nicht primär auf Grabwände geschrieben, sondern erst auf Papyri. Aber *Metjen* hat sie auf seine Grabwände übertragen, um auch sie zu verewigen. Durch sie erfahren wir, daß die Entlohnung der hohen Beamten in dieser Zeit vor allem aus dem Besitz von Ländereien bestand und aus Abgaben, die die Bewohner von bestimmten, in den Verfügungen festgelegten Dörfern an die Beamten abliefern mußten; diese Beamten wurden so zu regelrechten Großgrundbesitzern.

Auch ist in *Metjen*'s Grab nicht nur allgemein dargestellt und beschrieben, *daß* der Grabherr nach seinem Tod mit Speise, Trank und Hausrat versorgt bleiben wollte, sondern auch, *wie* dies im Einzelnen vor sich gehen sollte. Ein besonders schönes Beispiel dafür befindet sich an der rechten Wand des Querraumes: Dort ist in halber Höhe ein

37 cm langer und 9 cm breiter senkrechter Schlitz offengelassen, der
den Raum mit einer kleinen, völlig unzugänglichen Kammer verband,
in der man eine 47 cm hohe Granit-Statue des auf einem Hocker sitzenden *Metjen* fand (Abb. 71). Auf die Seiten- und Rückflächen des Hok-
kers sind der Name des *Metjen* und einige seiner Titel geschrieben, also
Texte, die nicht zum Gelesenwerden bestimmt waren, sondern – wie
die Statue selbst auch – ausschließlich zum Verewigen des Beamten
Metjen; denn durch den Schlitz in der Wand konnten sie nicht gesehen
werden. Wozu der Schlitz und die Statue dienten, ist um den Schlitz
herum auf die Wand geschrieben (Abb. 72): Hier steht, daß an bestimmten Festen und Monatstagen die Vertreter aller Orte des *Metjen*
Opfer bringen sollten „für (⎯⎯ = *n*) die Statue (𝓎 = *twt(.w)*)“, wie
direkt unter dem Schlitz zu lesen ist. Darunter sind vier Frauengestal-
ten, jeweils mit der Beischrift ⊗ = „Ort“ abgebildet, die genau dies
tun, nämlich Opfer herantragen. Die Statue sollte also *Metjen* repräsen-
tieren für ewig – daher aus Granit – und für ihn die Opfer entgegennehmen. Man mag in diesem Fall den Zweck der in dem für Lebende

71   Statue des Metjen aus buntem Granit. H.: 47 cm. West-Berlin.

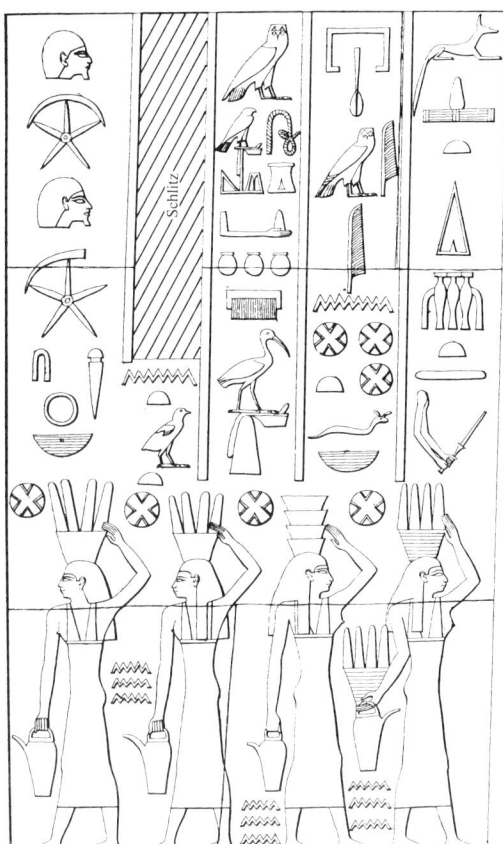

72 *Wandrelief im Grab*
des Metjen. Berlin/DDR.

zugänglichen Raum angebrachten Inschrift darin sehen, die Grabbesu-
cher anzuleiten, was sie hier tun sollten; darüber hinaus sollte sie aber
sicher die Handlung verewigen für den Fall, daß sie in Wirklichkeit
nicht mehr durchgeführt wurde.

   In der Form unterscheiden sich *Metjen*'s Inschriften von denen des
Hesire vor allem dadurch, daß sie zwischen Linien geschrieben sind, die
die Zeilen- beziehungsweise Kolumnenbegrenzung angeben, so daß sie
strenger geordnet wirken. Besonders deutlich fällt diese „Verbürokrati-
sierung" in der Darstellung der Speisetisch-Szene auf (Abb. 73): Hier
sieht man *Metjen* ähnlich wie *Hesire* vor dem mit Broten beladenen
Tisch sitzen; der Platz über und unter der Tischplatte ist bis zum letzten
Winkel genützt für die Bezeichnungen weiterer Opfergaben, die *Metjen*
zugedacht sind (ihre Schriftzeichen blicken ihm entgegen!): Weihrauch,
Handwaschgerät, Öl, Wein usw. Die Anordnung der Schrift macht die

73 *Wandrelief im Grab des Metjen. Berlin/DDR.*

Überfülle anschaulich, die *Metjen* sich wünschte. Ganz rechts dagegen sind ebenfalls Dinge aufgelistet, die *Metjen* bekommen soll, diesmal aber in Zeilen und Kästchen geschrieben. Sie entsprechen den Darstellungen des Hausrates im Grab des *Hesire* und nennen verschiedene Stoffsorten (jedesmal mit dem Zahlzeichen ↥ für „1000" darunter), eine Salbe, einen Schurz, einen Holzkasten, einen Tisch und eine Kopfstütze. In der untersten Zeile sind noch Fleischopfer (Rind, Gazelle und Gänse) dargestellt beziehungsweise halb geschrieben: Das ∿∿∿ *(n)* über dem Rinderkopf deutet an, daß eine Rindersorte, deren Name mit *n* beginnt *(ng3.w)*, gemeint ist.

Wirft man einen Blick auf die *königlichen* Denkmäler dieser Zeit, fällt auf, daß dort Schrift noch immer nur als Beischrift zu bildlichen Darstellungen gebraucht ist. Das gilt sowohl für Tempelwände[13] als auch für Felsinschriften; ein besonders schönes Beispiel ist das auf Abb. 69 gezeigte Felsrelief von König *Snofru* (ca. 2600–2575 v. Chr.), in dessen

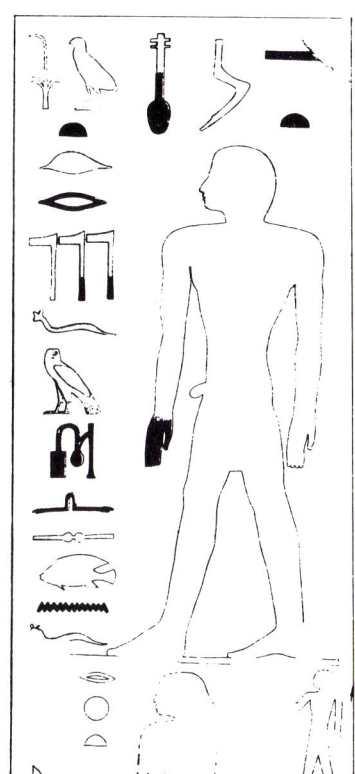

74   Der Wesir Nefermaat
mit der Beischrift, in der er sich seiner
neuen Technik rühmt. Versenktes,
mit Paste ausgefülltes Wandrelief aus
seinem Grab (dunkel: Die Reste der Pasten).

Zeit *Metjen* noch gelebt haben muß. Längere, erzählende Texte tau-
chen in Inschriften der Könige erst viel später auf als in denen der
Beamten.

Welch großen Wert man darauf legte, daß wenigstens die Inschriften
und Bilder ewig hielten, kommt in einer technischen Erfindung zum
Ausdruck, deren sich der Wesir und königliche Siegler *Nefermaat*
rühmte; er war wahrscheinlich ein Sohn von *Snofru*[14] und lebte daher
nur wenig später als *Metjen.* Auf eine Wand seines Grabes, das er für
sich und seine Frau gebaut hatte, schrieb er neben ein Abbild von sich
(Abb. 74): „Er ist es, der seine *nčr.w* in einer Schrift+Malerei macht,
die nicht abgerieben+abgewischt werden kann"[15]. Was er damit meinte, ist in seinem Grab zu sehen: Ein Teil seiner Darstellungen und
Inschriften ist nicht in den bisher verwendeten Techniken – Malerei und
erhabenes Relief – ausgeführt, sondern sie sind aus dem Stein heraus-
geschnitten und die so entstandenen Vertiefungen mit Farbpasten ge-

füllt[16]. Die Wörter, die ich in der Übersetzung durch „+" verbunden habe, sind im altägyptischen Text jeweils nur ein Wort: Dasselbe Wort ⚏ *(sẖ 3)* wurde für „Inschriften" und „Abbildungen" gebraucht – ein Zeichen für die enge Zusammengehörigkeit der beiden; und ⚏ *(sỉn)* konnte sowohl „abwischen" als auch „abreiben" bedeuten, was in diesem Kontext sehr gut paßt: Bei der neuen Technik konnten die Zeichen und Bilder weder „abgewischt" werden wie gemalte, noch „abgerieben" wie diejenigen, die im bis dahin allein gebräuchlichen erhabenen Relief gefertigt sind, wo sie ja vor den Hintergrund hervortraten. Das unübersetzt gelassene Wort 𓊹𓊹𓊹 *nčr(.w)* ist der Plural von *nčr* „Gott"; das heißt, *Nefermaat* bezeichnete die Bilder und Inschriften in seinem Grab wörtlich als „seine Götter". Aber es sind nicht Götter, die in der neuen Technik dargestellt und inschriftlich genannt sind, sondern *Nefermaat* selbst, seine Frau, seine Kinder, andere Menschen und Tiere. Da das Wort „Götter" in diesem Zusammenhang sonst nie mehr belegt ist, macht es Schwierigkeiten, es eindeutig zu klären. Aus späterer Zeit ist aber für die Hieroglyphenschrift eine Bezeichnung bekannt, die daran erinnert: *mṯw.w nčr* „Worte des Gottes, Gottesworte"[17]. Und eine Stelle in einem Literaturwerk, das allerdings mehrere Jahrhunderte nach *Nefermaat* verfaßt wurde, gibt einen ähnlichen Gedanken wieder wie *Nefermaat*'s Inschrift: Da ermahnt ein besonders redegewandter Bauer einen Gutsbesitzer: „Übe das Recht aus für den Herrn der Gerechtigkeit ... Die Gerechtigkeit bleibt bis in Ewigkeit, sie geht mit dem, der sie übt, hinab ins Reich der Toten. Er wird eingesargt, und er wird mit ihr bestattet, sein Name wird nicht ausgewischt+abgerieben (dasselbe Wort wie bei *Nefermaat*) auf Erden, (sondern) man gedenkt seiner wegen des Guten – das ist der Sinn der *Gottesworte*"[18]. Hier wird also ausdrücklich gesagt, daß die „Gottesworte", das heißt die Hieroglyphenschrift, den Sinn habe, Menschen und ihre Taten zu verewigen. (Auf die auch in anderen Kulturen beobachtete Überzeugung, die Schrift sei nicht von Menschen, sondern von Göttern geschaffen worden, habe ich oben S. 16 bereits hingewiesen.)

Nefermaat's Erfindung bewährte sich nicht: An vielen Stellen fiel die Farbpaste wieder heraus. Deshalb wurde diese Technik nur noch von wenigen angewandt – unter anderem von *Nefermaat*'s Sohn, *Hemiun*, auf der Bodenplatte seiner berühmten Statue im Pelizaeus-Museum *Hildesheim* – und dann aufgegeben. Kurz danach, in der Zeit des Königs *Chephren* (ca. 2540–2515 v. Chr.), wurde aber das versenkte Relief gebräuchlich, das vielleicht durch die Erfindung des *Nefermaat* ausgelöst wurde (beiden ist gemeinsam, daß das Dargestellte in den Stein

75 Die Pyramiden in Gisa (v.l.n.r.) der Könige Cheops, Chephren und Mykerinos (4. Dyn.), von Süd-Westen gesehen.

vertieft gearbeitet ist). Es verdrängte jedoch das erhabene Relief nicht, sondern ergänzte es von nun an.

Der Nachfolger von König *Snofru* war sein Sohn *Cheops* (ca. 2575–2550 v. Chr.), vielleicht ein Bruder oder Stiefbruder von *Nefermaat*.

Unter *Cheops* erreichte die unter *Djoser* begonnene Durchorganisation der Bevölkerung ihren absoluten Höhepunkt: Als sein Grabmal ließ er sich in Gisa, etwas nördlich von Saqqara, eine exakt konstruierte und genau nach den Himmelsrichtungen orientierte riesige Pyramide bauen (Abb. 75), zu der 6500000 Tonnen Stein benötigt wurden; sie war (die Spitze fehlt heute) 147 m hoch, also nur 10 m niedriger als der Kölner Dom, und hat eine Seitenlänge von 230 m. Aber nicht nur für dieses Monumentalwerk mußten Steine gebrochen, herantransportiert, bearbeitet und nach wohldurchdachten Plänen verbaut werden, sondern auch für die dazugehörenden (heute praktisch verschwundenen) Tempel, in denen der Totenkult für den König stattfand, für die Grabdenkmäler der anderen Mitglieder der Königsfamilie und für die Gräber der hohen Beamten. Geradezu ein Sinnbild für die straffe Lenkung des Staates, die nötig war, um dies zuwege zu bringen, ist das Ergebnis dieser Arbeits- und Organisationsleistung, der Friedhof von Gisa mit den ordentlich in „Straßen" angeordneten Beamtengräbern, die – wie die Beamten zu ihren Lebzeiten – das Grab ihres Königs umgeben

76   a: *Blick von der Cheops-Pyramide auf die Mastabas*

(Abb. 76); wegen ihrer bankähnlichen Form werden sie heute „Mastaba" (= arabisches Wort für „Bank") genannt.

Diese Höchstleistungen an Arbeitsbewältigung und Organisation könnten vermuten lassen, daß die Qualität zugunsten der Quantität zurücktrat – aber gerade das Gegenteil ist der Fall: Die Genauigkeit, mit der die Bauwerke konstruiert und gebaut sind, erweckt noch heute Staunen; und die Reliefs sind so fein und sorgfältig ausgeführt wie selten sonst, besonders natürlich, wenn sie für Denkmäler des Königs oder Mitglieder seiner Familie hergestellt wurden (Abb. 77).

Es paßt in diese Zeit, daß es noch einmal Prinzen waren, die als Schrittmacher der Schreiber auftraten, nämlich zwei Söhne von *Cheops:* Der eine, *Djedefhor* (oder: *Hordjedef,* die Lesung ist unsicher), wurde wie *Imhotep* in späteren Texten immer wieder gerühmt als Verfasser einer Lehre. Sie ist zwar nicht im Original erhalten, aber aus späterer Zeit (13. Jahrhundert v. Chr. und später) hat man mehrere Übungsstücke von angehenden Schreibern gefunden, zu deren Unterrichtsstoff die Lehre des *Djedefhor* gehörte. Aus ihnen konnte man wenigstens den Anfang der Lehre zusammensetzen. Zwar wird manchmal bezweifelt, daß *Djedefhor* wirklich ihr Autor war und vermutet, daß sie ihm nur fiktiv zugeschrieben worden ist; aber unabhängig davon, wie man zu dieser kaum entscheidbaren Frage steht – es ist kennzeichnend für die hohe Autorität dieser Lehren, wenn man davon über-

76 b: Mastabas und Cheops-Pyramide.

zeugt war oder auch nur die Schüler glauben machte, daß sie von Persönlichkeiten aus der Regierungsspitze, hier sogar vom Sohn eines Königs, stammten: Zumindest ideell legten also diese Personen fest, wie ein „guter" Mensch zu leben hatte; und sie hatten die beste Möglichkeit, ihre Vorstellungen davon unter den Beamten zu verbreiten, indem ihre Lehren in der Schreiber-Erziehung verwendet wurden.

77 *Relief-Fragment aus einem Grab der 4. Dyn. in Gisa. H.: 25,5 cm B.: 57 cm D.: 5,5 cm. Hildesheim.*

Ein anderer Sohn des *Cheops, Kawab,* trat dadurch hervor, daß er eine neue Art einführte, sich darstellen zu lassen[19]: In seinem Grab fand man eine große Zahl von Statuen und Statuetten aus Diorit und Granit, in denen sich *Kawab* hatte verewigen lassen; drei von ihnen zeigen ihn im Schneidersitz und mit einer Papyrusrolle auf seinem über die Oberschenkel gespannten Schurz, die er mit seiner linken Hand festhält und mit der rechten beschreibt[20]; das heißt man sieht ihn hier in der Haltung eines Schreibers. Da diese Statuen sehr schlecht erhalten sind, bilde ich stattdessen die Statue des *Setka* ab, der ein Neffe des *Kawab* und Sohn des Königs *Djedefre* (ca. 2550–2540 v. Chr.) war (Abb. 78).

Oben (S. 134) wurde schon einmal ein Beamter – *Hesire* – besprochen, der sich in seinem Grab als Schreiber abbilden ließ; seine Darstellung unterscheidet sich von der des *Kawab* jedoch in zwei Punkten:

1. *Hesire* verwendete dazu das Flachbild, *Kawab* die Form der Statue.

2. *Hesire* ist nicht – wie *Kawab* – bei der Tätigkeit des Schreibens wiedergegeben, sondern seine Schreiberfunktion ist durch das Tragen des Schreibgerätes ausgedrückt.

Da prinzipiell alle Beamten Schreiber waren, verwundert es auf den ersten Blick, wie selten man gerade hohe Beamte als Schreiber abgebildet sieht. Vor allem auf den Wänden des eigenen Grabes vermieden sie

78 a: Schreiberstatue des Prinzen Setka aus Rosengranit. H.: 28 cm B.: 22 cm. Paris. b: Detail aus a (Haltung der Hände).

79 *Wandrelief im Grab des Chai-ef-Chufu I. in Gisa. H.: ca. 96 cm B.: ca. 115 cm.*

es, sich schreibend oder auch nur das Handwerkszeug eines Schreibers haltend zu zeigen. *Hesire* war meines Wissens der einzige Beamte vor dem Neuen Reich (ab ca. 1551 v. Chr.), der davon eine Ausnahme bildet. Man könnte dies so deuten, daß zu *Hesire*'s Zeit das Schreiben-können noch ein so hohes Prestige hatte, daß man das Schreibgerät wie eine Art Orden tragen konnte, während das Schreiben später mit der Zunahme von Schreibern immer mehr zur „Arbeit" wurde, die man gerne anderen überließ. Auch wurde sicher unterschieden zwischen höheren und niederen Schreibarbeiten, zum Beispiel dem Abfassen von Gesetzestexten einerseits und dem Führen von einfachen Listen andrerseits.

Welche Rolle die Schreiber-Statuen in diesem Zusammenhang spielen, ist nicht eindeutig geklärt. Übrigens halten oder hielten nicht alle von ihnen einen Pinsel in der Hand, sondern sie scheinen oft auch zu lesen, was auf ihrer Papyrusrolle steht. Eine mögliche Deutung der „Schreiberstatuen" besagt daher, daß sie nicht unbedingt den Grabherrn bei der Schreib-Arbeit wiedergeben, sondern ihn als jemanden ausweisen sollten, der zur schreib- und lesekundigen Schicht der Gesell-

80 *Schreiber vor dem Grabherrn, dem Prinzen Kaninisut. Wandrelief aus dessen Grab. 4. Dyn. Wien.*

schaft gehörte[21]. Im Kontext des Totenkultes war dies ja auch eine Voraussetzung dafür, daß der Grabherr überprüfen konnte, ob die ihm zustehenden Gaben tatsächlich abgeliefert wurden; denn daß sie schriftlich registriert und die Auflistung dann dem Grabherrn zum Lesen gebracht wurden, ist von nun an auf den Grabwänden immer wieder dargestellt worden[22]. Ob auch *Kawab* diese Szene in seinem Grab wiedergeben ließ, kann zwar nicht mehr festgestellt werden, da es recht zerstört ist. Aber im Grab eines Mannes namens *Chai-ef-Chufu*, der wohl ein Bruder des *Kawab* war[23], ist sie besonders schön zu erkennen (Abb. 14, S. 56).

Vergleicht man die Haltung dieser Schreiber mit der der „Schreiberstatuen", bemerkt man, daß sie sich deutlich voneinander unterscheiden[24]: In der Wanddarstellung hat der Schreiber nur das rechte Bein auf den Boden gelegt, während das linke aufgestellt ist; dessen Oberschenkel dient als Stütze für den linken Unterarm, auf dem die Papyrusrolle aufliegt[25]. In welcher Form sie beschrieben wurde, sieht man in dem Bild, in dem zwei Söhne des *Chai-ef-Chufu* dem von seiner Tochter begleiteten Grabherrn „das Geschriebene geben", damit er die Op-

fergaben „liest, die gebracht werden aus dem Vermögen des Königs
und aus den Orten des Privatbesitzes"[26] des Grabherrn, wie die Inschriften diese Szene beschreiben (Abb. 79): Es sind Listen, in denen
jede Zeile rechts erst die Opfergabe kurz nennt und dahinter die Anzahl angibt (in der Realität wurden sie sicher in hieratischer Schrift
geschrieben, aber auf die Grabwand, wo sie ja verewigt werden sollten,
übertrug man sie in die hieroglyphische). Die Opferauflistungen sind
also ganz schmal, und man kann sich gut vorstellen, wie sie geschrieben
wurden: Der Schreiber hielt den Papyrusbogen eingerollt auf die offene
linke Hand und den Unterarm gelegt und beschrieb die ihm zugewand-
te, leicht gewölbte Oberfläche von oben nach unten; wenn sie voll war,
drehte er die Rolle weiter bis zur nächsten freien „Seite". Hätte er
einen ungerollten Papyrusbogen benützt, wäre eine Unterlage zur Sta-
bilisierung nötig gewesen. Auf manchen Darstellungen kann man auch
deutlich die die Rolle umgreifenden Finger erkennen (Abb. 80). Die in
den Schreiberstatuen Abgebildeten haben – wenn sie überhaupt schrieben – sicher nicht solche Listen geführt, sondern andere Schriftstücke
abgefaßt, die – wie die Lage ihres Papyrus zeigt – im Querformat geschrieben wurden. Außerdem wird es sich um Texte gehandelt haben,
deren Inhalt dem Dargestellten zur Ehre gereicht haben muß. Ich werde darauf noch zurückkommen.

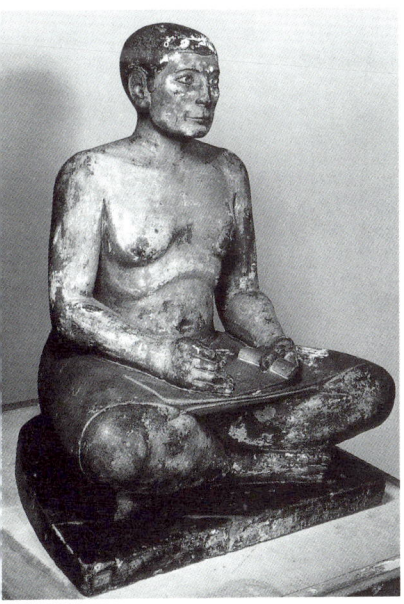
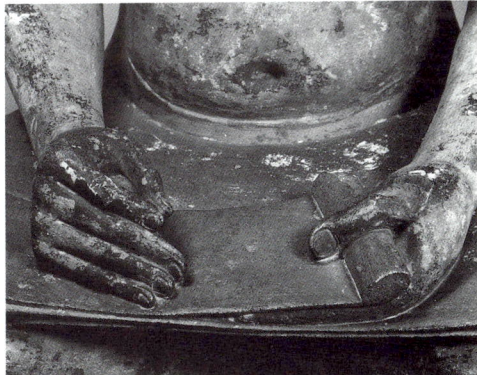

81 a: Der „Louvre-Schreiber" (4. oder 5. Dyn.). Aus Saqqara. Bemalter Kalk-stein, Augen aus Bergkristall und Alaba-ster, eingefaßt von einem Kupferstreifen. H.: 53,7 cm. b: Detail aus a (Haltung der Hände). Paris.

Jedenfalls war die von *Kawab* eingeführte Art, sich in Statuen als Schreibkundiger zu verewigen, recht angesehen und wurde noch lange Zeit beibehalten. Das Prestige, das diese Darstellungsweise zum Ausdruck brachte, läßt sich vor allem daran ablesen, daß es Königssöhne, die in dieser Zeit zugleich die höchsten Verwaltungsämter innehatten[27], waren, die als erste solche Statuen von sich anfertigen ließen. Bald darauf wurde auch „bürgerlichen" Beamten das Recht zugestanden, sich solche Statuen herstellen zu lassen. Die berühmteste unter ihnen ist

82   Obere und untere Statuenkammer im Grab des Beamten Ptah-schepses in Gisa bei ihrer Auffindung; in der unteren u. a. Schreiberstatuen (vorn rechts, im Schatten, die auf dem Titelblatt abgebildete).

83 Architrav über dem Eingang zur Mastaba des Uhemka mit einem Opfergebet, Titeln und Name des Grabinhabers. Gisa. 5. Dyn.

der Schreiber des Louvre (Abb. 81), den „nettesten" Schreibkundigen, *Ptah-schepses,* kann man auf dem Titelblatt dieses Buches sehen und in Abb. 82.

Wie genau man darauf achtete, als Grabherr nicht zu den arbeitenden Schreibern gerechnet zu werden, kann man im Hildesheimer Pelizaeus-Museum betrachten: Dort befindet sich die Totenkultkammer des „Schreibers der Aktenverwaltung" *Uhemka* aus dessen Mastaba-Grab in Gisa (Abb. 83)[28]. Auf ihren Wänden ist der Grabherr mehrmals dargestellt, aber nie schreibend oder auch nur mit einem Schreibgerät, einer Papyrusrolle o. ä., sondern nur, wie er Schreibern zusieht und die Opfergabenlisten liest (Abb. 84).

Derselbe *Uhemka* ist aber noch in einem anderen Grab abgebildet, dessen Totenkultkammer im Kunsthistorischen Museum Wien steht. Sie wurde für den Prinzen *Kaninisut* gebaut, nur 50 m von der des *Uhemka* entfernt im Friedhof von Gisa. Man weiß nicht genau, zu welcher Königsfamilie *Kaninisut* gehörte; aber vieles spricht dafür, daß er zu Beginn der 5. Dynastie (um 2480 v. Chr.) lebte[29]. In den Reliefs auf den Wänden dieses Raumes sieht man *Uhemka* mehrmals, und zwar in der Rolle des „Vermögensverwalters" des *Kaninisut;* als solcher ist er einmal abgebildet, wie er dem Grabherrn die Abgabenlisten übergibt, die hinter ihm sitzende Schreiber geschrieben haben (s. o. Abb. 80); einmal, wie er, gefolgt von drei Schreibern, dem Grabherrn die aufgezeichneten Opfergaben vorträgt und dabei entweder noch etwas dazu-

84 *Uhemka mit Frau und Kindern läßt sein Vermögen inventarisieren. Wandrelief aus der Kultkammer seines Grabes. Hildesheim.*

schreibt, oder seinen Pinsel beim Vorlesen zuhilfe nimmt; und einmal sieht man ihn hinter dem Grabherrn stehen mit dem Abzeichen des Schreibers in der Hand, dem altertümlichen, zu dieser Zeit längst nicht mehr gebrauchten Schreibgerät (Abb. 85). In dieser Zeit ließ sich also selbst ein Schreiber, der ein solch angesehenes Amt innehatte wie *Uhemka* und der im Grab seines Vorgesetzten in dieser Funktion und mit dem Schreiber-Abzeichen abgebildet ist, im eigenen Grab nicht so darstellen. Deutlich zeigen diese Reliefs auch, wie stark die Hierarchie innerhalb der Schreiberschaft war.

Oben wurde die Vermutung geäußert, daß die Schreiberstatuen Beamte wiedergeben, die breitformatige und vor allem anspruchsvollere Texte schrieben als die niederen, nur Listen führenden Schreiber. Da uns auch aus dieser Zeit noch keine auf Papyrus geschriebenen Schrifstücke

85 Uhemka: 1. als „Vermögensverwalter" (vor den 3 Schreibern), 2. als „Schreiber der Aktenverwaltung" mit dem Schreiberabzeichen in der linken Hand (hinter dem am Speisetisch sitzenden Kaninisut). Wandrelief aus der Grabkultkammer des Kaninisut. Wien.

erhalten sind, sind wir auf die in Stein gehauenen Texte angewiesen, um zu erfahren, welche Art von Texten die höheren Beamten geschrieben haben könnten. In Frage kommen beispielsweise königliche Dekrete, wie sie uns ab König *Schepseskaf* (ca. 2487–2480 v. Chr.) bekannt sind und die in Stein gehauen wurden, um sie zu verewigen und um sie zu veröffentlichen. Aus dem Alten Reich sind 31 solcher Königserlasse – wenn auch zum Teil nur fragmentarisch – erhalten[30]. Die meisten von ihnen beziehen sich auf die Absicherung des Kultes für einen Gott oder für verstorbene Könige: Der König befahl, daß die für die Durchführung des Kultes zuständigen Priester und die für die Kultopfer und die Ernährung der Priester ausgewiesenen Ländereien von allen Steuerabgaben zu befreien wären und daß sie zu keinem anderen Zweck verwendet werden durften. Diese Verfügungen wurden an der Außenmauer neben dem Eingang der Tempel angebracht, in denen der Kult ausgeübt werden sollte, so daß jeder sie sah, bevor er eintrat. Selbstverständlich wurden sie nicht in der Residenz in Steinplatten gemeißelt und dann an die entsprechenden Stellen transportiert; sondern sie wurden sicher auf Papyrus geschrieben, wohl in mehrfacher Ausführung, um sowohl Exemplare im Archiv der Residenz zu behalten als auch an die Beamten zu schicken, die für die Verewigung und Veröffentlichung des Textes an Ort und Stelle zu sorgen hatten. Das Abfassen dieser Dekrete dürfte der König – wenn überhaupt – nur selten persönlich vorgenommen haben; er wird vielmehr Beamte seiner nächsten Umgebung damit beauftragt haben, die auf diese Art der Schreibertätigkeit sicher sehr stolz waren. Ich halte es für möglich, daß dies in den Schreiberstatuen zum Ausdruck gebracht werden sollte.

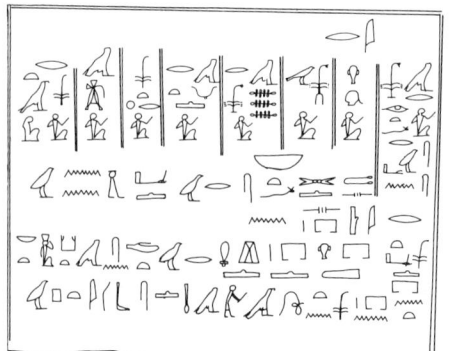
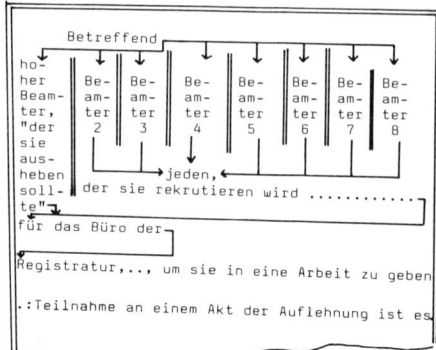

86 Ausschnitt aus einem Dekret von König Pepi II. (6. Dyn.) Die Pfeile geben an, wo weiterzulesen ist. Statt „Beamter" stehen im Original verschiedene Titel.

Einige der Verfügungen beschreiben das Überbringen des königlichen Befehls und geben ausdrückliche Anweisungen, was mit ihm geschehen sollte; zum Beispiel heißt es in zwei Erlassen von König *Pepi II.* (ca. 2251–2157 v. Chr.): „Gebracht werde eine Urkunde über diesen Befehl, die auf eine Stele aus festem Kalkstein gesetzt werde am Torbau des *Min*-Tempels in Koptos im Zwei-Falken-Gau, damit die Funktionäre dieses Distriktes (es) sehen, daß sie nicht nehmen sollen diese Priester zu irgendeiner Arbeit des Königshauses in alle Ewigkeit". Noch deutlicher ist der Vorgang beschrieben im Dekret eines Königs der 8. Dynastie (ca. 2155–2135 v. Chr.) an einen hohen Beamten; ihm war erlaubt worden, in mehreren Tempeln Statuen von sich aufzustellen und Produkte aus bestimmten Ländereien für ihren Kult beziehungsweise als Lohn für die den Kult durchführenden Priester festzulegen. Der Text des Dekretes endet so: „Mache eine Abschrift dieses Befehls. Veranlasse, daß er zu jedem Oberhaupt von Oberägypten gebracht wird und daß er auf eine Stele von Stein an den Torbau jedes Tempels gesetzt wird, in dem deine Denkmäler sind, damit (es) die Söhne der Söhne der Leute ... sehen"[31]. Hier wird explizit gesagt, welchen Zwecken diese Abschriften auf Stein dienen sollten: 1. Dem Festhalten der Verordnung „in alle Ewigkeit" beziehungsweise über Generationen („damit es die Söhne der Söhne der Leute ... sehen") und 2. der Veröffentlichung.

Das Anliegen, das Geschriebene zu publizieren, kommt also zur ursprünglichen Funktion der Hieroglyphenschrift, es zu verewigen, neu hinzu und begegnet von dieser Zeit an immer wieder.

Die Form, in der die Verfügungen in den Stein geschrieben sind, zeigt deutlich, daß hier Bürokraten am Werk waren und läßt vermuten, daß

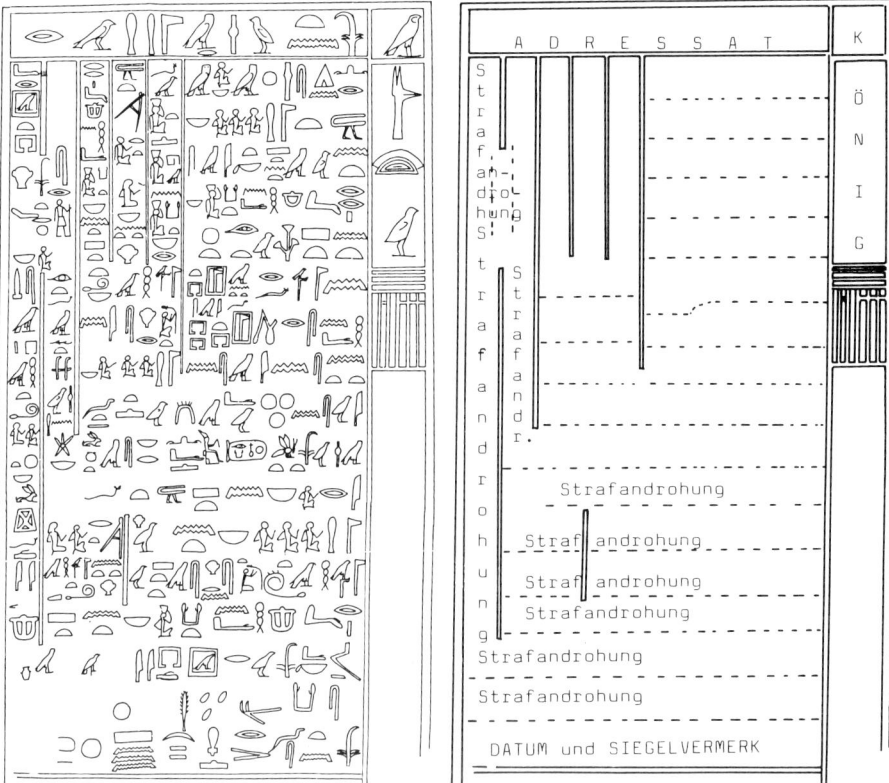

87 Dekret des Königs Neferirkare (5. Dyn.). H.: ca. 72 cm B.: ca. 42 cm (beschrifteter Teil der Stele). Die gestrichelten Linien sollen helfen, den Zeilen- bzw. Kolumnenverlauf zu erkennen, wo keine originalen Begrenzungslinien (doppelte Linien) vorhanden sind.

die Schriftstücke in den Regierungsbüros tatsächlich so abgefaßt worden waren, wie sie uns auf Stein erhalten sind[30a]. Die Anordnung der Texte ebenso wie unsere Schwierigkeit, sie zu durchschauen und zu verstehen, erinnert manchmal stark an unsere modernen Formulare. Die Ziele sind heute wie damals ähnlich: Den Text auf möglichst geringem Platz unterzubringen (zum Beispiel gleichlautende Wörter oder Satzteile nicht mehrmals schreiben zu müssen); Anfang und Ende so eindeutig zu kennzeichnen, daß nachträglich nichts unbemerkt zugefügt oder weggenommen werden kann; die ausstellende Institution und den beziehungsweise die Adressaten zu nennen; das Datum anzugeben und deutlich hervorzuheben, wen oder was der Text betrifft (unser „Betr.:"). Die dazu verwendeten Mittel dagegen unterscheiden sich selbstverständlich schon deshalb, weil die Möglichkeiten der altägyptischen und unserer Schrift verschieden sind.

In den altägyptischen Inschriften wurde vor allem genutzt, daß man die Hieroglyphen von rechts nach links, von links nach rechts, waagerecht oder von oben nach unten schreiben konnte. Dazu ein Beispiel aus dem schon erwähnten Dekret *Pepi*'s *II*. (Abb. 86). Das Dekret mit der raffiniertesten Textanordnung ist das des Königs *Neferirkare* (ca. 2460–2440 v. Chr.) für den Tempel in Abydos[32] (Abb. 87). Hier kann man besonders schön sehen, wie der Inhalt des Dekretes auf allen Seiten begrenzt ist, um zu verhindern, daß unbemerkt etwas zugefügt oder weggenommen werden konnte: An seinem Beginn (rechts) steht eine Kolumne mit dem *Horus*-Namen *(Wśr-ḫ'w)* des Königs *Neferirkare*, der das Dekret erlassen hat. Am oberen Rand sieht man links davon die Zeile, die ich oben (S. 48) bereits besprochen habe als Beispiel dafür, was man durch die Verwendung unterschiedlicher Schriftrichtungen ausdrükken kann: „Befehl des Königs an den Vorsteher der Priester *Ḥm-wr*".

Am unteren Rand ist das Dekret abgeschlossen durch das Datum, an dem es „neben dem König selbst", das heißt in seiner persönlichen Gegenwart, versiegelt wurde; dies ist übrigens ein deutlicher Hinweis darauf, daß es ursprünglich auf eine Papyrusrolle geschrieben war, denn sie konnte man versiegeln, nicht aber eine Steinplatte.

Die Strafandrohung für Beamte, die dem Dekret zuwiderhandeln, ist über dem Datum und am linken Rand angebracht; dort ist sie so in die Kolumnen verteilt, daß sie die Rechteckform des übrigen Textes zerstört und es also sofort auffallen würde, wenn hier beim Übertragen auf Stein etwas verändert worden wäre – so möchte ich diese Anordnung jedenfalls inpretieren[33]; ich glaube, es kam dem Verfasser des Dekrets bewußt darauf an, gerade diese Strafandrohung nicht in einer einzigen Kolumne den ganzen linken Rand bilden zu lassen, damit sie nicht wegfallen konnte, ohne daß der Text den Eindruck der Vollständigkeit verlor.

Die deutlich bürokratische Prägung der hieroglyphischen Inschriften war ein typischer Zug des Alten Reiches und wurde später merklich zurückgenommen.

Die in den Dekreten zutage getretene neue Funktion der Hieroglyphenschrift – zu publizieren, das heißt Menschen anzusprechen – wurde von den Beamten auch in ihren Gräbern genutzt. Der älteste Beleg dafür stammt schon aus der Zeit des Königs *Mykerinos* (ca. 2515–2487 v. Chr.), des Vorgängers des Königs, von dem wir das älteste Dekret kennen. Daß diese Art der Schriftverwendung zuerst in Beamtengräbern und danach für Königsdekrete eingesetzt wurde, ist dadurch nicht mit Sicherheit bewiesen, denn es können auch Dekrete verloren gegangen sein. Es ist aber durchaus vorstellbar, daß Neuerungen, die die Schrift betrafen, von denen eingeführt – und zu ihren eigenen Gunsten angewandt – wurden, die die Spezialisten auf dem Gebiet der Schrift waren: den Beamten. Die Texte sind oft – wie die Dekrete neben den Tempeleingängen – auf der Grabwand neben dem Eingang angebracht, so daß sie von den Menschen schon vor ihrem Eintritt in das Grab gelesen werden konnten. Die älteste Inschrift dieser Art steht links neben dem Eingang zum Grab des Beamten *Meri-Chufu* und lautet[34]: „*Meri-Chufu,* versorgt von *Mykerinos.* (Mein) Herr machte dies (= das Grab) für (mich), zu meiner Versorgung. Wer etwas Böses gegen es (= das Grab) tun sollte, über den wird Gericht gehalten werden deswegen durch den Großen Gott. Ich habe die Handwerkerschaft, die für mich gearbeitet hat, zufriedengestellt (= entlohnt)".

Wie die königlichen Dekrete die Tempel und ihren Kult schützen sollten, hatten diese Texte die Aufgabe, dasselbe für die Gräber zu bewirken. Darüber hinaus enthalten diese Grabinschriften aber auch noch die Versicherung der Grabherren, daß sie in den Diensten ihres Königs standen und daß sie selbst sich korrekt verhalten haben; es klingt wie eine Begründung dafür, daß sie das Recht haben, Achtung vor ihrem Grab zu verlangen.

In der Folgezeit wurden diese Texte ausführlicher: Sowohl die möglichen Vergehen wurden genauer spezifiziert[35] („Jeder Mensch, der irgendeinen Steinblock aus diesem meinem Grab herausreißen sollte"; „jeder Mensch, der in unreinem Zustand in dieses mein Grab eintreten sollte") als auch die Strafen dafür („ich werde sein Genick packen wie das einer Gans"; „ich werde ihre Hinterbliebenen austilgen") beziehungsweise die Belohnungen für korrektes Verhalten („ich werde nie zulassen, daß jemals etwas geschieht, was er haßt"; „ich werde sein Beistand sein im Totengericht"). Auch die Selbstdarstellung das Grabherrn in seinem Verhältnis zu seinem König und zu seinen Mitmenschen wurde so ausgeweitet, daß sich daraus schließlich eine Art Autobiographie entwickelte. Sie bezog sich aber lediglich auf das berufliche Leben und berichtete nur Positives; denn ein aufwendiges, mit Inschriften versehenes Grab erhielten nur Amtspersonen, und was dort in Bild und Text festgehalten wurde, sollte ja ewig bestehen. Da hat Negatives keinen Platz[36]. Ein Beispiel für solch eine „Idealbiographie", wie sie in der Ägyptologie genannt wird, aus der Zeit des *Neferirkare* (ca. 2460–2440 v.Chr.) lautet: „Möge es euch wohl ergehen, ihr Nachfahren! Mögt ihr gerechtfertigt sein, ihr Vorfahren! Was ihr tun werdet gegen dieses (Grab), desgleichen wird gegen das eure getan werden von seiten eurer Nachkommen. Niemals habe ich einen Prozeß angestrengt gegen jemand, niemals habe ich verursacht, daß einer die Nacht verbrachte im Zorn gegen mich wegen irgend etwas, seit meiner Geburt. Ich bin einer, der Opfer darbringt und Totenversorgung gewährleistet, ein Geliebter seines Vaters, geliebt von seiner Mutter, geehrt von denen, die mit ihm zusammen sind, freundlich zu seinen Brüdern, geliebt von seinen Dienern, der niemals Streit anfing mit irgendeinem Menschen"[37].

Vergleicht man diesen Text mit dem des *Meri-Chufu,* fällt auch auf, daß nun lebende und tote Menschen direkt angesprochen sind, während in älteren Texten dieser Art nur indirekt, in der 3. Person, auf sie Bezug genommen worden war („wer etwas Böses tun sollte", „jeder Mensch, der ..."). Dies entspricht einer allgemeinen Tendenz, die im Laufe der 5. Dynastie zu beobachten ist: Texte und Bilder wurden nun lebendiger, buchstäblich „sprechend", und zwar in erster Linie in den Beamtengräbern, dagegen noch weniger in Tempeln für Götter[38] und für den Totenkult der Könige. Dort überwiegen weiterhin die die Darstellungen ergänzenden Beischriften, wie sie schon auf den Prunk-Keulen und -Schminkpaletten von *Skorpion* und *Narmer* zu sehen waren; sie sind lediglich inzwischen ausführlicher geworden.

Selbst an sich nüchterne juristische Texte, die früher, wie bei *Metjen* (s. o. S. 139), einfach ohne besondere Form auf die Wände der Beamtengräber geschrieben worden waren, gestaltete man nun anschaulich und lebendig. Ein besonders schönes Beispiel dafür ist der Vertrag im Grab des *Up-em-nefret* (um 2440 v. Chr.)[39] (Abb. 88): Links sieht man den Grabherrn, zum Zeichen seiner Würde angetan mit Perücke und einem Kinnbart, der – so weiß man von anderen Darstellungen – künstlich war und zur Tracht der Beamten gehörte; mit der rechten Hand stützt er sich auf einen Stab, die linke hat er im Sprechgestus erhoben. Über ihm stehen (die Zeichen blicken in dieselbe Richtung wie er) seine Titel und sein Name. Vor seinen Füßen ist ein kleiner Mann abgebildet, den die Beischriften als des Grabherrn ältesten Sohn *Iby* ausweisen. Zu ihm spricht *Up-em-nefret;* die Inschrift über seiner linken Hand versichert, daß er dabei noch bei voller Gesundheit, das heißt rechtsfähig war: „Gemacht in seiner persönlichen Anwesenheit. Als er auf seinen beiden Füßen lebte, machte er die Verfügung." Die Verfügung selbst ist ganz oben, rechts neben den Titeln des *Up-em-nefret,* so geschrieben, daß ihre Schriftzeichen in dieselbe Richtung blicken wie der Sohn. Sie beginnt, wie es sich für ein juristisches Dokument gehört, mit dem Datum und bestimmt dann, daß *Up-em-nefret* seinem ältesten Sohn *Iby*

88 *Wandrelief im Grab des Beamten Up-em-nefret (5. Dyn.) in Gisa.* ↑ *H.: 178 cm
B.: 236 cm. Die ausgefüllten Hieroglyphen sind in versenktem, alles übrige in
erhabenem Relief ausgeführt.*

einen der beiden Grabschächte und eine der beiden Opferkammern in
seinem Grab vermacht und daß niemand anderes einen Rechtsanspruch
daran habe. Rechts davon steht ganz oben in der Zeile: „Gegeben in
Anwesenheit zahlreicher Zeugen und gesetzt in Schrift neben ihm selbst
(= in seiner persönlichen Anwesenheit)". Darunter sind nun die Zeugen aufgeführt, jeweils mit Titel und Name und einem sitzenden Mann
dahinter, wie er sonst in der Schrift als Determinativ hinter Namen und
Bezeichnungen von Männern üblich ist; hier aber ist er viel größer als
die Schriftzeichen wiedergegeben: Eine Zwischenform zwischen Bild
und Schrift. Es sind 15 Zeugen aus den verschiedensten Berufen, unter
anderem ein Arzt, ein Gendarm, ein Bildhauer, ein Balsamierer.

Betrachtet man die gesamte Wand, so wird die Einbettung des Ver-
tragstextes in bildliche Darstellungen noch deutlicher; denn unterhalb
der Zeugen sind noch vier Zeilen mit verschiedenen Szenen zu sehen:
Im linken Teil der Zeilen (bis zu meinem Pfeil) sind Handwerksarbeiten
gezeigt: in der 1. wird Metall verarbeitet, in der 2. stellen Steinmetzen

einen Sarg und zwei Statuen her, in der 3. arbeiten Schreiner an einem
Ruder und einer Tür, in der 4. fertigen Juweliere (dazu wurden oft
Zwerge eingestellt) Halsketten an; rechts von meinem Pfeil sieht man
Bierbrauer und Bäcker beziehungsweise Bäckerinnen.

Hier ist also – wie als Illustration zum Vermächtnis des *Up-em-nefret* – die Anfertigung der Grabausstattung und die Zubereitung der
wichtigsten Opfergaben festgehalten; denn *Up-em-nefret* hatte seinem
Sohn nicht nur einen Grabschacht und eine Opferkammer bauen lassen, sondern auch verfügt, daß „er darin begraben werde, sowie das
Totenopfer darin vollzogen werde für ihn, der mein Versorger ist".

Für unser Thema besonders interessant sind auch die Beischriften zu
den Szenen. Ein Teil von ihnen nennt, wie es schon auf früheren Reliefs
und Malereien begegnet ist, Titel der Akteure („Polierer", „Metallarbeiter" usw.) oder beschreibt die Handlung. Zum Beispiel heißt es in
der 1. Zeile über den beiden rechten Männern, die in die Glut blasen:
„Schmelzen von Metall". Die meisten Beischriften aber geben wörtliche Reden wieder, nämlich das, was die Handwerker zueinander sagen.
In unserer Schrift müssen wir durch „Sprechblasen" kennzeichnen, aus
wessen Mund die Worte kommen; in der ägyptischen Hieroglyphenschrift war dies nicht nötig, in ihr war es durch die Schriftrichtung
ausdrückbar[40]: Sie wurde so gewählt, daß die Zeichen (in der Regel) in
dieselbe Richtung blicken wie der Sprechende. Das ist besonders gut zu
erkennen in der Juweliersszene (4. Zeile, links). Hier sitzen ganz links
zwei Zwerge und halten zwischen sich zwei Schnüre, die zusammenge-
dreht werden sollen; der rechte hat sich umgedreht und vergißt dabei
seine Arbeit. Deshalb sagt der linke Zwerg zu ihm: „Halte gut zusammen, was in deiner Hand ist. Oder willst du denn die Arbeit (schon) am
Anfang des Tages verzögern?" (Dieser Text ist über und unter den
Schnüren angebracht). Was der sich umwendende Zwerg spricht, steht
in der Kolumne hinter ihm; er ruft einem der beiden, die die Perlen
auffädeln, zu: „Was ist denn? Sieh, die Perle liegt (doch) neben dir!"
Den Dialog der Perlenauffädler sieht man über deren Köpfen; er ist
durch einen senkrechten Strich aufgeteilt und in einander „anblicken-
den" Hieroglyphen geschrieben. Der linke sagt: „Beeile dich mit diesem Collier, damit es fertig wird!", der rechte antwortet: „(Der Hand-
werkergott) *Ptah* möge dich so lieben wie ich will, daß es heute fertig
wird!"

Szenen und Beischriften wie diese findet man von der Mitte der
5. Dynastie an bis in die späteste Zeit oft auf den Wänden von Beamtengräbern[41]. Die Gespräche sind manchmal schwer zu verstehen, weil

89 Wandrelief aus dem Grab des Beamten Ti (5. Dyn.) in Saqqara.

sie meist recht knapp geschrieben sind und zudem häufig Wortspiele und witzige Andeutungen enthalten, deren Sinn zu klären nicht immer ganz leicht ist. Zum Beispiel scheint es in der Bierbrauerszene in der 2. Zeile Streit zu geben, denn einer sagt: „Höre nicht auf die Stimme dieses Mannes! Ich streite doch nicht mit ihm deswegen" und ein anderer schimpft: „Bist du ein Vielschwätzer!" Worum es aber genau geht, wissen wir nicht, da die anderen Reden in dieser Szene bisher nicht eindeutig übersetzt werden konnten.

Zu den bekanntesten Darstellungen der 5. Dynastie gehören die Wandreliefs im Grab des Beamten *Ti,* aus dem in Abb. 89 noch eine kleine Szene vorgestellt werden soll, da in ihren Dialogen die Schriftrichtungen besonders raffiniert verwendet wurden.

Daß Texte und Bilder auf den Wänden der Beamtengräber dieser Zeit lebendiger wurden, muß im Zusammenhang gesehen werden mit der Einführung einer neuen Staatsreligion, in deren Mittelpunkt die Verehrung des Sonnengottes *Re* stand; für ihn errichteten mehrere Könige der 5. Dynastie besondere Kultstätten[42]. In einem dieser „Sonnenheiligtümer", wie sie in der Ägyptologie genannt werden, wurden Reliefs gefunden, auf denen die Vorgänge der Natur während der „Überschwemmungs-" und der „Hitze-Jahreszeit" in einer Lebendigkeit dargestellt sind, wie sie aus älteren Zeiten nicht bekannt ist. Hier ist sie jedoch nicht in erster Linie dadurch zum Ausdruck gebracht, daß den Handelnden wörtliche Reden beigeschrieben sind, sondern dadurch, daß das Leben, das man der Sonne verdankte, mit besonders großer Liebe zum Detail abgebildet wurde. Die neue Religion hatte noch eine andere Folge: Seit König *Djedefre* (ca. 2550–2540 v. Chr.) führten die Könige die neue Bezeichnung „Sohn des *Re*", die später zu einem festen Bestandteil der Königstitulatur wurde. Darin drückt sich eine Unterordnung unter einen Gott aus, ein Abstand zum Göttlichen, der in älterer Zeit nicht zu beobachten war; da war der König selbst ein Gott oder doch sehr gottähnlich gewesen[43]. Indem seine Göttlichkeit abnahm, trat sein Menschsein mehr in den Vordergrund und indem seine Distanz zu den Göttern wuchs, rückte er mehr in die Nähe der anderen Menschen.

Deren Reaktion darauf, die vor allem in der hohen Beamtenschaft zu erkennen ist, war ein wachsendes Selbstbewußtsein. Bei dieser Entwicklung spielte die Regierungszeit des vorletzten Königs der 5. Dynastie, *Asosi* (ca. 2380–2340 v. Chr.), eine wichtige Rolle; denn eine ganze Reihe von Indizien spricht dafür, daß *Asosi* seinen Beamten größere Bedeutung zumaß als alle seine Vorgänger: In den Felsinschriften auf dem Sinai, die bis dahin hauptsächlich vom Bild des Feinde abschreckenden Königs beherrscht waren[44] (s. o. S. 137), wurden nun auch die Namen der Expeditionsleiter dazugesetzt[45]. Manchmal wurde der König gar nicht mehr dargestellt, sondern nur noch seine Namen und Titel inschriftlich festgehalten; daneben wurde geschrieben, zu welchem Zweck die Expedition durchgeführt wurde und wer daran teilnahm. In der größten Felsinschrift aus der Zeit des *Asosi* – sie mißt 1,43 × 0,47 m – beansprucht der König nicht einmal mehr ⅕ des Platzes, den der gesamte Text einnimmt[46]; außer der Königstitulatur sind hier erst Titel und Name dessen genannt, der „im Auftrag des Königs", wie es ausdrücklich heißt, die Expedition leitete und danach unter dem Vermerk „Mit ihm machten es" Titel und Name von 17 weiteren Teilnehmern. Der König tritt hier also deutlich zurück und gewährt – schon rein optisch – den Beamten breiten Raum.

Aus der Regierungszeit des *Asosi* sind außerdem erstmalig Inschriften in Beamtengräbern belegt, die nicht nur in allgemeinen Formeln berichten, daß der Grabherr dem König nahestand und sich korrekt seinen Mitmenschen gegenüber verhalten habe, sondern in denen ganz konkret erzählt wird, was er im einzelnen geleistet hat und auf welche Weise er dafür vom König belohnt wurde. So ließ der Expeditionsleiter und Oberbaumeister *Ka-em-Tenenet* neben seinem Grabeingang aufschreiben, daß er unter anderem für die Planung eines Tempelbaus verantwortlich gewesen sei, die der König sehr gelobt habe; „da sagte Seine Majestät: ‚Sage mir deine tausend Wünsche.'" *Ka-am-Tenenet* wünschte sich, zum Obersteuermann eines Schiffes ernannt zu werden. Der Wunsch wurde ihm erfüllt, und als Lohn dafür, daß er einmal den König auf seinem Schiff trotz eines gewaltigen Unwetters unversehrt zur Residenz gebracht hatte, schenkte ihm der König einen Teil der Grabausstattung und setzte fest, daß ihm nach seinem Tod Totenopfer „aus allen Instanzen der Residenz" zu liefern seien.[47]

Zwei andere hohe Beamte hielten auf ihren Grabwänden Briefe fest, die König *Asosi* ihnen geschrieben hatte; es sind die ältesten Briefe, die wir aus Ägypten kennen. Der eine Beamte war der Wesir und Vorsteher der königlichen Urkundenschreiber *Schepses-Re*. Im Brief an ihn lobte *Asosi* ihn geradezu überschwenglich für ein besonders gut geratenes Schriftstück: „O *Schepses-Re*! Ich sage zu dir unendlich viele Male, indem ich sage: Geliebter seines Herrn, Gelobter seines Herrn, Liebling seines Herrn, Vertrauter seines Herrn. Wahrlich, ich weiß, *Re* liebt mich, weil er dich mir gegeben hat. Sowahr *Asosi* lebt! Wenn du irgendeinen deiner Wünsche zu meiner Majestät sagen solltest durch einen Brief von dir sogleich heute noch, dann wird meine Majestät veranlassen, daß es sofort gemacht wird."[48]

Der am meisten vom König geehrte Beamte scheint der Wesir und Oberbaumeister *Senedschem-ib-inti* gewesen zu sein; denn er verewigte neben dem Eingang zu seinem Grab gleich zwei Briefe des *Asosi* an ihn. Den einen habe der König sogar „persönlich mit seinen zwei Fingern" geschrieben (das ist der S. 54 zitierte Satz), „um mich zu loben wegen aller Dinge, die ich getan habe". *Asosi* ist übrigens einer der wenigen Könige, von denen so deutlich bezeugt ist, daß sie schreibkundig waren; auch ist eine Schreibpalette gefunden worden, die seinen Namen trägt[49]. Neben den Briefen ließ *Senedschem-ib-inti* noch weitere autobiographische Schilderungen anbringen[50], aus denen hervorgeht, daß der König die Pläne, die *Senedschem-ib-inti* für königliche Bauten entworfen hatte, persönlich mit ihm besprach[51]. Ein solch geradezu partnerschaftlicher Umgang des Königs mit seinen Beamten war völlig neu.

Beim Bau seiner eigenen Grabanlage ging der so hoch geschätzte Oberbaumeister ebenfalls neue Wege[52]; eine seiner Neuerungen betraf auch die Schrift: *Senedschem-ib-inti* ließ die Ostwand seiner Sargkammer weiß tünchen und darauf mit schwarzer Tinte eine Auflistung der erwünschten Opfergaben schreiben[53]. Er war der erste Beamte, der auch im unterirdischen Teil seines Grabes eine Inschrift anbringen ließ. Vorher fanden sich dort nur Texte in Form von Aufschriften auf Grabbeigaben, aber nie auf Wänden. Das gilt sowohl für Königs- als auch Beamtengräber; eine Ausnahme davon bilden nur die mit Beischriften versehenen Reliefs in einigen unterirdischen Räumen der Grabanlage des *Djoser* (s. o. S. 133).

Ob jedoch *Senedschem-ib-inti* wirklich derjenige war, der als erster begann, seine Sargkammerwände zu beschriften, ist nicht mit Sicherheit auszumachen; denn der Nachfolger von *Asosi*, König *Unas* (ca. 2340–2320 v. Chr.), ließ die Wände seiner Sargkammer und ihres Vorraumes von oben bis unten mit Inschriften versehen (Abb. 90). *Senedschem-ib-inti* lebte wahrscheinlich in der Regierungszeit des *Unas* noch; es ist daher sowohl möglich, daß er die für das Königsgrab eingeführte Neuerung nachahmte, als auch, daß sie seine Idee war und er sie deshalb für sich selbst nutzte. Ein Wandel der religiösen Anschauungen hatte bereits unter *Asosi* stattgefunden; denn er baute als erster König dieser Zeit keine Sonnenheiligtümer mehr. Aus diesem Grund und weil er offensichtlich ein großes Interesse für die Architekten und ihre Arbeit hatte, möchte man eigentlich in seinen Bauwerken, besonders denen kultischer Art, Neues erwarten. An seinem Grabmal aber, einer kleinen Pyramide in Saqqara, läßt sich dies nicht mehr nachprüfen; denn sie ist nicht nur heute stark verwittert, sondern aus ihrer Sargkammer und deren Vorraum ist die Kalksteinverkleidung der Wände geraubt worden, so daß man nicht mehr erkennen kann, ob dort ebenfalls Inschriften angebracht waren. Ein Teil der Zerstörung geht wahrscheinlich auf König *Unas* zurück, in dessen Pyramide Blöcke verbaut sind, die *Asosi*'s Namen tragen und von *Asosi*'s Grabbauten stammen[54]. Welche Gründe *Unas* dazu veranlaßten haben könnten, ist unbekannt.

Seit der Zeit des *Unas* ist jedenfalls das Beschriften von unterirdischen Grabräumen bezeugt[55]. Diejenigen unter der *Unas*-Pyramide kann man heute betreten; das gehört geradezu zum touristischen Programm eines Saqqara-Besuches. Aber in altägyptischer Zeit hatte man sich größte Mühe gegeben, den Zugang zu diesen Räumen zu verbauen, indem man den zu ihnen führenden Gang durch vier Fallsteine verschloß. Die dahinter angebrachten Texte waren also keinesfalls dazu gedacht, betrachtet und gelesen zu werden, sondern hatten den ausschließlichen Zweck, den Inhalt des Geschriebenen zu verewigen. Sie enthalten eine Sammlung von Sprüchen, die in ähnlicher Zusammenstellung auch in den unterirdischen Räumen der Pyramiden von mehreren Nachfolgern des *Unas* aufgezeichnet sind und die in der Ägyptolo-

90 *Sargkammer des Königs Unas unter*
seiner Pyramide in Saqqara.

91 *Schriftbeispiel aus den Texten*
in der Pyramide des Unas.

gie „Pyramidentexte" genannt werden. Sie bedecken, in Kolumnen angeordnet, die Wände von oben bis unten; bei *Unas* sind sie besonders
schön geschrieben (Abb. 91): Die Schriftzeichen wurden in die Wand-
verkleidung aus weißem Kalkstein eingeschnitten und mit blauer Farbe
ausgemalt. Die einzelnen Sprüche werden meist mit 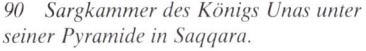 beziehungsweise (je nach Schriftrichtung) = „Worte sprechen" eingeleitet und
sind dadurch ausdrücklich als direkte Rede gekennzeichnet; um anzugeben, wo ein Spruch endet, verwendete man ein extra Zeichen, eine
Ausnahme in der Hieroglyphenschrift, die sonst keinerlei „Interpunktionszeichen" kennt: In der *Unas*-Pyramide einen einfachen waagerechten Strich, in den späteren Pyramiden das Zeichen —ᵒ beziehungsweise
ᵒ— [56]. Es wurde sonst in der Hieroglyphenschrift nicht gebraucht, aber
man übernahm es in die hieratische Schrift (s. o. S. 70) und kennzeich-
nete damit das Ende von „Versen".

Eine weitere Besonderheit tritt in den Pyramidentexten zum ersten Mal
auf: Einige Zeichen, die Lebewesen darstellen, wurden entweder ganz

vermieden oder nur teilweise beziehungsweise zerstückelt wiedergegeben, zum Beispiel ◁ statt 𓏢 ; ✦𓃀 statt 𓊰𓏏 ; 𓆳𓏜 statt 𓆳𓏜 . Man
empfand also die Schriftzeichen, ebenso wie Abbildungen, als etwas
Lebendiges, das man unterdrücken oder verstümmeln mußte, wenn
man verhindern wollte, daß es aktiv wurde. Offenbar sollte das vor
allem in den unterirdischen Grabräumen, in der Nähe des Toten, ver-
hindert werden; denn nur dort sind solche Schreibweisen belegt. Welche Aktivitäten man befürchtete, ist allerdings nicht klar ersichtlich.[57]

Den Inhalt der Pyramidentexte bilden zum einen Sprüche, die das
Ritual begleiteten, bei dem dem König Opfergaben dargebracht wurden[58]; sie sind oft mit den entsprechenden „Regieanweisungen" versehen, zum Beispiel lautet einer (Spruch 43): „Nimm die beiden Augen
des *Horus,* das schwarze und das weiße; nimm sie an deine Stirn, so daß
sie dein Gesicht beleuchten / Das Hochheben eines weißen und eines
schwarzen Kruges", ein anderer (Spruch 45): „O *Osiris Unas,* nimm die
weißen Zähne des *Horus,* die deinen Mund ausstatten sollen / 5 Bündel
Zwiebeln." Außerdem enthalten sie Hymnen, Litaneien, Zaubersprü-
che gegen feindliche Wesen usw., die alle dasselbe Thema haben: Die
Absicherung der ewigen Weiterexistenz des verstorbenen Königs[59].
Manche Forscher[60] nehmen an, daß diese Texte während der Bestattung des Königs rezitiert wurden und daß man sie auf den Wänden, die
die Mumie des Königs umgaben, schriftlich festhielt, damit dieses ihn
unter die Götter erhebende und am Leben erhaltende Ritual nie ein
Ende nehmen sollte.

Als Beispiel für die poetische Kraft mancher Pyramidentexte sei der
Anfang des wohl berühmtesten Spruches daraus zitiert: „Verhüllt ist
der Himmel, durcheinandergeschüttelt sind die Sterne. Es beben die
Bogen der Welt, die Knochen des Erdgottes zittern. Doch jede Bewe-
gung erstarrt, wenn *Unas* erblickt wird, der beseelt ist als ein Gott, der
von seinen Vätern lebt, von seinen Müttern sich nährt. Dies ist *Unas,*
dem Wissen eignet, dessen Namen (selbst) seine Mutter nicht kannte.
Die Herrlichkeit des *Unas* ist im Himmel, und seine Macht erfüllt den
Horizont wie die seines Vaters *Atum,* der ihn geformt hat – doch hat er
ihn so geformt, daß er mächtiger ist als er . . ."[61].

Während es in den Gräbern der Könige und einiger Königinnen vor
allem der 6. Dynastie (ca. 2320–2155 v. Chr.) geradezu die Regel war,
daß die Wände ihrer Grabräume beschriftet wurden, blieben die unterirdischen Räume der meisten Beamtengräber noch undekoriert; aber
einige Gräber machten eine Ausnahme davon und zeigen eine Tendenz

an, die sich später verstärkt durchsetzte. Oben (S. 165) wurde bereits das älteste Beamtengrab erwähnt, das auf einer Wand seiner Sargkammer eine Inschrift trägt: Der Wesir und Oberbaumeister *Senedschem-ib-inti* hatte dort eine Opferliste anbringen lassen. Offenbar hatte man immer häufiger die Erfahrung gemacht, daß die Grabbeigaben geraubt wurden, daß die Nachkommen aufhörten, weiterhin Totenopfer zu bringen und auch, daß die Bilder und Inschriften in den oberirdischen Grabräumen zerstört wurden. Unterirdisch angebracht waren die Texte dagegen sicherer – so glaubte man wenigstens, obwohl das Schicksal von *Asosi*'s Pyramide zeigt, daß auch dies nicht in jedem Fall zutraf.

In der 6. Dynastie (ca. 2320–2155 v. Chr.) waren es wiederum Wesire, die im Unterschied zu anderen Beamten ihrer Zeit auf den Wänden ihrer unterirdischen Grabräume Texte (und Bilder) anbrachten. Deren Thema war dasselbe wie bei *Senedschem-ib-inti*: Die Absicherung des Versorgtseins mit allem, was man zum Leben brauchte, für alle Ewigkeit. Aber diese Beamten begnügten sich nicht damit, nur eine Opferliste dort aufzuschreiben, sondern sie ließen auch ihre Titel und ihren Namen auf den Wänden verewigen sowie Opfergebete und vor allem große Mengen von Opfergaben bildlich darstellen. Der früheste Wesir, der dies tat, war übrigens ein etwas jüngerer Zeitgenosse des *Senedschem-ib-inti: Kagemni*, der – wie er in seiner Autobiographie berichtet[62] – unter König *Asosi*, das heißt als *Senedschem-ib-inti* bereits Wesir und Oberbaumeister war, ein nicht genauer bezeichnetes Amt innehatte, unter *Unas* Richter war und unter König *Teti* (ca. 2320–2298 v. Chr.) Wesir wurde. Außer ihm dekorierten noch drei seiner Nachfolger im Wesirsamt ihre Sargkammer auf diese Weise: *Mereruka, Anchmahor* und *Chentika*. Ihre Gräber liegen dicht beieinander – nördlich neben der Pyramide des *Teti* in Saqqara –, und es ist anzunehmen, daß das Vorbild des einen Wesirs seinen Nachfolger anregte, es ihm gleichzutun. Dabei wurde jedoch nicht einfach nur imitiert, sondern das Thema variiert und von Mal zu Mal deutlicher auf den Zweck ausgerichtet, den die Texte und Darstellungen hier erfüllen sollten. Denn es handelt sich im Grunde um die gleichen Texte und Bilder, wie sie in den oberirdischen Räumen der Beamtengräber längst üblich waren und die dort auch weiterhin beibehalten wurden: Schon bei den Reliefs und Malereien im Grab des *Hesire* und denen des *Metjen* (s. o. S. 139) hatten wir als das zentrale Thema der Grabdarstellungen das Verewigen von Speise, Trank, Hausrat und Vorräten kennengelernt. Es war mit der Zeit ausgeweitet worden, und man hielt dann auch fest, wie die Dinge hergestellt wurden; ein Beispiel sahen wir bei *Up-em-nefret* (s. o. S. 161).

Als man begann, dieses Thema auch in die unterirdischen Grabräume zu übertragen, nahm man aber eine wichtige Änderung vor: In den unterirdischen Räumen ist im Unterschied zu den oberirdischen, die gerade um diese Zeit besonders lebendig dekoriert sind, kein einziges Lebewesen abgebildet: Kein Tier, keine arbeitenden Menschen, keine Gabenträger, nicht einmal der Grabherr selbst. Auch in den Inschriften vermied oder verstümmelte man bestimmte Schriftzeichen, die Lebewesen wiedergeben[63] (Abb. 92) – wie in den Pyramidentexten. Hermann Junker, einer der besten Kenner der Beamtengräber des Alten Reiches, schreibt dazu[64]: „Der Eindruck, den diese Kammern machen, ist beklemmend. Es fehlt jede menschliche Gestalt. Da stehen die Speicherhäuser mit den Treppen, aber niemand steigt hinauf, die Silos zu füllen, und niemand entleert sie. Die geschlachteten Tiere liegen in Reihen da, aber kein Totenpriester nimmt Schenkel und Herz, sie dem Grabherrn zu bringen. Da steht der Stuhl vor dem Speisetisch, aber niemand sitzt darauf. Das Gefühl der Leere beschleicht uns trotz der Fülle der Darstellungen. Und das alles, weil die menschlichen Figuren, die wir vermissen: Vorleser, Totenpriester, Mundschenk und Schreiber, sich selbst an den aufgehäuften Vorräten gütlich tun könnten und der Grabherr selbst leer ausgehen müßte. In den Kulträumen des Oberbaues hat man die Herstellung der Speisen und Kostbarkeiten wiedergegeben, aber in dem einsamen Raum in der Tiefe nur die Erzeugnisse selbst darstellen lassen. Oben wird gepflügt, gesät, geerntet, unten stehen die vollen Scheunen. Oben werden die Opfertiere gebunden und geschlachtet, wird der Schenkel abgetrennt, das Herz herausgenommen, auf den Wänden neben dem Sarge werden die geschlachteten Tiere dargestellt, Schenkel und Herz auf ihnen liegend; der Tote muß sich nun selbst bedienen, da keiner seiner Leute erscheinen darf. In den Reliefs der (oberirdischen) Kulträume verfertigen die Tischler und Metallarbeiter das Hausgerät, die Juweliere arbeiten an dem Schmuck – unten stehen die fertigen Truhen, Kopfstützen und Gefäße, liegen Halskragen und Schmuckbänder." So wurde dem Umstand Rechnung getragen, daß sich die Darstellungen und Texte auf den Wänden der Sargkammer in nächster Nähe der Mumie befanden und sich ausschließlich auf sie bezogen.

Die genannten Wesire der 6. Dynastie erreichten diese Wirkung durch unterschiedliche Mittel: In der Sargkammer des *Kagemni* hatte man erst einmal nur in den Darstellungen alle Lebewesen weggelassen und in den Inschriften einige Zeichen vermieden (vieles ist dort allerdings nicht mehr nachprüfbar, da die Kammer ziemlich zerstört und

92 *Inschrift auf dem Holz-Sarg des Beamten Idu (6. Dyn.), dessen Name hier zu sehen ist. Darin ist vom Zeichen eines sitzenden Mannes, der eine Hand vor sein Gesicht hält, nur der obere Teil wiedergegeben. Hildesheim.*

ausgeraubt war, als man sie fand, obwohl sie 21 m tief unter der Erde liegt[65]).

Kagemni's Nachfolger als Wesir, *Mereruka*, ließ auf den Wänden seiner 14,5 m unter der Erde angelegten Sargkammer[66] zwar ganz ähnliche Bilder und Texte anbringen wie *Kagemni*, aber er ordnete sie so an, daß sie den im Westen des Raumes stehenden Sarg mit der Mumie wie Arme umfangen (Abb. 93): Die Nord- und Südwand tragen jeweils die gleichen Inschriften und Darstellungen, und zwar genau spiegelbildlich zueinander, ebenso die nördliche und südliche Hälfte der Ost- und Westwand. Die Schriftrichtung der Texte auf der Nord- und Südwand ist so gewählt, daß ihre Zeichen zum Sarg hinblicken. Das gilt aber nur für den Teil, der Opfergaben nennt. Er endet da, wo der Sarg beginnt: Über dessen Schmalseiten stehen die Titel und Namen des Bestatteten, und hier ist die entgegengesetzte Schriftrichtung gebraucht, so daß die Zeichen dieses Textes denen der Opfergaben entgegenblicken, wie wir es schon oft beobachtet haben. Außerdem hat *Mereruka* auf den Wänden des Ganges, der unmittelbar vor dem Eingang in die Sargkammer liegt, zweimal einen Text angebracht – wiederum spiegelbildlich auf beiden Wänden –, den man in anderen Gräbern nicht findet: „Willkommen! Willkommen! sagt der schöne Westen, dessen Arme (entgegengestreckt) sind dem Fürsten, Wesir . . . (es folgen viele weitere Titel) . . ., der versorgt ist vom König, der versorgt ist von *Anubis*, dem Herrn des Begräbnisses, der versorgt ist . . . (es folgen weitere Götter) . . ., *Mereruka*, dessen ‚schöner Name‘ *Meri* ist". Mit dem „schönen Westen" ist das Reich der Toten gemeint, in das man mit der untergehenden Sonne im Westen gelangen konnte, aber auch der Friedhof, den man vorzugsweise westlich der Ortschaften anlegte; im Fall des *Mereru-ka*-Textes weist der „schöne Westen" zudem ganz konkret auf die westlich dieser Inschrift gelegene Sargkammer hin, an deren – wiederum – westlichem Ende der Sarg mit der Mumie steht und die durch Text und Bild garantierte, daß der Tote ewig das zur Verfügung hat, womit ihn der König und die Götter, die in dem Willkommens-Text genannt sind, versorgten.

93   *Plan der Sargkammer des Wesirs Mereruka. Die Pfeile zeigen die „Blickrichtung" der Hieroglyphen an.*

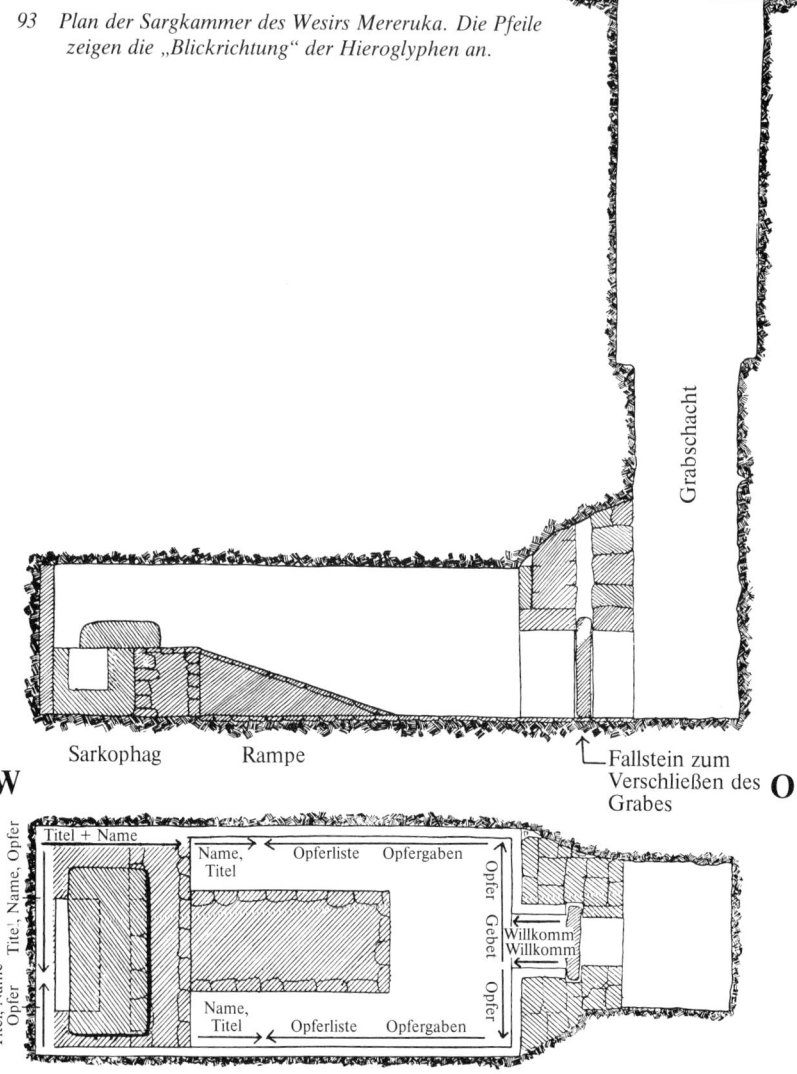

Grabschacht

Sarkophag   Rampe

W

Fallstein zum Verschließen des Grabes

O

Titel, Name
Opfer   Titel, Name, Opfer

Titel + Name

Name, Titel   Opferliste   Opfergaben

Opfer   Gebet   Opfer

Willkomm
Willkomm

Name, Titel   Opferliste   Opfergaben

94 *Speisetisch vor leerem Stuhl in der Sargkammer des Wesirs Anchmahor. Die
Schriftzeichen über dem Stuhl (Titel und Name des Grabinhabers) blicken in die
Richtung, in die Anchmahor blicken würde, wenn er hier säße.*

Besonders eindrucksvoll gestaltete *Anchmahor* seine Sargkammer,
die er 11 m unter seinem Grab anlegen ließ[67]. Es ist nicht genau feststellbar, wie er zeitlich zu *Kagemni* und *Mereruka* stand, aber sicher ist,
daß auch er Wesir in der frühen 6. Dynastie war. Während in den
anderen Sargkammern nur Opfergaben und Speisevorräte dargestellt
beziehungsweise genannt waren, ließ *Anchmahor* dort auch die Szene
abbilden, die in den oberirdischen Räumen in keinem Grab fehlen darf:
Die Speisetisch-Szene – aber: Hier unter der Erde, wo ja der Tote
selbst präsent ist, wurde er nicht wiedergegeben, wie er auf seinem
Stuhl vor dem Speisetisch sitzt, sondern der Stuhl wurde leer gelassen
(Abb. 94). Außerdem beschriftete *Anchmahor* seinen Sarkophag sowohl außen als auch innen; dabei nennt er vor allem immer wieder seine
Titel und Namen und betont, daß er ein „Versorgter" sei. Auf dem
Deckel aber ließ er eine Inschrift anbringen, durch die er sich an diejenigen wandte, die den Sarkophag nach der Bestattung verschlossen
(darin nennt sich der Tote nicht *Anchmahor*, sondern führt seinen
„schönen Namen" *Sesi*): „Der Vorsteher jeder Arbeit des Königs im
ganzen Land, *Sesi*, er sagt: ‚O, ihr 80 Menschen, Einbalsamierer, Fried-
hofsleiter, jeder Amtsinhaber, die ihr herabsteigen werdet zu diesem

Platz! Wenn ihr wollt, daß euch der König lobt, daß ihr Opfergaben bekommt im Friedhof, daß ihr wohlversorgt seid beim großen Gott, dann setzt für mich diesen Deckel dieses Sarkophages so fest ihr nur irgend könnt auf seine Mutter (= Sargkasten) – wie ihr es tun solltet für einen vortrefflichen Verstorbenen, der getan hat, was sein Herr lobt (das heißt, der sich immer korrekt verhalten hat). Denn ich bin der beliebte *Sesi.*"

Auch in diesem Text wurde – obwohl er sich an Lebende richtete – berücksichtigt, daß er nach der Bestattung in der Sargkammer blieb: Darin sind sämtliche Zeichen ausgelassen oder verändert, die Menschen darstellen würden: Statt 𓀀 wurde ▽ , statt 𓀁 : ꜣ geschrieben! Die in dem Text geäußerte Bitte wurde zwar befolgt; aber es gelang trotzdem Grabräubern, in das Innere des Sarkophags vorzudringen: Nicht indem sie den Deckel abhoben, sondern indem sie durch die Seitenwand des Kastens ein Loch schlugen; denn der Sarkophag bestand aus Kalkstein, einem nicht gerade sehr harten Material.

Der Wesir *Chentika,* der wohl nur wenig später als die anderen drei amtierte, führte keine Neuerungen bei der Ausgestaltung seiner Sargkammer ein und übernahm sogar für seinen Sarkophag den Text des *Anchmahor*[68].

Außer diesen in Saqqara errichteten Wesirs-Gräbern kennt man aus der frühen 6. Dynastie auch einzelne Gräber im Friedhof von Gisa (= knapp 10 km nördlich davon), deren Sargkammern bebildert und beschriftet sind[69]. Es ist derselbe Friedhof, in dem sich das Grab des *Senedschem-ib-inti* befindet; wie er ließen auch die anderen Grabherren dort nur eine Wand dekorieren: Die Ostwand, das heißt die Wand, die in Blickrichtung des im westlichen Ende der Sargkammer liegenden Toten steht. Daß die übrigen Wände leer blieben, unterscheidet diese Gräber von denen in Saqqara, könnte aber dadurch erklärt werden, daß ihre Besitzer nicht so reich waren wie die Wesire. Noch in einem anderen Punkt weichen jedoch diese Gisa-Gräber von den Wesirs-Gräbern in Saqqara ab: In Gisa bemühte man sich nicht, bei den Darstellungen und Inschriften in den unterirdischen Räumen die Wiedergabe von Lebewesen zu vermeiden oder zu verstümmeln.

In der späteren 6. Dynastie, von der Regierungszeit des Königs *Pepi II.* (ca. 2251–2157 v. Chr.) an, breitete sich die Gepflogenheit, die Sargkammer-Wände zu beschriften und zu bebildern, weiter aus: Jetzt findet man sie auch in den Gräbern niederer Beamter, die im Residenzfriedhof bestattet sind und erstmals in den Gräbern hoher Beamter in

95 *Auf die Wände der Sargkammer des Beamten Kai-
em-anch (6. Dyn.) gemalte
„Strichmännchen" und
Kursivhieroglyphen.*

der Provinz. Dabei wurden noch einmal neue Formen entwickelt, durch
die man die unterirdischen Texte von den oberirdischen unterschied.
Zum Beispiel ließ der „Vorsteher von Oberägypten" *Pepi-anch* in seinem Grab in Meir (Mittelägypten) einen Teil der Texte auf den Sarg-
kammerwänden nicht in Hieroglyphen, sondern in hieratischer Schrift
schreiben[70] – ein Verfahren, das m.W. in oberirdischen Räumen nie
angewandt wurde.

Im Friedhof von Gisa benützte ein niederer Beamter – er war unter
anderem „Schreiber des Schatzhauses" – dieser Zeit, *Kai-em-anch*[71], in
seinen unterirdischen Grabräumen eine Schriftart, die bis dahin nur
vereinzelt belegt war, und zwar als nachträgliche Einfügung eines Wortes in ein schon fertiges Relief oder als Vorzeichnung für hieroglyphische Zeichen[72]. Außerdem ließ er dort einen Teil der bildlichen Darstellungen nur skizzenhaft hinmalen, so daß die menschlichen Figuren
wie „Strichmännchen" aussehen (Abb. 95). Daß der Grund dafür nicht
im Unvermögen des Malers liegt, beweisen in denselben Räumen angebrachte Abbildungen und hieroglyphische Inschriften, die im sonst gebräuchlichen Stil und zum Teil recht qualitätvoll ausgeführt sind. Der
Ausgräber dieser Mastaba, Hermann Junker, schreibt dazu: „Nicht daß
unserem Maler die übliche Art vollendeter Ausführung fremd gewesen
wäre. Man betrachte nur die Gänse und Enten ... es sind Stücke sau-
berster Arbeit. Aber andere Darstellungen wollte er eben nicht in der
gleichen peinlich sorgfältigen Ausführung malen. Wir begegnen dem

gleichen Unterschied bei den Inschriften. Da, wo der Text wie ein
Zierband sich über die Speiseliste hinzieht, sind die Hieroglyphen sorgfältig gemalt, mit Innenzeichnung; ebenso in den Beischriften zu den
Gabenbringenden und zu den Gänsen. Ganz anders aber, wo die Reden
der Schiffer wiedergegeben werden, oder gar bei der Angabe des Inhalts der Leinen- und Gerätekammer. Hier wählt man die Abkürzun-
gen, wie wir sie später aus den Sarginschriften und überhaupt aus der
streng religiösen Literatur kennen. Es sind die sogenannten ‚Kursiv-
Hieroglyphen'... Zierschrift (Hieroglyphen) und Kursivschrift werden
in unserer Kammer der Art der Bilder entspechend verwendet, und ihr
Wechsel bestätigt, daß der Künstler mit Überlegung hier die feinere,
dort die ‚kursivere' Malart anwendete" und: „Vermutlich werden auch
die Skizzenbücher der Maler des Alten Reiches hauptsächlich solche
skelettartigen Zeichnungen enthalten haben, neben besonderen Mu-
stern für die Ausführung von Einzelheiten"[73].

Die Inschriften in dieser Sargkammer sind der älteste Beleg für die
systematische Verwendung von *Kursivhieroglyphen*. (s. o. S. 82) Diese
Schrift wird in der Regel aus der frühen Form des Hieratischen herge-
leitet. Mir aber scheint die Annahme von H. Junker plausibler, daß die
Kursivhieroglyphen die Form der Hieroglyphen wiedergeben, in der die
Texte in den Musterbüchern der Vorzeichner standen und in der diese
sie auf die Grabwände übertrugen als Entwurf für die weitere Ausarbei-
tung. *Kai-em-anch* ließ seine Sargkammerwände so lebendig dekorieren
wie kein anderer seiner Zeit: Es werden Handwerker, Bäcker, Bierbrauer, Bauern, Metzger bei der Arbeit gezeigt, Tanzende und Singen-
de abgebildet und die Begräbnisfahrt des Grabherrn im Segelschiff dargestellt; in Beischriften steht, was die Schiffsleute einander zurufen:
„Achte auf das Lenktau!... Halte nach Westen, dem schönen Weg!"
Gerade diese wörtlichen Reden sind konsequent in Kursivhieroglyphen
geschrieben (Abb. 96). Ob diese Schriftart hier verwendet wurde, um
den Dialogen die in der Nähe des Toten unerwünschte Lebendigkeit zu
nehmen? Warum aber auch die Liste der Stoffe, Handwerksgeräte und
Schiffsteile kursiv geschrieben sind, läßt sich dadurch allerdings nicht
erklären.

Als einige Jahrzehnte später der Gebrauch der Kursivhieroglyphen
üblicher wurde (s. u. S. 181 ff), ist eine ganz ähnliche Funktionsauftei-
lung zwischen ihnen und den Hieroglyphen zu beobachten wie in dieser
Sargkammer: Während man Name und Titel des Bestatteten und die
Opfergebete für ihn in Hieroglyphen schrieb, benützte man für die
Auflistung der Opfergaben und von Sprüchen – also ebenfalls für wört-

96   *Kursivhieroglyphen (im oberen Teil) und Hieroglyphen (darunter) in der Sarg-
      kammer des Kai-em-anch.*

liche Reden – die Kursivhieroglyphen. Diese Schrift erfüllte demnach
eine ganz bestimmte Funktion, die wir aber nicht recht fassen können,
solange eine genaue Untersuchung aller mit ihr geschriebenen Textzeugnisse noch fehlt.

Mit der Einführung der Kursivhieroglyphen hat die auf Denkmälern
verwendete Schrift knapp 1000 Jahre nach ihren ersten Anfängen ein
Stadium erreicht, dem in der Folgezeit nichts grundsätzlich Neues mehr
hinzugefügt wurde. Sie hatte sich entwickelt von kurzen Bleischriften zu
langen Texten, von nicht durch Linien untergliederten Inschriften zu
solchen zwischen Zeilen- und Kolumnenbegrenzungen, von nüchternen
Aktenkopien bis zu wörtlichen Reden an die Vorübergehenden oder als
Unterhaltung zwischen abgebildeten Personen; außerdem wurde sie immer häufiger auch in unterirdischen Räumen angebracht. All diese Ver-
wendungszwecke blieben weiterhin in Gebrauch; was bis zum Ende des
Alten Reiches ausgeformt wurde, war also grundlegend für die gesamte
Hieroglyphen-Schriftkultur Ägyptens. Eines aber verschwand nach
dem Ende des Alten Reiches: Die so raffiniert bürokratische Gliede-
rung von Inschriften, wie sie oben (S. 158) am Beispiel des Dekrets des
Neferirkare vorgeführt wurde; späteren in Stein veröffentlichten Ver-

waltungsakten sieht man nicht mehr so sehr ihre Herkunft aus einer Kanzlei an.

Auch der Status, den die Beamtenschaft am Ende des Alten Reiches errungen hatte, war maßgebend für die Zukunft: Es blieb dabei, daß auch die höchsten Ämter von Personen bekleidet werden konnten, die nicht aus der Königsfamilie stammten und daß die Beamten einen nicht mehr übersehbaren Machtfaktor im Staat darstellten. Auch die Art, wie sie sich abbilden ließen, blieb die im Alten Reich geschaffene: Nur in der Plastik zeigten sie sich in Schreiberpose; in der Flachkunst dagegen sieht man sie in der Regel nicht schreibend, sondern lediglich andere beaufsichtigend, die niedere Schreibarbeiten ausführen. Es gibt allerdings Ausnahmen, auf die ich im übernächsten Kapitel zu sprechen komme.

In einem voluminöseren Werk würde man die nun folgenden Epochen ebenso beschreiben, wie ich es mit den vorangegangenen getan habe. Es wäre sicher reizvoll zu verfolgen, wie sich die bisher behandelten Anwendungsbereiche der Schrift – Tempel, Stelen, Felsinschriften, ober- und unterirdische Grabräume von Königen und Beamten – weiterentwickelten und außerdem zu untersuchen, welche Anwendungsbereiche neu hinzukamen und in welcher Form sie sich darstellen. Da mit fortschreitender Zeit immer mehr Textzeugnisse erhalten sind und da außerdem der Schriftgebrauch ständig zunahm, ist es jedoch im Rahmen dieses Buches nicht möglich, mit der bisher angewandten Methode fortzufahren. Für das 3. Jahrtausend aber hielt ich sie für angebracht, da in dieser Phase der Schriftentwicklung viel Grundsätzliches festgelegt wurde und daher auch erklärt werden konnte.

Aus den im 2. Jahrtausend v. Chr. entstandenen Texten habe ich daher eine ganz spezielle Auswahl getroffen: Ich behandle nur die Anwendungsbereiche der Schrift, von denen wir aus älterer Zeit keine Zeugnisse besitzen, insbesondere solche, die für die folgenden Epochen – das Mittlere und das Neue Reich – besonders typisch sind: Für das Mittlere Reich die sogenannten „Literarischen Texte", für das Neue Reich Texte historischen Inhalts. Ich mußte also darauf verzichten, im einzelnen zu behandeln, wie sich die Beschriftungen in den Beamten- und Königsgräbern wandelten, wie sich die Tempelinschriften weiterentwickelten, welche Form Dekrete und Felsinschriften annahmen, wie Briefe geschrieben wurden oder welche Dokumente aus Archiven bekannt sind.

Die nächsten Kapitel bieten daher nur einen Ausschnitt aus der Vielfalt des Geschriebenen, und man muß sich Tempel-, Grab-, Stelen- und

Felsinschriften sowie Briefe, Akten, Gerichtsprotokolle, Rechnungsbücher, Inventarlisten, Katasterverzeichnisse usw. hinzudenken, will man sich ein Gesamtbild von der altägyptischen Schriftlichkeit dieser Zeit machen.

4. Literatur, Politik und Beamten-Erziehung.
Beispiele aus der Zeit zwischen dem Alten und dem Neuen Reich (ca. 2135–1551 v. Chr.)

Für den hier zu behandelnden Zeitraum habe ich den Schwerpunkt auf Texte gelegt, die in hieratischer Schrift und auf Papyrus oder Ostraka geschrieben sind.

Die ältesten solcher Schriftzeugnisse sind uns erst aus dem Ende des Alten Reiches erhalten (s.o. S. 79), und das Mittlere Reich ist die früheste Epoche, aus der wir hieratische Texte in größerem Umfang kennen: Akten, Briefe, medizinische und mathematische „Bücher", Lehren und Werke, die man oft als „literarische" kennzeichnet. Diese und einige Lehren habe ich für dieses Kapitel ausgewählt. Darin wird auch zu untersuchen sein, inwiefern man hier von Literatur in unserem Sinne überhaupt sprechen kann.

Beamte erringen Machtpositionen

Im letzten Kapitel wurde beschrieben, wie im Alten Reich die enge Bindung der Beamten an den König und dessen Verfügungsgewalt über sie immer mehr abnahmen. Außerdem hat man festgestellt, daß gerade in der Zeit, in der besonders deutlich eine Verringerung der Distanz zwischen dem König und der Beamtenschaft erkennbar wird, das heißt von *Asosi* an (s.o. S. 164), jeder König bis in die 8. Dynastie (ca. 2155–2135 v. Chr.) hinein Verwaltungsreformen durchgeführt hat. Den genauen Anlaß und Inhalt dieser Maßnahmen kennt man zwar nicht – man kann nur aus verschiedenen Anzeichen auf sie rückschließen. Allein an der Tatsache aber, daß etwa 200 Jahre lang ständig Veränderungen in der Administration vorgenommen wurden, läßt sich schon ablesen, daß die einst für die Organisation des Staates gefundene Form nicht mehr zu den inzwischen entstandenen Verhältnissen paßte und daß es nicht gelang, eine Lösung der Probleme zu finden[1]. Nach dem Ende der 6. Dynastie scheint zudem die Thronfolge nicht mehr gesichert gewesen zu sein, worauf der rasche Wechsel einer ganzen

Reihe nur kurz regierender Könige hinweist. Nach dieser „8. Dynastie" genannten Zeit fiel zum ersten Mal in der inzwischen 1000 Jahre alten Geschichte Ägyptens die staatliche Einheit wieder auseinander.

Wer als Kontinuum blieb und ihren im Alten Reich begonnenen Weg zu mehr Eigenständigkeit und Macht unter diesen politischen Verhältnissen besonders ungehindert fortsetzen konnte, waren die hohen Beamten. Im südlichen Ägypten führten einige von ihnen, denen es gelungen war, sich einen Ort oder Gau untertan zu machen, Kriege gegen ihre Nachbarn, um den eigenen Machtbereich zu vergrößern. Schließlich glückte es einem „König" von Herakleopolis, die Nordhälfte Ägyptens und einem von Theben, den Südteil Ägyptens unter seine Herrschaft zu zwingen, so daß das Land nun nur noch zweigeteilt war. Es wurde um 2040 v. Chr. wieder zu einer Gesamtheit vereinigt durch den König des Südreiches, *Mentuhotep II.* (ca. 2061–2010 v. Chr.). Unter seinen Nachfolgern gab es zwar noch einmal etwa zwei Jahrzehnte lang Unruhen; aber einem Wesir, *Amenemhet*, gelang es sie zu beenden. Er bestieg dann selbst den Thron und begründete die 12. Dynastie (ca. 1991–1785 v. Chr.).

In der Zeit der schwachen beziehungsweise fehlenden Zentralregierung bauten die Beamten, besonders die höchsten unter ihnen, ihre Selbständigkeit immer mehr aus. Äußeres Zeichen dafür sind ihre Gräber, die sie nicht mehr im Residenzfriedhof anlegen ließen, sondern bei ihren Heimatorten. Dort wurde auch die alte Grabform aufgegeben: Man baute nicht mehr Mastabas, sondern die Grabräume, Schächte und Sargkammern wurden aus dem Felsen der Bergabhänge gehauen, die das Niltal begrenzen. Auf diese Weise waren sie vor dem Überschwemmungswasser geschützt, und man konnte den in Oberägypten teilweise recht schmalen Fruchtlandstreifen für den Anbau nutzen; zum anderen lag es näher, die Gräber gleich im Fels anzulegen, als erst Fels abzubauen, ins Tal zu transportieren, um ihn dort für die Errichtung von Gräbern zu verwenden. An der Ausstattung mancher dieser Gräber kann man ablesen, daß ihre Besitzer sich regelrecht wie Könige fühlten: Sie ließen sich in königlicher Tracht (Königsschurz und langem, geradem Kinnbart) und bei Tätigkeiten darstellen, die bis dahin nur dem König vorbehalten gewesen waren[2]; sie nahmen – aufgemalt auf ihre Särge – unter anderen Beigaben auch königliche Insignien, wie Szepter, Kronen und königliche Gewänder mit ins Grab[3]; sie ließen ihren Begräbniszug abbilden und mit Titeln versehen, die seine Teilnehmer als königlichen Hofstaat kennzeichnen[4]. Dem entsprach eine veränderte Vorstellung vom Leben nach dem Tod: Früher hatte

nur der König dann zum König des Totenreiches, *Osiris,* werden können, jetzt hatten nichtkönigliche Personen ebenfalls diese Möglichkeit.

Am deutlichsten ist diese Entwicklung daran zu erkennen, daß nun
auch Beamte in ihrem Sargraum Spruchsammlungen aufschreiben ließen, was im Alten Reich strikt nur die Könige getan hatten; der letzte
König, in dessen Sargkammer Pyramidentexte stehen, ist König *Ibi I.*
aus der 8. Dynastie. Danach gaben die Könige diese Sitte auf, während
die Beamten sie ihrerseits einführten[5]. Dabei verwendeten sie zum Teil
Sprüche aus den Pyramidentexten und zusätzlich solche, die uns von
dort nicht bekannt sind. Anfangs wurden in einigen Beamtengräbern
die aus den Pyramidentexten entnommenen Sprüche – wie in den königlichen Sargkammern – auf die Wände des Raumes geschrieben,
während die anderen Sprüche auf den Wänden des Sarges stehen[6].
Schließlich aber wurde es zur Regel, die Sprüche vor allem auf den
Sargwänden anzubringen; „Sargtexte" wird dieses Spruchgut deshalb in
der Ägyptologie genannt.

Die Sargtexte dienten dazu, den toten Beamten unversehrt ins Jenseits zu geleiten, ihn zu ernähren, ihn mit seiner Familie wieder zu
vereinigen usw., und auch dazu, ihn – wie es früher nur der König
erwarten konnte – zum Totengott *Osiris* selbst werden zu lassen. Ein
Spruch lautet zum Beispiel: „O *Osiris* NN (= Name des Verstorbenen),
für dich öffnet die Erde ihren Mund und für dich tun sich die Kinnbak-
ken des (Erdgottes) *Geb* auf, damit du dein Brot essen und deinen
Überfluß empfangen kannst, damit du zur großen Treppe gelangst und
zur großen Stadt (= Abydos, dem Kultort des *Osiris*) kommst, damit du
... zu einem Gott wirst"[7], ein anderer: „Du mögest aufsteigen zum
Himmel unter die (Götter-)Neuheit; du bist dort als großer Gott, Herr
des Westens (= *Osiris*)". Hier wird wohl sehr deutlich, in welchem
Maße sich nun nichtkönigliche Personen wenigstens für die Zeit nach
ihrem Tod einstmals königliche Privilegien angeeignet haben.

Sie imitierten nicht nur die Methode der Könige, sondern entwickelten auch eigene Formen:
– sie modifizierten das königliche Spruchgut für sich;
– sie erfanden neue Sprüche hinzu;
– sie brachten die Sprüche noch näher an sich heran und schrieben sie
  auf die Wände ihres Sarges, meist sogar auf deren Innenseite;
– und: Sie verwendeten dafür nicht, wie die Könige es getan hatten,
  Hieroglyphen, sondern **Kursivhieroglyphen** (Abb. 97).
Was diese Schriftart angeht, so haben wir ihre ersten Anfänge bereits
am Ende der 6. Dynastie beobachtet. Sie kam nun in größerem Umfang

in Gebrauch, aber nur für ganz bestimmte Bereiche: In ihr sind auf Papyrus medizinische Texte, Götterhymnen, Ritualbücher usw. geschrieben; vor allem aber ist sie die Schrift der Spruchsammlungen, die den Toten in seiner Sargkammer umgaben, das heißt der eben erwähnten Sargtexte und dann – im Neuen Reich (ca. 1551–1080 v. Chr.) – der sogenannten „Totenbücher" (vgl. o. Abb. 36), meist auf Papyrus geschriebenen Sprüche, die die Sargtexte ablösten. Erst in dieser Zeit wurden die Kursivhieroglyphen auch von Königen übernommen besonders für Texte, die die Darstellungen der Unterwelt auf den Wänden ihrer unterirdischen Grabanlagen begleiten[8].

Die Kursivhieroglyphen sind also eine zuerst von den Beamten gebrauchte Schriftart; daß diese Neuerung am Ende des Alten Reiches und in der Zeit danach eingeführt wurde, wirft noch einmal ein bezeichnendes Licht auf den Grad der Eigenständigkeit der Beamten in dieser Epoche.

Daß die königliche Macht zusammenfiel, während die von nichtköniglichen Personen zunahm und daß Beamte nun einst nur dem König vorbehaltene Privilegien sich aneigneten, wird manchmal als Zeichen einer „Demokratisierung" der altägyptischen Gesellschaft angesehen. Dieser Begriff wäre aber nur dann gerechtfertigt, wenn nicht nur den Beamten, sondern dem ganzen Volk mehr Rechte eingeräumt worden wären. Auf den ersten Blick wirken manche Texte auch so: Zum Beispiel empfahl ein König der 9./10. Dynastie (ca. 2134–2040 v. Chr.) seinem Sohn und Nachfolger unter anderem: „Mache keinen Unterschied zwischen dem Sohn eines vornehmen Mannes und dem eines Geringen. Hole dir den Mann nach seiner Leistung . . ."[9]; und ein Beamter rühmt sich in seiner Idealbiographie, die er in seinem Grab anbringen ließ: „Ich habe jedem Hungernden des Bergviper-Gaus Brot gegeben und habe den Nackten in ihm gekleidet . . . Weiter habe ich die verstummten (wohl: menschenleeren) Städte in diesem Gau mit Arbeitern aus anderen Siedlungen wieder eingerichtet. Die nur zu den Dienern in ihnen gehörten, ihre Stellung wurde zu der eines Beamten gemacht"[10]. In diesem Fall scheint allerdings eher der Mangel an Beamten der Grund für die Beförderung von Dienern in den Beamtenstand gewesen zu sein als eine „demokratische" Gesinnung.

„Literatur" und Politik

Wie in Wirklichkeit das Weltbild der Regierungsmitglieder aussah, ist abzulesen an einigen Texten, die eine aus der erwünschten Ordnung

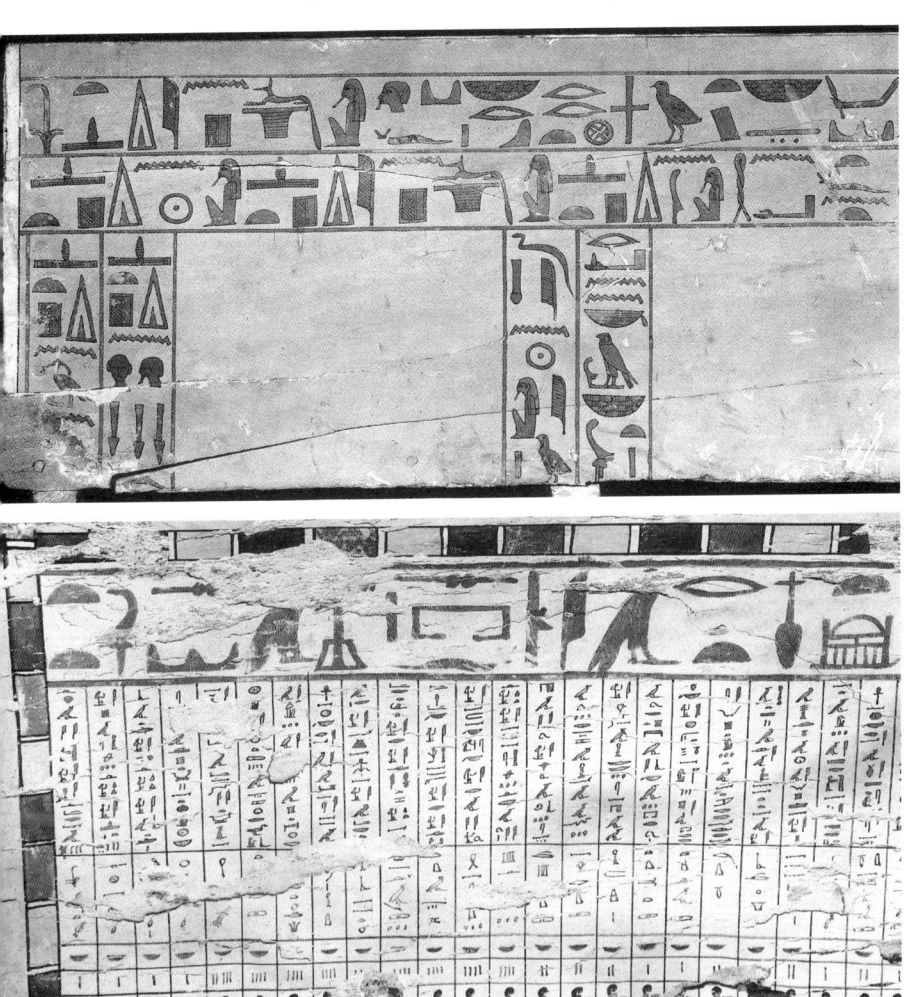

97   *Kastenförmiger Akazienholz-Sarg des Beamten Idi (12. Dyn.) mit dünner bemalter Stuckschicht. L.: 200 cm B.: 48 cm H. (ohne Deckel): 52 cm. Tübingen. a: Hieroglyphen auf der Außenseite b: 1 Zeile Hieroglyphen, in den Kolumnen darunter Sargtexte in Kursivhieroglyphen.*

geratene Welt beschreiben: Da wird vor allem beklagt, daß ehemals
Arme und Reiche, Machtlose und Mächtige die Plätze vertauscht haben: „Ich zeige dir das Land im Umsturz. Der Machtlose ist ein Mächtiger; man grüßt den, der (eigentlich) grüßen sollte. Ich zeige dir das
Unterste zu oberst ... Arme werden sehr Schätze erwerben ... Die

Mittellosen essen Brot und die Diener sind obenauf", heißt es in einem zu Beginn der 12. Dynastie (um 1991 v. Chr.) entstandenen Werk[11]. Es wurde also als eine Art „verkehrte Welt" betrachtet, wenn „Diener obenauf" waren, das heißt wenn jemand seinen ursprünglichen Ort innerhalb der sozialen Hierarchie verließ.

Besonders ausführlich ist dieser Zustand geschildert in der langen Klage eines Mannes namens *Ipuwer;* sie ist uns nur auf einem 3,5 m langen (am Ende aber unvollständigen) Papyrus aus der 19. Dynastie (ca. 1305–1196 v. Chr.) erhalten, und zwar als Abschrift eines wesentlich früher abgefaßten Textes. Über die Datierung der ursprünglichen Fassung ist sich die Wissenschaft ziemlich uneinig; die Annahmen schwanken zwischen dem Ende des Alten Reiches (ca. 2135 v. Chr.) und der 16. Dynastie (ca. 1650–1551 v. Chr.)[12]. Sicher ist nur, daß dieses Werk in der Zeit zwischen dem Alten und dem Neuen Reich entstand. Daß es bis in die 19. Dynastie, also mehrere Jahrhunderte lang, tradiert wurde, zeigt die große Bedeutung, die man ihm beigemessen hat. Ägypten wird darin in einem völlig desolaten Zustand beschrieben: „Das Land dreht sich wie eine Töpferscheibe ... Der Fluß ist voll Blut ... Trauer zieht durch das Land, vermischt mit Wehklagen ... Groß und Klein sagt: ‚Ich wünschte, ich wäre tot.' Die kleinen Kinder sagen: ‚Hätte man mich doch nicht ins Leben gerufen'". Wie ein roter Faden zieht sich durch das Werk das Lamento darüber, daß nun alles anders sei als früher, vor allem, daß die sozialen Verhältnisse nun in ihr Gegenteil verkehrt seien: „Es ist doch so: Vornehme klagen, die Armen freuen sich ... Der Räuber besitzt Reichtümer, [der Vornehme] ist ein Dieb ... Es ist doch so: Gold, Lapislazuli, Silber und Türkis, Karneol, Amethyst ... sind nun um den Hals von Sklavinnen gehängt – aber vornehme Damen streifen durchs Land und (ehemalige) Herrinnen des Hauses bitten: ‚Wir möchten etwas zu essen' ... Es ist doch so: Jeder, der (sonst) nichts hatte, ist (nun) jemand, der etwas besitzt ... Wer sich (sonst) keinen Sarg machen konnte, besitzt (nun) ein Grab ... Siehe, die einst Kleider besaßen, sind (nun) in Lumpen; wer nicht einmal für sich selbst (sondern nur für andere) wob, besitzt (nun) feines Leinen ... Siehe, wer (sonst) nicht einmal ein Boot für sich selbst gebaut hatte, besitzt (nun) Schiffe ... Siehe, die (Frau), die (sonst) ihr Gesicht nur im Wasser betrachten konnte, hat (nun) einen Spiegel ... Siehe, alle Ämter, sie sind nicht an ihrem Platz – wie eine Herde, die herumzieht ohne Hirte ..." Für all dies macht *Ipuwer* den Schöpfergott verantwortlich: „Seht, weswegen sucht er Menschen zu bauen, wenn der Einfügsame nicht vom Gewaltherzigen unterschieden wird? Wenn er Kühlung auf die Glut gebracht hätte, würde man sagen: ‚Er ist ein Hirte für alle, in seinem Herzen ist nichts Schlechtes. Seine Herde ist klein, aber (trotzdem) verbrachte er den (ganzen) Tag damit, sie zu weiden!' Feuer ist in ihren Herzen! Ach hätte er ihren Charakter doch in der ersten Generation erkannt! Dann hätte er das Schlechte zerschlagen, seinen Arm dagegen erhoben und ihren Samen und ihre Erben zerstört. (Stattdessen) wird gewünscht, daß weiterhin geboren würde ... Wo ist er (= der Schöpfergott) heute? Schläft er? Siehe, man sieht sein Wirken nicht."

Da nur Beamte (und der König) schreiben und lesen konnten, können die Texte nur von Beamten verfaßt und an Beamte gerichtet gewesen sein; der hier beschriebene Schöpfergott war also ein Gott der Beamten, die von ihm erwarteten, „daß er die Schöpfung rückgängig macht um zu verhindern, daß der Arme nicht arm bleibt und der Getretene nicht getreten", wie es Friedrich Junge einmal formulierte[13].

Was man sich – wiederum aus der Sicht der Beamtenschaft – statt sozialer Gleichheit wünschte, ist zum Beispiel an folgendem Ausschnitt aus einem Spruch der Sargtexte abzulesen[14]; der Schöpfergott spricht: „Ich berichte euch die guten Taten, die mir mein eigenes Herz ... eingegeben hat, um das Unrecht zu beseitigen: Ich habe vier gute Taten getan im Tor des Horizontes: Ich habe die vier Winde geschaffen, daß jedermann zu seiner Zeit atme. Das ist eine der Taten. Ich habe die große Flut (= die Nilüberschwemmung) geschaffen, daß der Geringe wie der Große darüber verfüge. Das ist eine der Taten. Ich habe jeden geschaffen sowie seinen Nächsten: Ich habe nicht befohlen, daß sie (einander?) Unrecht täten. Ihre Herzen haben das verletzt, was ich gesagt habe. Das ist eine der Taten. Ich habe gemacht, daß ihre Herzen den Westen (= das Jenseits) nicht vergessen sollten, damit den Göttern in den Gauen Opfer dargebracht würden. Das ist eine der Taten ..."

Der Satz „Ich habe jeden geschaffen sowie seinen Nächsten" ist im Ägyptischen nicht so formuliert, daß man ihn verstehen könnte, als habe der Gott alle Menschen gleich geschaffen; sondern es wird damit gesagt, daß alle Menschen Geschöpfe des Gottes seien, etwa: „Ich habe beide geschaffen: ihn und seinen Nächsten". Das Weltbild der Beamten war also geprägt von der Überzeugung, daß zwar jeder Mensch – ob hoch oder niedrig – seine Daseinsberechtigung habe und mit dem Lebensnotwendigsten, nämlich Luft und Wasser, versorgt sei, daß aber jeder an dem Platz innerhalb der Gesellschaftshierarchie zu bleiben habe, der ihm einmal zugewiesen worden ist.

Ipuwer hat seine Klagen in eine bestimmte Stilform gekleidet; dies ist vielleicht schon an den wenigen Zitaten daraus zu erkennen, wo mehrere aufeinanderfolgende Sätze (es sind viel mehr als hier aufgeführt)[15] jeweils mit den gleichen Worten beginnen: „Es ist doch so . . .“ und dann „Siehe . . .“. Außerdem verwendete er eine Ausdrucksweise, die aus altägyptischen Totenklagen bekannt ist, wo es zum Beispiel heißt: „Der (sonst) zu trinken liebte, ist (jetzt) im Land, das ohne Wasser ist“ oder: „Der (sonst) Wachsame ist (jetzt) im Schlaf; der (sonst) des Nachts nicht schlief, er liegt (jetzt) alle Tage ermattet da.“ Damit wurde wohl beabsichtigt, den Zuhörer oder Leser von *Ipuwer*'s Werk in die Trauer zu versetzen, die er beim Tod eines ihm nahestehenden Menschen verspürte. Peter Seibert, der diesen Zusammenhang als erster erkannte, beurteilt *Ipuwer* daher folgendermaßen: „Wenn die Sonst-Jetzt-Stilform ihre Prägung wirklich einer bestimmten Situation zwischen Todesfall und Bestattung verdankt und in dieser Situation zur Zeit der ‚Veröffentlichung‘ der ‚Admonitions‘ (= *Ipuwer*'s Klagen) üblich, also jedermann bekannt war, so beschwört der Text . . . nicht nur durch sein Vokabular . . . sondern durch seinen ‚Stil‘ im Hörer (oder Leser) die Erinnerung an die Situation der Totenklage und damit deren ganzen Stimmungsgehalt herauf; der Verfasser stellt also die Ordnung, deren Darniederliegen er beklagt, in den Gefühlszusammenhang der Trauer um einen geliebten Toten.“ Und: „Daß er diesen Einfall hat, qualifiziert ihn als Dichter oder, wenn man lieber will, als Rhetor, und daß er diesen Einfall so ins Werk zu setzen weiß, daß sein Gebrauch der ‚gefühlsgeheiligten‘ Form nicht als geschmacklos oder gar blasphemisch die Ablehnung des Hörers hervorruft“.[16]

Ipuwer's Klage war nicht das einzige Literaturwerk, das in der Epoche zwischen dem Ende des Alten und dem Beginn des Neuen Reiches geschaffen wurde; sondern gerade in dieser Zeit entstanden eine ganze Reihe besonders qualitätvoller „Erzählungen“, „Gedichte“ und „Lieder“ – wie wir sie kategorisieren würden –, von denen viele noch in der 18. und 19. Dynastie (ca. 1551–1196 v. Chr.) zum Unterrichtsstoff angehender Schreiber gehörten.

Klagen, bis hin zur Todessehnsucht, prägen noch einige andere Texte unter ihnen. So ist auf einem Papyrus aus der 12. Dynastie das Gespräch erhalten, das ein Mann mit seinem *Ba* führte[17], das heißt mit einer der Formen, in denen ein Mensch nach seinem Tod weiterlebte. Der Anfang des Werkes ist zerstört; er muß eine Rede des *Ba* enthalten haben, da der noch vorhandene Text beginnt mit „Ich öffnete meinen Mund zu meinem *Ba*, um zu beantworten, was er gesagt hatte“. Wegen der verlorenen ersten Rede des *Ba* ist unklar und in der Wissenschaft umstritten, was den Sprecher des Textes veranlaßte, mit seinem *Ba* zu streiten. Eine Deutung besagt, daß der Mann sich das Leben nehmen wollte und sein *Ba* damit nicht einverstanden war; eine andere, daß der Mann und sein *Ba* sich über die Frage auseinandersetzten, ob die traditionellen Vorstellungen über die Vorsorge für das Leben nach dem Tod noch galten.

Auch dieser Text ist poetisch geformt. Eines der dazu angewandten Stilmittel besteht darin, daß mehrere aufeinander folgende „Verse" mit den gleichen Worten beginnen und daß in der zweiten Hälfte der „Verse" ein Thema jeweils in zweifacher Weise, gewissermaßen von zwei Seiten her betrachtet, beschrieben ist. (Diese Form ist auch in vielen Psalmen des Alten Testaments verwendet).

Einige Ausschnitte aus der Rede des Mannes mögen dies zeigen:

> „Zu wem soll ich heute sprechen?
> Die Angehörigen sind schlecht, die Freunde von heute kann man nicht lieben.
> Zu wem soll ich heute sprechen?
> Die Milde ist zugrundegegangen, Gewalttätigkeit ergreift Besitz von jedermann.
> Zu wem soll ich heute sprechen?
> Das Antlitz des Schlechten glänzt zufrieden, das Gute ist zu Boden geworfen überall.
> ...
> Der Tod steht heute vor mir wie das Genesen eines Kranken,
>   wie wenn man ins Freie tritt nach einem Leiden.
> Der Tod steht heute vor mir wie der Duft von Weihrauch,
>   wie Sitzen unter dem Segel am Tag des Windes.
> ...
> Der Tod steht heute vor mir wie der Wunsch eines Menschen,
>   sein Heim wiederzusehen, nachdem er viele Jahre in Gefangenschaft verbrachte ..."

Diesen Vorstellungen vom Tod als Erlösung aber widerspricht der *Ba*: „Wenn du an das Begräbnis denkst, ... einen Menschen fortholen bedeutet es aus seinem Hause, indem er in die Wüste geworfen ist. Du wirst nicht herauskommen nach oben, daß du die Sonne siehst! Die da bauten in Granit, die an schönen Pyramiden bauten in vollendeter Arbeit – sobald die Bauherren zu Göttern geworden (= gestorben) sind, blieben die Opfersteine leer. (Es erging ihnen) nicht anders als den ‚Müden', die am Ufer gestorben sind, weil ein Hinterbliebener fehlte. Die Flut hat sich ihr Teil genommen, die Sonne desgleichen, die Fische am Uferrand sprechen mit ihnen. Höre du auf mich! Hören ist gut für die Menschen. Folge dem schönen Tag! Vergiß die Sorge!"[18] – Also: Bilde dir ja nicht ein, der Tod sei etwas Schönes; nicht einmal, wenn man es sich leisten kann, sich ein Grab von Granit bauen zu lassen, hat man die Gewähr für ein Fortleben nach dem Tod – genauso wenig wie jemand, der ohne Nachkommen stirbt und sein Grab im Fluß findet, so daß ihm kein Mensch Totenopfer bringen kann. Drum: Genieße das, was das Leben dir heute an Freuden bieten kann und schiebe alle Sorgen beiseite!

Eine solche Einstellung wäre im Alten Reich undenkbar gewesen; sie zeigt, wie tief die Erschütterung ging, die durch den Zusammenbruch des alten Wertesystems hervorgerufen worden war. Aus dem Neuen Reich sind in mehreren Gräbern neben der Darstellung eines Harfen- oder Lautenspielers die Texte der Lieder erhalten, die diese sangen und die ebenfalls zum Genuß des Augenblicks auffordern: „die das Diesseits erhöhen und das Jenseits herabsetzen", wie es einmal ausdrücklich heißt. Das bekannteste dieser „Harfnerlieder", wie sie in der Ägyptologie heißen, aber befindet sich auf einem Papyrus der 19. Dynastie; und dort wird gesagt, es habe im Grab eines Königs *Antef* vor der Darstellung eines Harfenspielers und Sängers gestanden. Könige mit dem Namen *Antef* aber sind nur aus der 11., 13. und 17. Dynastie bekannt, so daß – glaubt man der Angabe über den Aufzeichnungsort – dieses Lied ebenfalls im Zeitraum zwischen dem Alten und dem Neuen Reich abgefaßt worden ist. Thematisch paßt es gut in die Nähe des Gespräches des Mannes mit seinem *Ba*. Da ich wenigstens ein Literaturwerk nicht nur in Auszügen, sondern im vollen Wortlaut vorstellen möchte und dieses Harfnerlied nicht allzu lang ist, sei es hier ganz wiedergegeben[19]:

„Das Lied, das im Haus (König) *Antefs*, des Seligen steht vor dem (Bilde des) Sängers zur Harfe:
Glücklich ist dieser gute Fürst, nachdem das gute Geschick eingetreten ist!
Geschlechter vergehen,
andere bleiben seit der Zeit der Vorfahren.
Die Götter, die vordem entstanden,
ruhen in ihren Pyramiden.
Die Edlen und Verklärten desgleichen
sind begraben in ihren Pyramiden.
Die Häuser bauten, ihre Stätte ist nicht mehr – was ist mit ihnen geschehen?

Ich habe die Worte gehört des *Imhotep* und *Hordjedef*
(= *Djedefhor*),
deren Sprüche in aller Munde sind.
Wo sind ihre Stätten? Ihre Mauern sind verfallen,
sie haben keinen Ort mehr, als hätte es sie nie gegeben.
Keiner kommt von dort, ihre Art zu künden, ihre Bedürfnisse zu
erzählen,
unser Herz zu beruhigen bis auch wir gelangen an den Ort, dahin
sie gegangen sind.
Du aber erfreue dein Herz und denke nicht daran!
Gut ist es für dich, deinem Herzen zu folgen, solange du bist.
Tu Myrrhen auf dein Haupt,
kleide dich in weißes Leinen,
salbe dich mit echtem Öl der Gottesdinge,
vermehre deine Schönheit und laß dein Herz dessen nicht müde
werden!
Folge deinem Herzen in Gemeinschaft der Geliebten,
tu deine Arbeit auf Erden ohne dein Herz zu kränken!
Bis jener Tag der Totenklage zu dir kommt.
Der Müdherzige hört ihre Schreie nicht,
und ihre Klagen holen das Herz eines Mannes nicht aus der
Unterwelt zurück.
Wiederum: Feiere den schönen Tag, werde dessen nicht müde!
Bedenke: Niemandem ist es gegeben, seine Habe mit sich zu
nehmen,
bedenke: niemand der ging, kam je zurück!"

Nach dem Ende des Alten Reiches waren nun also Zweifel laut geworden, ob es sich überhaupt lohne, mit so großem Aufwand für das Leben
nach dem Tode vorzusorgen, wie es früher geschehen war. Andrerseits
aber ließen sich die Könige und Beamten weiterhin Gräber bauen,
richteten für sich den Totenkult ein und entwickelten immer wieder
neue Mittel (zum Beispiel die erwähnten Sargtexte), um ihr ewiges
Leben abzusichern.
   Wie eine Antwort auf die Ungewißheit über den Sinn eines Begräbnisses in traditioneller Weise klingt der Ausgang des berühmtesten altägyptischen Literaturwerkes, der Geschichte des *Sinuhe*. Sie ist erhalten auf zwei Papyri aus dem Mittleren Reich (Abb. 98) und in vielen
Schulübungen angehender Schreiber aus der 19. Dynastie – ein Zeichen dafür, daß sie zu den höchstgeschätzten Schriftgütern gezählt wur-

de. Darin[20] berichtet *Sinuhe* von sich, daß er eine hohe Position am Hof des Königs *Sesostris I.* (ca. 1971–1926 v. Chr.) innegehabt habe, als dessen Vater *Amenemhet I.* (ca. 1991–1962 v. Chr.) nach einigen Jahren gemeinsamer Regierung starb. Zu dieser Zeit befand sich *Sesostris I.* auf einem Kriegszug, an dem auch *Sinuhe* teilnahm, und eilte sofort bei der Todesnachricht in die Residenz. *Sinuhe* aber war beim Heer geblieben und hörte zufällig ein Gespräch mit, das die anderen Königssöhne miteinander führten, über dessen Inhalt er in seiner Erzählung jedoch nichts berichtet. Man kann deshalb nur aus *Sinuhe*'s Reaktion darauf erraten, daß es sich um eine Verschwörung o. ä. gedreht haben muß. Denn er schreibt: „Mein Herz verwirrte sich, meine Arme fuhren auseinander, Zittern überfiel alle meine Glieder. Ich entfernte mich in Sprüngen, um mir ein Versteck zu suchen ... Ich dachte, es gäbe einen Aufstand, und meinte, das nicht zu überleben." Deshalb wagte *Sinuhe* nicht, in die Residenz zurückzukehren, sondern floh ins Ausland: Nach Palästina, das schon lange enge Beziehungen zu Ägypten hatte; mit den Worten „du sollst es gut bei mir haben. Du wirst die Sprache Ägyptens hören", nahm ein asiatischer Fürst ihn bei sich freundlich auf. *Sinuhe* betont in seiner Erzählung, wie diplomatisch und loyal gegenüber seinem König er sich verhalten habe: Auf die Frage des Asiaten, weshalb er geflohen sei, sagt *Sinuhe* ihm nur die „halbe Wahrheit", nämlich nicht, daß er einen Aufstand befürchtet habe, sondern daß er nur aus Verwirrung über die Nachricht vom Tod des Königs Ägypten verlassen habe. „Ich weiß nicht, was mich in dies Fremdland gebracht hat. Es war wie der Plan eines Gottes, wie wenn sich ein Deltabewohner in Elephantine (= an der Südgrenze Ägyptens) erblickt, ein Mann der Sümpfe in Nubien." Und als der Asiat sich erkundigt, wie es nun nach dem Tod des Königs in Ägypten zuginge, antwortet *Sinuhe* mit einem langen Loblied auf König *Sesostris I.*, der ja nun Ägypten allein regierte; und er fordert den asiatischen Fürsten auf: „Schicke zu ihm! Laß ihn deinen Namen wissen! Äußere keinen Verrat gegen seine Majestät, damit sie dir alles tut, was ihr Vater getan hat." Nun schildert *Sinuhe*, wie gut es ihm unter den Asiaten geht, daß ihm der Fürst seine älteste Tochter zur Frau gegeben habe und ein Stück Land, „vom besten, was er hatte ... Feigen gab es darin und Weintrauben, es hatte mehr Wein als Wasser. Sein Honig war viel, seine Ölbäume zahlreich, und allerlei Obst war auf seinen Bäumen ..." So verbringt er viele Jahre dort, ist beliebt und angesehen und seine inzwischen herangewachsenen Kinder ebenfalls. Dies erweckt den Neid eines Mannes, der als guter Kämpfer im ganzen Land bekannt ist und den noch niemand besiegt hatte. Er fordert *Sinu-*

98 *Aus einem Papyrus der 12./13. Dyn. mit der Geschichte des Sinuhe. Berlin/DDR.*

he zum Zweikampf heraus, den *Sinuhe* überraschend gewinnt, aber
nicht durch Muskelkraft, sondern durch Klugheit: Er läßt seinen Gegner alle seine Waffen verschießen und konzentriert sich nur darauf,
ihnen auszuweichen. Als der andere keine Waffen mehr hat und sich
mit bloßen Händen auf *Sinuhe* stürzen will, „schoß ich auf ihn, so daß
mein Pfeil in seinem Hals steckenblieb. Er schrie auf und fiel auf seine
Nase, und ich erschlug ihn mit seinem Beil. Ich erhob mein Kriegsge-
schrei auf seinem Rücken ... Darauf holte ich mir seine Habe und
erbeutete sein Vieh. Das, was er beabsichtigt hatte, mir anzutun, das tat
ich an ihm ... Ich wurde groß davon, wohlhabend durch die Vorräte,
die ich (nun) hatte, reich durch die Herden, die ich (nun) hatte." Und
Sinuhe fügt an: „So hat ein Gott gehandelt, um dem gnädig zu sein,
gegen den er aufgebracht war und den er in ein anderes Land getrieben
hat. Jetzt ist sein Herz (wieder) besänftigt." *Sinuhe* fühlt sich rehabili-
tiert: „Wegen seiner Verhältnisse floh ein Fliehender – (jetzt) ist mein
guter Leumund in der Residenz. Hungrig schlich ein Schleichender –
(jetzt) gebe ich Brot meinem Nachbarn. Nackt verließ ein Mann sein
Land – (jetzt) habe ich weiße Kleider und feines Leinen. Ohne jemand,
den er schicken konnte, lief ein Mann – (jetzt) bin ich reich an Leuten.
(Hier) ist mein Haus schön, meine Wohnstätte weit, mein Gedächtnis
ist im Palast. O Gott, wer immer du bist, der diese Flucht bestimmt hat!
Mögest du gnädig sein und mich in die Residenz versetzen! Sicher wirst
du mich den Ort wiedersehen lassen, an dem mein Herz immerfort

weilt! Was gibt es Größeres, als daß mein Leichnam in dem Land bestattet wird, in dem ich geboren bin? . . ." Die Kunde von *Sinuhe*'s Geschick war bereits zum ägyptischen König gedrungen, und „da schickte Seine Majestät mit königlichen Geschenken zu mir und erfreute das Herz des Dieners (= „meiner Wenigkeit") wie den Herrscher irgendeines Fremdlandes"; in einem Brief, den *Sinuhe* im Wortlaut wiedergibt, fordert der König ihn auf, nach Ägypten zurückzukehren und versichert ihm, daß gegen ihn nie etwas vorgelegen habe. „Komm doch nach Ägypten zurück", schreibt er ihm, „daß du die Residenz wiedersiehst, in der du aufgewachsen bist . . . Jetzt nun hast du begonnen, ein Greis zu werden. Du hast die Manneskraft verloren. Rufe dir den Tag des Begräbnisses ins Gedächtnis, an dem man zur Ehrwürdigkeit geleitet wird! Man versorgt dich (dann) nachts mit Salböl und Binden aus den Händen der *Tait* (= Göttin der Gewebe). Man macht dir einen Leichenzug am Tag der Bestattung. Der Innensarg ist aus Gold, (sein) Kopf aus Lapislazuli. Der Himmel ist über dir, während du auf der Bahre liegst. Rinder ziehen dich, Chorsänger gehen dir voran. Man tanzt den Tanz der ‚Müden' am Eingang deines Grabes. Man rezitiert die Opferliste für dich. Man schlachtet an der Tür deines Opfersteins. Deine Pfeiler (im Grab) sind aus weißem Kalkstein erbaut in der Umgebung (der Gräber) der Königskinder. Es soll nicht sein, daß du im Fremdland stirbst. Asiaten sollen dich nicht beerdigen, man soll dich nicht in ein Widderfell wickeln und (keinen) Steinhaufen für dich machen (= Begräbnissitte der Asiaten). Schluß mit dem Herumwandern (?)! Denk an deinen Leichnam und komm!" Nachdem *Sinuhe* seinen ganzen Besitz seinen Kindern übergeben hat, kehrt er zurück in die ägyptische Residenz. Dort wird er erst einmal wieder zu einem „zivilisierten" Ägypter gemacht, denn er sieht so sehr nach Asiat aus, daß die Königin bei seinem Anblick einen lauten Schrei ausstößt und ihn nicht erkennt; „ich wurde in das Haus eines Königssohnes gebracht. Herrliches war darin: ein Badezimmer war darin, ein Spiegel und Schmuck aus dem Schatzhaus waren darin. Kleider aus Königsleinen, Weihrauch und feines Öl (von der Sorte) des Königs und der Beamten, die er liebt, waren in jedem Raum. Jeder Bediente tat seine Pflicht. Die (Spuren der) Jahre wurden von meinem Leib getilgt, ich wurde rasiert, mein Haar gekämmt. Der Schmutz wurde der Wüste gegeben, die Kleider den Sandbewohnern, während ich in feines Leinen gekleidet und mit feinem Öl gesalbt war und auf einem Bett ruhte . . ." Den Schluß der Geschichte bildet die Schilderung, wie *Sinuhe* nun versorgt wird, und zwar sowohl in seinem Leben vor dem Tod als auch für das Leben danach: „Ein Gartenhaus wurde mir gegeben, das einem Höfling gehört hatte. Viele Handwerker bauten es (wieder) auf, jeder seiner Bäume wurde neu gepflanzt. Man brachte mir Mahlzeiten aus dem Palast, dreimal, viermal täglich, außer dem, was die Königskinder gaben. Es gab keinen Zeitpunkt, zu dem es eingestellt worden wäre. Eine Pyramide aus Stein wurde mir im Pyramidenbezirk erbaut. Der Vorsteher der Zimmerleute an den Pyramiden (?) teilte den Boden ein (?), der Vorsteher der Umrißzeichner zeichnete in ihr, der Vorsteher der Bildhauer meißelte in ihr, der Arbeitsvorsteher, der die Totenstadt beaufsichtigte, betätigte sich an ihr. Mit der gesamten Ausstattung, die in eine Grabkammer gegeben wird, war es (= das Grab) versehen. Totenpriester wurden mir gegeben. Ein Grabgarten wurde mir vor der Grabstätte angelegt, mit Beeten (?) darin, wie es einem Höfling ersten Ranges getan wird. Meine Statue war mit Gold belegt, ihr Schurz mit Elektron. Seine Majestät selbst ließ sie herstellen. Es gab keinen Geringen, dem Gleiches getan worden wäre. (So) war ich in der königlichen Gunst, bis der Tag des Landens (= Sterbens) gekommen war."

Damit endet die Geschichte des *Sinuhe*.

Ob dieses Werk tatsächlich in der Absicht geschrieben wurde, Stellung zu beziehen gegen die Zweifel am Sinn eines „ordentlichen" Begräbnisses, kann zwar nicht entschieden werden. Aber es hatte auch nicht die ausschließliche Funktion, als besonders formvollendetes Literaturwerk zu erfreuen; dagegen spräche schon die enge Bezugnahme auf konkrete politische Ereignisse, wie sie besonders deutlich am Beginn des Textes erkennbar ist. Da stellt sich *Sinuhe* vor mit seinen Titeln und genauer Angabe, in wessen Dienst er steht, und fährt dann fort: „Jahr 30, 3. Monat der Überschwemmungszeit, Tag 7: Aufstieg des Gottes zu seinem Horizont. Der König von Ober- und Unterägypten *Sehetep-ib-Re* (= *Amenemhet I.*) flog hinauf zum Himmel. Er verband sich mit der Sonne, der Gottesleib vereinigte sich mit dem, der ihn geschaffen hatte. Die Residenz war in Schweigen, die Herzen waren voller Kummer . . ." Wie in einer historischen Dokumentation sind hier also Jahr und Tag genannt, an dem König *Amenemhet I.* starb.

Aber noch eine Überlegung führt zu dem Schluß, daß dieses Werk nicht Literatur in dem Sinne sein kann, wie wir sie bei uns heute kennen, ja, daß es in der altägyptischen Gesellschaft diese Art von Literatur gar nicht gegeben haben kann. Denn sie setzt Schriftsteller, Dichter und Philosophen voraus, die unabhängig sind von den Regierenden. Das war jedoch in der altägyptischen Gesellschaft nicht möglich; denn dort war alle schreibende Tätigkeit an einen einzigen Beruf gebunden:

an den des Beamten; schreiben konnte nur der lernen, der sich zum Beamten ausbilden ließ. Und die Beamten standen alle in den Diensten des Königs, gehörten zur Regierung. Regierungsbeamte allein also konnten Schriftliches abfassen und nur sie konnten es lesen; (ob manche Texte auch dem leseunkundigen Volk vorgetragen wurde, weiß man nicht sicher.) Gewiß gab es auch Beamte, denen wegen unkorrekten Verhaltens oder anderer Vergehen ihr Status aberkannt wurde, so daß sie außerhalb der Regierungsschicht, aber eben doch schreib- und lesekundig, weiterleben mußten. Aber falls sie etwas schrieben, wurde dies sicher nicht veröffentlicht, oder gar weitertradiert und als Unterrichtsstoff für zukünftige Beamte verwendet. Man muß also davon ausgehen, daß alles (mit Ausnahme privater Briefe o. ä.), was wir an Geschriebenem aus Altägypten kennen, im Auftrag oder zumindest mit Billigung der Regierung abgefaßt wurde.

Die hohe poetische, erzählerische und gedankliche Qualität, die insbesondere die zwischen dem Alten und Neuen Reich abgefaßten Werke auszeichnet, darf nicht darüber hinwegtäuschen, daß sie einer „Littérature dirigée" angehören, wie Georges Posener sie in seiner für diese Frage grundlegenden Untersuchung[21] nennt.

An einem Beispiel ist besonders deutlich zu sehen, wie die politische Absicht in unterhaltsamer Verkleidung verbreitet wurde[22]: Darin wird geschildert, daß einst König *Snofru* sein höchstes Beamtenkollegium bat, ihm jemanden zu suchen, „damit er mir einige vollendete Worte sagen könnte oder ausgewählte Sprüche, die Meine Majestät bei ihrem Anhören erfreuen". Man empfiehlt ihm einen Mann namens *Neferti,* der Großer Vorlesepriester der Göttin *Bastet* ist, „ein tatkräftiger Bürger, ein mit seinen Fingern geschickter Schreiber und wohlhabender als seinesgleichen". Der König läßt ihn holen und trägt ihm seinen Wunsch vor. Auf die Frage des *Neferti,* ob er etwas aus der Vergangenheit oder aus der Zukunft hören möchte, entscheidet sich *Snofru* für „etwas, was noch geschehen wird" und nimmt eine Papyrusrolle und ein Schreibgerät, um die Worte des *Neferti* aufzuschreiben. *Neferti* sagt nun voraus, daß Ägypten in einen fürchterlichen Zustand geraten wird: „Geschaffenes ist, als wäre es nicht geschaffen, so daß (der Sonnengott) *Re* mit der Schöpfung neu beginnen muß ... Das Land wird zerstört, ohne daß es einen gibt, der darüber nachdenkt, ohne daß es einen gibt, der (davon) spricht, ohne daß es einen gibt, der seine Tränen vergießt ... Alles Glück ist davon und die Welt ist in Elend durch jene Versorgung der Asiaten, die das Land durchziehen. Streit ist entstanden im Ostdelta und die Asiaten sind nach Ägypten hinabgestiegen ... Ich zeige dir das

Land durcheinander. Was nicht geschehen sollte, ist geschehen: Man wird Waffen ergreifen, indem das Land in Unruhe lebt ..." Am Ende dieser Unheils-Prophezeiungen stehen die oben (S. 183) bereits zitierten Sätze: „Ich zeige dir das Land im Umsturz. Der Machtlose ist ein Mächtiger; man grüßt den, der (eigentlich) grüßen sollte ..." Dann aber heißt es: „Ein König des Südens wird kommen, *Ameni* mit Namen ... Er wird die weiße Krone (von Oberägypten) nehmen und wird die Rote Krone (von Unterägypten) aufsetzen ... Freut euch, ihr Menschen seiner Zeit ... Die Böses planen und Aufstand sinnen, denen soll ihr Mund niedergeworfen werden durch die Furcht vor ihm ... Man wird die ‚Herrschermauer' bauen, um die Asiaten nicht nach Ägypten hinein zu lassen, sondern sie sollen um Wasser bitten in Art einer Bitte, um ihr Vieh zu tränken. Die Ordnung wird wieder an ihren Platz zurückkehren, indem die Unordnung nach draußen vertrieben ist. Freuen wird sich der, der es sehen wird und der im Gefolge des Königs sein wird. Der Wissende wird mir Wasser spenden (= ein Opfer darbringen), wenn er sieht, daß das, was ich gesagt habe, eingetreten ist." Damit endet der Text.

Der König, der hier als Retter des Landes angekündigt wird, ist *Amenemhet I.;* er baute die „Herrschermauer" genannte Grenzsicherung am Ostrand des Nildeltas, um das unkontrollierte Eindringen von Nomaden mit ihren Viehherden zu verhindern. Damit ist klar, wann und mit welcher Absicht dieses Literaturwerk abgefaßt wurde: In der Regierungszeit *Amenemhet's I.* und als Propagandaschrift für eben diesen König, der es offenbar nicht leicht hatte, sich zu legitimieren, stammte er doch nicht aus einer Königsfamilie, sondern war nur ein ehemaliger Wesir (s. o. S. 180). Diese Schrift zieht geschickt einen Bogen von *Snofru,* der in sehr hohem Ansehen stand, zu *Amenemhet I.:* Der Text beginnt mit „Es war einmal die Majestät des Königs *Snofru,* selig, als vortrefflicher König in diesem ganzen Land" und endet mit dem Lobpreis auf *Amenemhet I.; Neferti* spricht anfangs zu *Snofru,* nach dem Auftreten des rettenden Königs aber zu den Menschen aus dessen Zeit. Zwischen die Darstellung dieser beiden, geordnete Verhältnisse garantierenden Könige ist eine Beschreibung des Landes im Zustand des Chaos gesetzt mit den Klagen über die – aus Beamtensicht – verkehrten sozialen Verhältnisse. Sie dient offensichtlich dazu, durch den starken Kontrast die Leistungen *Amenemhet's I.* um so deutlicher hervortreten zu lassen.

Befragt man nun die anderen Texte nach ihrer politischen Funktion, ist die Antwort nicht so leicht zu finden wie im eben behandelten Fall. Bei den Klagen des *Ipuwer* und auch beim Gespräch des Mannes mit seinem *Ba* ist es durchaus möglich, daß auch sie eine „Kontrastfolie" bilden sollten zur politischen Situation der Zeit, in der diese Werke entstanden[23]. Aber von *Ipuwer*'s Klagen ist der Schlußpassus zerstört und im Gespräch des Mannes mit seinem *Ba* nicht sicher interpretierbar, so daß nicht mehr beziehungsweise nur schwer nachgeprüft werden kann, ob auch dort – wie bei *Neferti* – von einem Umschwung zum Guten die Rede war.

Mit welcher politischen Zielrichtung die Geschichte des *Sinuhe* geschrieben wurde, ist noch schwieriger zu fassen. Sie beginnt mit dem Tod desselben Königs, dessen Herrschaft in der Weissagung des *Neferti* so gepriesen wird, beschreibt dann aber Ägypten als gefestigten, im Ausland anerkannten Staat, in den sich einst emigrierte Beamte zurücksehnen, auch wenn es ihnen in der Fremde noch so gut geht; und sie stellt *Sesostris I.* als einen König dar, der solche Beamte mit großen Ehren wieder aufnimmt. Eine der verschiedenen Deutungen für dieses Literaturwerk ist denn auch, sie sei die Veröffentlichung eines Amnestie-Erlasses für Regime-Gegner dieses Königs[24]. Es ist aber auch möglich, daß mit der Geschichte des *Sinuhe* nicht nur *eine* Absicht verfolgt wurde, sondern daß mehrere Themen gleichzeitig propagiert werden sollten, zum Beispiel: Wie ein ägyptischer Beamter sich im Ausland so – vor allem loyal seinem König gegenüber – verhält, daß er guten Gewissens wieder in seine Heimat, ja sogar an den königlichen Hof, zurückkehren kann; daß man als Ägypter einem Haudegen nicht mit Kraftmeierei, sondern mit Klugheit entgegentritt und ihn dadurch besiegt; und – vielleicht das Hauptthema, auf das das Werk mit seinem Schluß hinzielt: Wie wichtig für einen ägyptischen Beamten ein Begräbnis nach alter ägyptischer Sitte ist (oder sein sollte). Durch die Gegenüberstellung von Ägyptischem und Fremdländischem gelingt es dem Verfasser der *Sinuhe*-Geschichte, das ägyptische Selbstverständnis dieser Zeit besonders deutlich erkennbar herauszustreichen – und dies wird ebenfalls eines seiner Anliegen gewesen sein.

Lehren

Außer solchen Literaturwerken, wie sie hier lediglich in wenigen Beispielen vorgestellt werden konnten[25], sind aus der Zeit zwischen dem Alten und Neuen Reich auch mehrere Lehren bekannt. Daß hohe Beamte Lehren schrieben für die Erziehung angehender Beamter, wurde im letzten Kapitel bereits betont, und die berühmtesten Lehren-Verfasser des Alten Reiches, *Imhotep* und *Djedefhor*, sind im oben (S. 188) zitierten „Harfnerlied" genannt als Menschen, „deren Sprüche in aller Munde sind". Ihre Lehren selbst aber kennen wir nicht beziehungsweise (im Fall des *Djedefhor*) nur in ganz kleinen Auszügen.

Aus dem Mittleren Reich ist nur eine Papyrusrolle erhalten, auf die zwei Lehren geschrieben sind, deren ursprüngliche Fassung aber möglicherweise schon im Alten Reich entstanden war. Die eine ist die Lehre eines uns unbekannten Mannes für *Kagemni*, den sie als Bürgermeister der Residenz und Wesir unter König *Snofru* (ca. 2600–2575 v. Chr.) bezeichnet. Die andere Lehre wird dem „Bürgermeister der Residenz und Wesir *Ptahhotep* unter der Majestät des Königs *Asosi*" zugeschrieben[26]. Aus anderen Quellen ist weder ein Wesir *Kagemni* unter *Snofru* noch ein Wesir *Ptahhotep* unter *Asosi* bekannt (was nicht unbedingt heißt, daß es sie nicht gab). Möglicherweise war der *Kagemni*, von dessen unterirdischen Grabräumen im letzten Kapitel schon die Rede war (S. 169), der Adressat der einen Lehre, und er wurde erst nachträglich mit dem populären König *Snofru* in Verbindung gebracht. Denkbar ist aber auch, daß beide Lehren nicht aus dem Alten Reich stammen, sondern erst später verfaßt und fiktiv in das Alte Reich zurückdatiert wurden – in der Absicht, die Leser oder Zuhörer an eine Zeit zu erinnern, als die Welt noch „heil" war: Mit Hilfe der Lehren sollten die Beamten so erzogen werden, daß diese Welt wiederhergestellt wurde. Beide Lehren enthalten Ratschläge für das richtige Verhalten in den verschiedensten Situationen: Angefangen von Tischsitten, über korrektes Benehmen gegenüber Vorgesetzten beziehungsweise Untergebenen bis hin zu ethischer Gesinnung. Einige Zitate aus der Lehre des *Ptahhotep* sollen dies, ebenso wie deren literarische Qualität, illustrieren.

Sie beginnt mit der Schilderung, wie es dazu kam, daß *Ptahhotep* die Lehre verfaßte, beziehungsweise verfassen durfte: Er hatte den König dazu um Erlaubnis gebeten; denn er sei nun alt und möchte sich einen Schüler heranziehen, damit dieser einmal an seine Stelle treten könne. In dieser Einleitung beschreibt *Ptahhotep* seine Altersbeschwerden so plastisch, wie man es in keinem anderen altägyptischen Text findet; ich gebe diesen Teil deshalb im vollen Wortlaut wieder[27]. *Ptahhotep* sagt zum König:

> „Gebrechlichkeit ist entstanden, das Greisenalter ist eingetreten
> die Schwäche ist gekommen, die kindliche Hilflosigkeit kehrt
> wieder
> die Kraft schwindet, denn müde ist mein Herz
> der Mund schweigt und spricht nicht mehr

die Augen sind trübe, die Ohren sind taub geworden
das Schlafen fällt ihm schwer jeden Tag
das Herz ist vergeßlich geworden, es erinnert sich nicht mehr an
gestern
der Knochen ist krank wegen der Länge (der Jahre)
die Nase ist verstopft, sie kann nicht atmen
wegen der Beschwerlichkeit des Aufstehens und Niedersetzens
das Gute hat sich zum Schlechten gekehrt
jeder Geschmackssinn ist vergangen
was das Alter den Menschen antut:
Schlimmes in jeder Hinsicht."

Mit dem Hinweis auf sein Alter begründet *Ptahhotep* in doppeltem
Sinne seine Bitte an den König, sich einen Nachfolger heranziehen zu
dürfen: Einerseits mit seinen Beschwerden, deretwegen er sein Amt
nicht mehr voll ausüben kann und nicht mehr lange zu leben hat, andrerseits mit der Weisheit und dem Erfahrungsschatz des Alters, die er
an seinen Schüler weitergeben möchte: „So befehle man (= der König)
meiner Wenigkeit, einen ‚Stab des Alters' zu ernennen. Mein Schüler
soll an meinen Platz treten, daß ich ihm die Worte der ‚Hörenden' und
die Gedanken der Vorfahren übermittle, die früher den Göttern gehorsam waren ... Da sprach die Majestät dieses ‚Gottes' (= des Königs):
‚So belehre ihn denn über die früheren Sitten, und möge er ein Vorbild
sein für die Kinder der Beamten! Möge Gehorsam in ihn eintreten und
jegliche Verständigkeit, (denn) niemand ist ja weise von Geburt an.'
Beginn der Sprüche der schönen Rede, die ... *Ptahhotep* verfertigt hat,
so daß er den Unwissenden zum Wissenden erzieht nach den Regeln
der Redekunst, als einen Segen für den, der es beherzigen wird, als
einen Fluch für den, der es nicht beachtet. So sprach er zu seinem
Schüler:"[28] Darauf folgen 37 Maximen und noch eine Schlußrede, aus
denen ich einige Auszüge zitiere:
  1. Maxime: „Sei nicht eingebildet auf dein Wissen, (sondern) unter-
halte dich mit dem Unwissenden wie mit dem Wissenden. Nie erreicht
man die Grenze der Kunst, und es gibt keinen Künstler, dem Vollkom-
menheit eignet. Die Redekunst ist verborgener als ein kostbarer Stein,
(aber) man kann sie bei den Dienerinnen über dem Mahlstein finden".
  Aus der 8. Maxime: „Wenn du ein Gast bist am Tische eines, der
größer ist als du, dann nimm entgegen, was er dir gibt, was vor dich
gelegt wird. Schau (nur) auf das, was vor dir liegt, und belästige ihn
nicht mit vielen Blicken. Es verschlägt den Appetit, wenn man ihn

stört. Rede ihn nicht an, bis er das Wort ergriffen hat – man weiß ja nicht, was (er) für Sorgen hat. Doch rede, wenn er dich dazu auffordert, und was immer du sagst, soll (ihm) angenehm sein. Wenn ein Beamter bei der Mahlzeit sitzt, so ist seine Stimmung abhängig von seinem Wohlbehagen."

13. Maxime: „Wenn du dich in der Amtsstube aufhältst, dann steh auf und setze dich, wie es dir zukommt, wie es dir vom ersten Tag an beigebracht wurde. Dränge dich nicht vor, sonst wirst du zurückgestoßen, doch aufmerksam erwartet man den, der angemeldet ist, und wer gerufen ist, findet reichlich Platz. Die Amtsstube hat ihre feste Ordnung, und jeder Vorgang läuft nach der Meßschnur. Gott ist es, der einen befördert, mit den Ellenbogen erreicht man nichts."

Aus der Schlußrede: „Wenn du auf das hörst, was ich dir gesagt habe, dann wird dein ganzes Verhalten dem der Vorgänger entsprechen. Die Beispiele ihrer Redlichkeit, sie sind herrlich, und die Erinnerung an sie lebt fort im Munde der Menschen, weil ihre Sprüche so vortrefflich sind; jedes Wort wird bewahrt, es geht keines zugrunde in diesem Land."

Aus der 1. Zwischenzeit und dem frühen Mittleren Reich kennen wir auch zwei von Königen verfaßte – zumindest ihnen in den Mund gelegte – Lehren: Die des Königs *Cheti* (?) für seinen Sohn *Merikare*[29] und die des Königs *Amenemhet I.* für seinen Sohn *Sesostris I.*[30]. Könige als Verfasser einer Lehre sind sonst in Altägypten nicht bezeugt, sondern nur Beamte. Zumindest einer dieser beiden Könige stand jedoch der Beamtenschaft sehr nahe: *Amenemhet I.* stammte nicht aus einer Königsfamilie, sondern war Wesir gewesen, also höchster Beamter, bevor er König wurde. *Merikare* war einer der Herrscher, die während der Zweiteilung Ägyptens (9./10. Dynastie) die nördliche Hälfte des Landes regierten; über seine und seines Vaters Herkunft ist nichts Genaueres bekannt.

Wahrscheinlich haben die beiden Könige, an die diese Lehren gerichtet sind, sie selbst abgefaßt – oder auch bei einem Lehrenschreiber in Auftrag gegeben –, um ihre eigene Politik als Vermächtnis ihres Vaters darzustellen. Die eigentlichen Adressaten waren gewiß die höheren Beamten, die dadurch dazu veranlaßt werden sollten, die Politik des neuen Königs mitzutragen, indem der König sich als Empfänger einer Lehre seines Vaters – fast – wie einer aus ihrer Mitte präsentierte[31]. Beide Lehren enthalten neben dem Lob des eigenen Verhaltens, das an die Idealbiographien der Beamten erinnert, auch das Eingeständnis von

Mißerfolgen, deren Konsequenzen die Autoren nun zu tragen hatten: In der Lehre des *Amenemhet I.* wird sogar ein Attentat auf ihn beschrieben (es ist derselbe König, dessen Tod die Flucht des *Sinuhe* auslöste.): „Es war nach dem Abendbrot, die Nacht war gekommen. Ich gönnte mir eine Stunde der Erquickung, indem ich auf meinem Bett lag, denn ich war müde, und mein Herz begann, sich meinem Schlaf hinzugeben. Da wurden die Waffen für meinen Schutz (= seiner Leibwache) gegen mich gewendet . . . Mein Herz hatte die Unzuverlässigkeit der Diener nicht bemerkt". Einer der Ratschläge an seinen Sohn lautet denn auch: „Nimm dich in acht vor Untergebenen, die nichts geworden sind . . . komm ihnen nicht zu nahe, wenn du allein bist . . . Wenn du schläfst, hüte dir selbst dein Herz, denn ein Mann hat keine Anhänger am Tag des Unglücks. Ich gab dem Armen, ich zog die Waise groß, ich ließ den etwas erreichen, der nichts hatte, wie den, der etwas hatte. Der meine Speise gegessen hatte, machte Aufruhr, der, dem ich meine Arme gereicht hatte, schmiedete Ränke dabei . . ."[30]

In der Lehre für *Merikare* wird nur manchmal kurz angedeutet, daß sein Vater Fehler bereut: „Schlimm ist der dran, der ‚leer ist' (= sich nicht kümmert) in bezug auf die Angelegenheit des Feindes, denn der Feind ist nicht untätig innerhalb Ägyptens . . . Ich tat so, und so geschah es, wie es bei Gott einem getan wird, der in dieser Weise frevelt". Der Sohn, *Merikare,* soll es besser machen als sein Vater, ist der Appell der Lehre.

Das Verhältnis des Königs zu seinen Beamten kommt auffallend häufig unter ihren Ratschlägen vor und zeigt, wie sehr der König auf sie angewiesen war: „Respektiere die Beamten und behüte dein Volk . . . Mache deine Beamten reich, damit sie deine Gesetze ausführen. Denn einer, der in seinem Haushalt reich ist, braucht nicht parteiisch zu sein . . . Ein Armer aber spricht nicht nach der für ihn gültigen Ordnung . . . Er ist parteiisch gegenüber dem, den er vorzieht, und er neigt sich dem Herrn seiner Bestechung zu . . . Groß ist der Fürst, dessen Beamte groß sind". Aber: „Du sollst Ordnung in deinem Haus sprechen, daß sich vor dir die Beamten, die auf Erden sind, fürchten. Gradlinigkeit ist der Beweis für einen Herrn. Das Vorderhaus jedoch soll dem Hinterhaus Furcht einflößen" und: „Handle gerecht, solange du auf Erden weilst: Beruhige den Weinenden, bedränge nicht die Witwe, verdränge keinen vom Eigentum seines Vaters und schädige nicht die Beamten an ihrer Stellung . . ." Gegen Ende der Lehre wird das Handeln des Königs in den Gesamtzusammenhang der göttlichen Schöpfung gestellt: „Versorge die Menschen, das Vieh Gottes! Er schuf Himmel und Erde für ihren Willen; er wehrte ab die Gier des Wassers; er schuf den Lebensodem für ihre Nasen, denn sie sind seine Ebenbilder, aus seinen Gliedern hervorgegangen. Er leuchtet am Himmel um ihretwillen und schuf ihnen Kraut, Vieh, Vögel und Fische, um sie zu versorgen. Er tötete seinen Feind und vernichtete seine Kinder, als sie gedachten, einen Aufstand anzuzetteln. Er schuf das Licht ihnen zu Willen, indem er (als Sonne) dahinfährt, damit sie sehen können ...". Die Lehre endet mit den Sätzen: „Gib Beliebtheit zu dir aller Welt, denn ein guter Charakter schafft Erinnerung. Wenn die Jahre vergangen sind, dann wird man von dir sagen (= dich nennen) ‚Der die Zeit des Unglücklichen (oder: des Unglücks) beendet hat' ... im Gegensatz zu dem, der heute zu Ende kommt. Siehe, ich habe dir das Nützliche meines Innern gesagt. Du sollst nun handeln als ein wohl Vorbereiteter"[32].

Beide königliche Lehren waren übrigens noch im Neuen Reich bekannt: Wir kennen sie überhaupt nur deshalb, weil sie in der 18. und 19. Dynastie mehrmals abgeschrieben wurden.

Schulen und Unterricht

Das Bemühen um den Neuaufbau einer funktionierenden Beamtenschaft kommt auch darin zum Ausdruck, daß nun Schulen für die Ausbildung des Beamtennachwuchses eingerichtet wurden. Im Alten Reich war die Erziehung der Schreiber dadurch erfolgt, daß bereits erfahrene Schreiber ihre Kenntnisse an sie weitergaben[33]: Ähnlich wie es bei uns früher zum Beispiel in Handwerksbetrieben üblich war, hatten die Schreiber-„Meister" die Schreiber-„Lehrlinge" in ihr Haus aufgenommen und sie so nicht nur in die Technik des Schreibens eingeführt, sondern auch in das von einem Schreiber erwartete Verhalten. Es gehörte zu den Pflichten eines fertigen Schreibers, sein Wissen weiterzugeben. „Wenn du ein reifer Mann geworden bist, dann schaffe dir einen ‚Sohn' (= Schüler), um Gott gnädig zu stimmen", heißt es in der schon zitierten Lehre des *Ptahhotep;* manchmal sieht man in den Reliefs neben den Schreibern Jungen dargestellt, die den Schreibern Hilfsdienste leisten, eine Papyrusrolle tragen, oder Papyrus und Schreibgerät halten (Abb. 99, vgl. auch Abb. 80); hierbei handelt es sich wohl um Schreiber-„Lehrlinge".

Von einigen Beamten weiß man auch, daß sie am Königshof zusammen mit den Königskindern erzogen wurden und dann in der Regel hohe Posten bekamen. Das bedeutete zum einen eine Auszeichnung für diese

99 Schreiberlehrling
(ganz links) im Grab
des Kaemrehu (5. Dyn.)
in Saqqara.

Beamten und ihre Eltern, denen es gestattet war, ihr Kind am Hof erziehen zu lassen; zum anderen lag es auch im Interesse des Königs, persönliche Bindungen, wie sie durch Jugendfreundschaften entstehen, zwischen seiner Familie und einem Teil der Beamtenschaft herzustellen.

Diese Sitte wurde auch weiterhin beibehalten, ebenso die, daß es keinen eigenen Beruf des „Lehrers" gab, sondern daß es Schreiber-Beamte waren, die die zukünftige Beamtenschaft ausbildeten und erzogen. Aber nach dem Zusammenbruch des Alten Reiches begann man, die Schreibererziehung zu „rationalisieren", indem in der Schreiber-Grundausbildung nicht mehr ein „Meister" einen oder wenige „Lehrlinge" in seinem Haus ausbildete, sondern indem mehrere „Schüler" zusammengefaßt und an einem besonderen „Ort der Belehrung" unterrichtet wurden; es war also eine Art „Berufsschule". Das älteste Zeugnis dafür findet sich auf der Front eines Grabes aus der 1. Zwischenzeit in einem Text, mit dem die Vorübergehenden gebeten werden, das Grab zu respektieren und ein Opfergebet für den Toten zu sprechen. Da ja nur Schriftkundige ihn verstehen können, sind auch nur solche Menschen darin angesprochen: „Jeder Schreiber und jeder Gelehrte, der ein Geschickter in seinem Fach ist, ein im Schreiben Perfekter, ein in der Gelehrsamkeit Perfekter, der sich den Namen eines Mannes von Rang erworben hat, der eine Stellung einnimmt, nachdem er zur Schule gegangen ist . . .“[34] Wo die Schulen lagen und wieviele es gab, ist nicht bekannt. Die Einführung dieser Institution ist ein Hinweis darauf, daß der Bedarf an Schreibern gewachsen war. Außerdem war durch ihre Zusammenfassung in zentralen Unterrichtsstätten besser gewährleistet und kontrollierbar, daß die angehenden Beamten auf ein gemeinsames Ideal hin erzogen wurden als in der Heranbildung bei den einzelnen Schreiber-„Meistern“; das Meister-Lehrlings-Verhältnis existierte zwar auch weiterhin, setzte aber erst ein nach der Grundausbildung in der Schule, wenn die Beamten sich auf bestimmte Ämter spezialisierten.

Das Einrichten von Schulen dürfte eine der Lehren sein, die man aus dem Zusammenbruch des Alten Reiches zog: Man bildete mehr Schreiber-Beamte aus, um das ganze Land besser durchorganisieren zu können als es im Alten Reich der Fall gewesen war; und man beugte einer erneuten Zersetzung der Zentralherrschaft vor, indem man mehr als früher darauf achtete, daß die Beamten einheitlich erzogen wurden. Der Staat bekam durch die Institution Schule die Beamtenausbildung mehr in den Griff und konnte über den Lehrplan wachen.

Aus dem Anfang der 12. Dynastie weiß man etwas mehr über eine Schule und darüber, daß es tatsächlich einen „Lehrplan“ gab: In mehreren Abschriften aus der 18. (Abb. 100) und 19. Dynastie ist die Lehre eines Mannes *Cheti* (oder: *Dua-Cheti*) für seinen Sohn *Pepi* überliefert, deren Original aber am Anfang der 12. Dynastie geschrieben sein

100   Mit Stuck überzogene hölzerne Schreibtafel aus der 18. Dyn. mit einem Ausschnitt aus der Lehre des Cheti (ältestes Zeugnis dieser Lehre). H.: 20,5 cm L.: 52 cm D.: 1 cm. Paris.

muß[35]. Die in der Lehre festgehaltenen Ratschläge erteilte *Cheti* seinem Sohn – wie es zu Beginn des Textes geschildert wird –, als sie zusammen von ihrem ganz an der Nordostgrenze, also in der „tiefsten Provinz"[36], gelegenen Heimatort (Sile) zur Residenz gehen; dort will der Vater seinen Sohn in die Schreiberschule („Ort der Lehre der Schriften") geben „unter die Beamtensöhne, in die vornehmste der Residenz". Es gab also in der Hauptstadt eine Beamtenberufsschule, in der normalerweise die Kinder aus Beamtenfamilien unterrichtet wurden, die aber offenbar auch für Söhne niedrigerer Herkunft zugänglich war.

Der Vater beginnt seine Ermahnungen folgendermaßen: „Ich habe den Geprügelten gesehen; du sollst dein Herz auf die Bücher richten. Blicke auf den, den man als Arbeiter weggeholt hat; siehe, nicht geht etwas über die Bücher. Sie sind ein Boot auf dem Wasser. Lies doch am Ende des Buches *Kemit;* du findest dort diesen Ausspruch: ‚Ein Schreiber auf irgendeinem Posten des Palastes – er leidet in ihm (= im Palast) keine Not.'" Das heißt: Werde Beamter, dann ist deine Existenz immer gesichert. Das Buch *Kemit* ist der schon erwähnte Lehrplan; ich komme gleich darauf zurück.

Nach diesen einleitenden Worten beschreibt der Vater eine ganze Reihe von Berufen – als Kontrast zu dem des Schreiber-Beamten – in äußerst negativer Weise: Der Barbier müsse den ganzen Tag und noch spät abends nach Kunden suchen, um sich einigermaßen ernähren zu können; noch schlimmer ergehe es dem Maurer: „Seine Niere ist krank, da er draußen im Wind sein muß. Er mauert ohne Hemd, aber sein ‚Gürtel' ist eine Schnur für den Rücken und ein Strick für seinen Hinteren (das heißt er hat fast nichts an). Seine Arme sind zuschanden geworden durch Müdigkeit und Steifheit, allerlei Kot knetend. Er ißt das Brot mit seinen Fingern, obwohl er sie nur einmal am Tag waschen kann." So geht es weiter mit Schnitzern, Juwelieren, Landarbeitern, Schustern, Wäschern, Fischern usw. „Siehe, nicht gibt es einen Beruf ohne Vorgesetzten außer den Schreiber, denn der ist (selbst) Vorgesetzter. Wenn du schreiben kannst, so ist das für dich besser als die Berufe, die ich dir vorgeführt habe", fügt *Cheti* hinzu und gibt seinem Sohn noch einige Ratschläge, wie er sich Klassenkameraden und Beamten gegenüber verhalten soll: Streitereien solle er aus dem Weg gehen, und „wenn du hinter Beamten gehst, so nähere dich (nur) von fern hinter dem letzten Rang . . . Wenn dich ein Beamter als Bote aussendet, so sage das, was er gesagt hat. Nimm nichts weg und gib nichts dazu."

Diese Lehre ist also eine regelrechte Werbeschrift für den Schreiberbe-

ruf. Wenn man sich zudem vorstellt, daß sie zum Unterrichtsstoff gehörte, die zukünftigen Schreiber sie also auswendig lernen oder ab-
schreiben mußten, wird einem auch klar, welches Erziehungsziel mit ihr
verfolgt wurde: Den Schreibern einzutrichtern, zu welch auserwähltem
Stand sie gehören (Abb. 101) und wie verächtlich die Angehörigen
aller anderen Berufe sind. Beides – das Anwerben von Schreibern und
das Erzeugen der Kluft zwischen ihnen und der übrigen Bevölkerung –
betrachtete man offenbar als notwendig nach den Ereignissen der
1. Zwischenzeit.

Der in der Lehre genannte Lehrplan, das Buch *Kemit* (= „das Vollendete", „das Vollständige") ist zwar in keinem Exemplar vollständig
erhalten; aber es wurden Hunderte von Ostraka aus dem Neuen Reich
gefunden, auf die angehende Schreiber Teile aus dem *Kemit*-Buch hatten schreiben müssen. Sie enthalten zum Teil das *Kemit*-Zitat, das auch
Cheti anführt; dadurch und auf Grund von Überschneidungen der Texte konnte das *Kemit*-Buch rekonstruiert werden[37]. Aus ihm ist abzulesen, was zur Grundausbildung eines Schreibers gehörte: Er mußte
üben, wie man Briefe schrieb, vor allem, wie darin die Anreden an
einen Höhergestellten zu formulieren waren; er mußte lernen, eine
kurze Erzählung abzufassen und welche Sätze in eine Idealbiographie
gehörten. Für all diese Fälle enthält das *Kemit*-Buch Beispiele. Sie sind
so ausgewählt, daß dem Schreiber dadurch sowohl beigebracht wurde,
wie man sich richtig ausdrückt, als auch, wie man sich als Beamter zu
verhalten hat: Durch die Anredeformen für die Briefe lernte der Schüler gleichzeitig auch, wie man einen Höhergestellten lobt und ihm wort-
reich Gutes wünscht; durch die Sätze aus Idealbiographien, wie ein
ideales Beamtenleben aussieht; und in der Modell-Erzählung wird ein
Mann beschrieben, der sich in der Residenz so wohl fühlt, daß er seine
in seiner Heimatstadt weit entfernt lebende Frau fast vergißt; „wenn
der Thron fern ist, dann ist der Kopf auf den Knien", das heißt wenn

*101   Schreiber und Landarbeiter. Wandmalerei im Grab des Gaufürsten
Chnumhotep II. (12. Dyn.) in Beni Hassan.*

man nicht in der Nähe des Königs ist, ist man traurig – auch dieses Gefühl sollte ein Schreiber sich offenbar zu eigen machen. Anhand der Beispiele aus dem Schulbuch *Kemit* bekamen die Schreiber also ihr Grundwissen vermittelt; daneben gehörten die Lehren, vor allem die des *Cheti*[38], zum Lehrstoff. Unterrichtet wurde in einer Art „Ganzheitsmethode", das heißt die Schüler lernten nicht erst einzelne Zeichen, die sie dann zu Wörtern und schließlich zu Sätzen zusammenfügten, sondern von vornherein ganz Wörter, wahrscheinlich Sätze, deren Gesamtbild sie sich einprägten. Dabei ging man von der hieratischen Schrift aus, während Hieroglyphen erst später durchgenommen wurden (Abb. 102)[39].

Außer dem Erlernen von Lesen und Schreiben, dem Einüben gängiger Formulierungen und dem Aneignen des Inhalts der Lehren muß zur Grundausbildung der Schreiber auch noch das Rechnen gehört haben; denn auch die Schreiber, die es nicht zu hohen Positionen brachten, mußten zumindest Abgaben registrieren, das heißt notieren und zusammenzählen können – in den Szenen, in denen niedere Schreiber dargestellt sind, ist dies ihre Haupttätigkeit. Zu den Aufgaben einfacher Schreiber gehörte es außerdem, Ackerland zu vermessen – und das bedeutet, daß sie Grundkenntnisse in der Geometrie haben mußten. Aus Papyri dieser Zeit, die mathematische Aufgaben und ihre Lösungen enthalten, kennt man die Rechenmethoden[40]; aus ihnen wissen wir auch, daß die Regeln nicht – wie wir es kennen – in abstrakten Formeln ausgedrückt, sondern durch Beispiele demonstriert wurden.

Durch die zwischen dem Alten und dem Neuen Reich verfaßten Literaturwerke und die im Mittleren Reich geschriebenen mathematischen und medizinischen Papyri macht auf uns diese Epoche den Eindruck einer geistig besonders regen Zeit. Man darf jedoch nicht vergessen, daß uns eine große Zahl von – insbesondere auf Papyri geschriebenen – Texten unbekannt ist, die vor und im Alten Reich geschrieben wurden und nicht erhalten geblieben sind. Außerdem ist die Sprache zumindest eines mathematischen und eines medizinischen Papyrus[41] die des Alten Reiches; diese Papyri enthalten also Abschriften von wesentlich früher entstandenen Texten.

Dennoch kann der beschriebene Eindruck vom Mittleren Reich nicht ganz falsch sein; denn auch die Altägypter maßen dieser Epoche eine besondere Bedeutung bei und betrachteten sie als eine Art „klassische Zeit"[42]: Sie tradierten nicht nur Texte aus dieser Epoche über Jahrhunderte weiter, indem sie sie immer wieder abschrieben, und verwendeten

102 a: Mit Stuck überzogene hölzerne Schreibtafel mit der Zeichnung des thronenden Königs Thutmosis III. mit darübergelegtem Quadratnetz und Hieroglyphenübungen. 18. Dyn. H.: 35,4 cm. London. b und c: Vorder- und Rückseite einer Kalksteinplatte mit Hieroglyphenübungen. 3. Jahrhundert v. Chr. H.: 9 cm. West-Berlin.

nicht nur eine ganze Reihe von ihnen noch viel später im Schreiberunterricht; sondern sie behielten bis zum Aussterben der Hieroglyphenschrift für bestimmte Texte auch die Sprachstufe des Ägyptischen bei, die im Mittleren Reich in Gebrauch war[43]. Das heißt, man schrieb Mittelägyptisch – wie diese Sprachstufe in der Ägyptologie oft genannt wird – sehr lange auch dann noch, als es nicht mehr gesprochen wurde.

Wer heute ägyptische Schrift und Sprache lernt, beginnt nicht, wie es die zeitliche Abfolge nahelegen würde, mit der Sprachstufe des Alten Reiches, sondern mit der des Mittleren Reiches: Er lernt als erstes die

„klassisch-ägyptische" Sprache und Schrift und erst danach die „altägyptische" des Alten Reiches, die „neuägyptische" des Neuen Reiches und gegebenenfalls noch die „demotische" der Spätzeit.

5. Beamte, Militär und Kriegsberichte. Beispiele aus dem Neuen Reich (ca. 1551–1080 v. Chr.)

Wie im Mittelpunkt des letzten Kapitels „literarische" Texte standen, so sollen es in diesem Kapitel „historische" sein. Das Neue Reich ist dafür besonders gut geeignet, zum einen, weil aus dieser Zeit wesentlich mehr Texte dieses Inhalts erhalten sind als aus älteren Epochen, zum anderen, weil das Neue Reich sowohl innen- als auch außenpolitisch für Ägypten äußerst ereignisreich war. So bietet es vielfältiges Material, um aufzuzeigen, wie sich politische Begebenheiten in den Texten widerspiegeln und auch, wie sich die Rolle der Beamten den wechselnden Geschicken des Landes anpaßte[1].

Damit verständlicher wird, welche neue Rolle die Außenpolitik seit Beginn des Neuen Reiches spielte, muß ich einen kleinen Exkurs über Ägyptens Verhältnis zu anderen Völkern einschieben.

Der altägyptische Staat konnte lange Zeit in der Gewißheit existieren, all seinen unmittelbaren Nachbarn so überlegen zu sein, daß er sich selbstverständlich der Rohstoffe bediente, die in ihrem Gebiet vorhanden waren; stieß er dabei auf Widerstand, genügten kleinere Strafexpeditionen, um die Bevölkerung wieder zu „befrieden", wie es in den Texten heißt. Bis zum Ende des Alten Reiches besaß der ägyptische Staat deshalb kein stehendes Heer. Im Mittleren Reich aber begann sich die Situation zu wandeln: Südlich von Ägypten, in Nubien, entwickelte sich eine Kultur, die sich dieser Politik widersetzte und gegen die sich Ägypten mit größeren militärischen Unternehmungen vorzugehen gezwungen sah[2]. Obwohl danach die ägyptische Herrschaft durch eine Reihe von Festungen gesichert werden mußte, klingen die Inschriften, die der ägyptische König, *Sesostris III.* (ca. 1878–1840 v. Chr.), an der so geschaffenen neuen Südgrenze anbringen ließ, noch so, als ob dies ein Leichtes gewesen wäre: „Denn der Nubier horcht, um schon auf das Wort hin zu fallen; ihm antworten heißt, ihn zurücktreiben. Greift man ihn an, dann zeigt er den Rücken, weicht man zurück, dann wird er aggressiv. Denn es sind keine Menschen, die Respekt einflößen, sondern Elende sind es mit zerbrochenem Herzen . . ."[3].

200 Jahre später mußte Ägypten jedoch eine Erfahrung machen, die deutlich zeigte, daß diese Einstellung zum Ausland nicht mehr beibehalten werden konnte: Nachdem das Mittlere Reich an innenpolitischen Problemen gescheitert war und Machtkämpfe das Land schwächten, drangen über seine Nordostgrenze größere Gruppen von Asiaten ein. Einigen ihrer Führer gelang es um 1650 v. Chr., in Unterägypten die Herrschaft an sich zu reißen und schließlich, sich zu ägyptischen Königen krönen zu lassen. Diese fremdländischen Fürsten wurden in der ägyptischen Geschichte des *Manetho* in gräzisierter Form „Hyksos" genannt, ein Titel, der aus der altägyptischen Bezeichnung für Nomadenscheichs ⌐⌐ (*Heqa-chasut* = „Herrscher der Fremdländer") abgeleitet ist[4]. Die *Hyksos*-Könige regierten Ägypten etwa 100 Jahre lang. Während dieser Zeit war das Land in viele Stadtfürstentümer aufgeteilt, die von den *Hyksos*-Königen abhängig und ihnen tributpflichtig waren. Im südlichsten Teil Ägyptens konnten sich mit der Zeit die Fürsten von Theben einen größeren Machtbereich erkämpfen und ihre Abhängigkeit von den *Hyksos*-Königen lockern. Von dort ging dann auch der etwa 10 Jahre dauernde Kampf gegen die Eindringlinge aus, der schließlich um 1540 v. Chr. mit deren Vertreibung endete.

Das war das erste Mal in der Geschichte des altägyptischen Staates, daß er von außen ernsthaft bedroht war. Von nun an setzten die Ägypter alles daran, nicht noch einmal unter die Herrschaft von Ausländern zu geraten. Denn die Gefahr war mit dem Ende der Hyksos-Zeit nicht vorüber: In Kleinasien und im nördlichen Mesopotamien bildeten sich die Reiche der Hethiter und Mitanni, die dem ägyptischen Staat sowohl organisatorisch als auch kriegstechnisch ebenbürtig, zum Teil sogar überlegen waren. Mit diesen beiden Völkern mußte sich Ägypten im Verlaufe des Neuen Reiches immer wieder auseinandersetzen, wollte es seinen Einfluß, den es seit alters her in Palästina und Syrien geltend gemacht hatte, nicht verlieren. So bekamen das Kriegführen und das Militär in Ägypten einen Stellenwert, den sie vorher nie gehabt hatten.

Historisches in den Texten

Wie wirklichkeitstreu die uns erhaltenen Texte politische Ereignisse wiedergeben, ist in der Ägyptologie stark umstritten[5]. Man stellte die – für den Historiker enttäuschende – Tatsache fest, daß in den allermeisten Fällen nur Vorgänge geschildert sind, die die Regierung in einem positiven Licht erscheinen lassen und daß Negatives, wie Königsmord, Seuchen, innenpolitische Auseinandersetzungen, kaum jemals erwähnt wurden. Die Gründe dafür möchte ich jedoch weniger als viele andere Ägyptologen in einer Besonderheit des altägyptischen Geschichtsbildes sehen[6], sondern in der *Art* der erhaltenen Texte und dem *Zweck*, für den sie geschrieben sind.

In unserer eigenen Gesellschaft ist es uns ganz geläufig, auf diesem Gebiet zu unterscheiden: Wir wissen, daß der Regierungssprecher mehr die Erfolge der Regierungsarbeit hervorhebt, die Opposition hingegen eher deren Mißerfolge und Versäumnisse betont; wir erwarten nicht, in offiziellen Verlautbarungen der Regierung Einzelheiten darüber zu erfahren, was sich wirklich hinter den Kulissen abspielt; solche Informationen (beziehungsweise Vermutungen) findet man dagegen in Berichten von Personen, die nicht zur Regierung gehören; liegen die Ereignisse länger zurück, kann man über sie Genaueres erfahren durch Protokolle, Aktennotizen, interne Schriftwechsel usw., die in Archiven aufbewahrt werden. Beobachten wir, wie unsere Spitzenpolitiker öffentlich auftreten und dargestellt werden, wissen wir, daß wir sie hier nicht als Privatmenschen sehen, sondern daß ihnen entsprechend ihrer Funktion durch das Protokoll, Geschäftsordnung und ähnliche Vorschriften ihr Handlungsspielraum eingeschränkt wird[7]. Ähnliches gilt auch für den kirchlichen Bereich, den man mit einbeziehen muß, will man sich mit Hilfe unserer heutigen Erfahrungen in die altägyptischen Verhältnisse hineindenken; denn dort waren Politik und Religion nicht getrennt.

Betrachtet man nach solchen Vorüberlegungen altägyptische Texte, mutet einen vieles nicht mehr so fremd an, aber es wird auch deutlich, wo die Unterschiede liegen. Weil in Altägypten niemand etwas veröffentlichen konnte, der nicht zur Regierung gehörte, kann es weder in amtlichen Archiven noch etwa in offiziellen Inschriften Texte von Menschen geben, die unabhängig von der Regierung waren oder gar in Opposition zu ihr standen; das heißt es fehlen von den oben für unsere Gesellschaft aufgezählten Beispielen diejenigen, die Mißerfolge, Versäumnisse usw. der Regierung beschrieben oder untersuchten, was sich hinter den Kulissen abspielte. Nur in Archiven fanden sich Akten, in denen auch Negatives festgehalten ist, zum Beispiel Prozeßprotokolle über Grabraub im Residenzfriedhof oder über eine Verschwörung des königlichen Harims, bei der der König ermordet werden sollte[8]. In den *publizierten* Berichten der Regierung über bestimmte Ereignisse dagegen wurden ihre Erfolge hervorgehoben und ihre Probleme verschwiegen, und der König wurde nur so präsentiert, wie es seiner Funktion im Staat entsprach.

Von den Akten aber sind nur sehr wenige erhalten geblieben, da sie auf Papyrus geschrieben waren; die offiziellen Darstellungen dagegen sind oft in Stein-Inschriften festgehalten und haben deshalb bis heute überdauert. So sind vor allem sie es, die unseren Eindruck von der altägyptischen „Geschichtsschreibung" prägen. Wie alle hieroglyphischen Texte sollten sie in erster Linie ihren Inhalt verewigen; in einigen Fällen sind sie auch zusätzlich dazu gedacht, ihn unter Menschen publik zu machen. Deshalb muß man davon ausgehen, daß besonders intensiv geprüft wurde, was in die Inschriften aufgenommen und was weggelassen wurde; es handelt sich ja um mehr als um eine momentane Selbstdarstellung der Regierung: So wie sie sich in den Inschriften zeigte, wollte sie auch fortbestehen.

Dem Historiker stehen noch andere Textarten zur Verfügung, denen er Informationen über politische Ereignisse entnehmen kann, zum Beispiel private Briefe. Aber sie möchte ich hier außer Acht lassen und mich auf die offiziellen Inschriften konzentrieren.

Die Wiedergabe von ausschließlich Positivem über die Regierung, besonders über den König, bedeutet für *innenpolitische* Vorgänge, daß die Texte zum Beispiel Tempelbesuche des Königs, Tempelgründungen, Wiederherstellungsarbeiten an zerfallenen Tempeln schildern oder Dekrete enthalten. Sie schweigen jedoch über Probleme im Land, wie Hungersnöte, Machtkämpfe zwischen verschiedenen Gruppierungen oder gar den Sturz des Königs. Daß solche Auseinandersetzungen stattgefunden haben, können wir nur indirekt erschließen und vor allem dann erkennen, wenn sie zu neuen Verhältnissen geführt haben. Das heißt, es ist das Ergebnis feststellbar, oft aber nicht der Prozeß, der ihm vorausging und es bewirkte. Oben haben wir diese Schwierigkeiten schon beim Zusammenbruch der Zentralregierung am Ende des Alten Reiches beobachten können.

Die Grundfunktion von Hieroglyphenschrift und bildlichen Darstellungen, etwas in ihnen Festgehaltenes ewig am Leben zu erhalten, hat zur Folge, daß uns zusätzliche Anhaltspunkte über politische und religiöse Gegensätze geliefert werden: Denn wollte jemand verhindern, daß ein in den Inschriften Genannter oder im Bild Wiedergegebener weiter existierte, mußte er ihn dort zerstören[9]. Da das dabei verfolgte Ziel nicht war, ihn unkenntlich zu machen, sondern ihn zu vernichten, folgen die Hackspuren oft so genau der Form der Schriftzeichen oder Darstellungen, daß man heute noch sehen kann, welches Wort oder Bild ausgehackt wurde.

103   *Zerstörte Darstellung der Königin Hatschepsut (in ihrem Totentempel in Deir el-bahari, Theben).*

104   *Zerstörter Name des Gottes Amun auf einem Säulenkapitell im Tempel von Luxor.*

Aus dem Neuen Reich sind zwei Beispiele besonders bekannt:

1. Nachdem König *Thutmosis II.* (ca. 1493–1490 v. Chr.) vorzeitig gestorben war, übernahm seine Witwe *Hatschepsut* für ihren noch unmündigen Sohn – den späteren *Thutmosis III.* – die Regentschaft. Nach wenigen Jahren machte sie sich jedoch zum König und behielt die Herrschaft auch bei, als ihr Stiefsohn sie selbst hätte übernehmen können. Solange sie lebte, trat er nur neben ihr auf. Erst nach ihrem Tod (ca. 1468 v. Chr.), dessen genauere Umstände wir nicht kennen, wurde er alleiniger König. *Thutmosis III.* (ca. 1490–1436 v. Chr.) ließ später die Abbildungen der *Hatschepsut* zerstören (Abb. 103) und in den Inschriften ihren Namen ausmeißeln. Daher wissen wir, *daß* es Diskrepanzen zwischen *Hatschepsut* und *Thutmosis III.* gab – aber wir erfahren nicht, welcher Art sie im Einzelnen waren.[10]

2. König *Amenophis IV.* (ca. 1365–1347 v. Chr.) distanzierte sich nicht von einem Menschen, sondern von der traditionellen Religion. Deren Hauptgottheit war um diese Zeit *Amun;* vor allem dessen Namen ließ *Amenophis IV.* deshalb im ganzen Land tilgen (Abb. 104). Außerdem änderte er seine eigenen Namen, so daß sein Geburtsname nun nicht mehr „*Amun* ist zufrieden" (*Imen-hetep* = griechisch *Amenophis*) lautete, sondern „Angenehmer für *Aton*" (*Ach-en-iten* = *Echnaton*); *Aton* war der Gott, den *Echnaton* an Stelle des *Amun* und der anderen mit ihm verehrten Götter als einzigen anerkannte: Die Leben spendende Sonnenscheibe, wie man sie in seinen Darstellungen oft sieht (Abb. 105).

Mit Sicherheit stießen der Bruch mit der früheren Religion, die Verfolgung der alten Götter, die damit verbundene Schließung der Tempel usw. auf heftigen Widerstand in der Bevölkerung und besonders unter den Beamten und Priestern, die bei dieser Aktion zum großen Teil ihre Stellen verloren haben müssen. Aber kein Text berichtet darüber. Auch enthalten die Texte kaum Angaben über die innenpolitischen Verhältnisse während *Echnaton*'s Regierungszeit, so daß die Vermutungen der Ägyptologen darüber weit auseinander gehen: Sie reichen von der Ansicht, daß die alte Beamtenschaft völlig zerschlagen worden sei[11], bis hin zu der Auffassung, die Verwaltung und Wirtschaft im Land hätten normal weiterfunktioniert[12]. Nach etwa 17 Regierungsjahren starb *Echnaton* – auf welche Weise, ist nicht bekannt. Die meisten der von *Echnaton* durchgeführten Neuerungen wurden daraufhin wieder aufgehoben. Die Rückkehr zur traditionellen Religion können wir an den gleichen Anzeichen erkennen wie *Echnaton*'s Abkehr von ihr: König *Tut-anch-aton* („Lebende Gestalt des *Aton*") änderte seinen Namen in *Tut-anch-amun* („Lebende Gestalt des *Amun*"); *Echnaton*'s

105   Kalksteinplatte mit König Echnaton, seiner Frau Nofretete und drei Töchtern unter der Sonnenscheibe (Aton), deren Strahlen in Händen enden, die dem König und der Königin die Hieroglyphe „Leben" an die Nase halten. H.: 32 cm. West-Berlin.

Namen wurden zerstört, und man ging sogar so weit, seine Regierungszeit für nichtexistent zu erklären, indem ihre Jahre (zusammen mit
denen seiner unmittelbaren Nachfolger) denen des Königs zugerechnet
wurden, der die Ordnung im Land endgültig wiederherstellte: *Haremhab* (ca. 1332–1305 v. Chr.)[13].

Während Feindseligkeiten innerhalb des eigenen Staates als Versagen
des Königs betrachtet und deshalb in den Inschriften verschwiegen wurden, gehörten Kämpfe gegen *äußere* Feinde zu seinen wichtigsten
Pflichten. Die Erfolge, die er auf diesem Gebiet errang, waren selbstverständlich verewigenswert; denn der dadurch erreichte Zustand sollte
immer fortbestehen. Früher hatten Drohgesten – „Abschreckung" würden wir sie heute nennen – genügt, um Ägyptens Feinde vom eigenen
Herrschaftsbereich fernzuhalten; bildhafter Ausdruck dieser Politik
war das Bildmotiv des Königs, der seine Feinde zu erschlagen droht,
das man vom Beginn des altägyptischen Staates an kennt (s. o. S. 106).
Es wurde auch jetzt, nachdem sich die internationale Lage verändert
hatte, nicht aufgegeben; denn das Drohen war nicht überflüssig geworden. Aber von dem Moment an, wo Ägypten erstmals einen längeren
Krieg führen mußte – noch dazu im eigenen Land, das heißt vor aller
Augen –, um sich von einer Fremdherrschaft zu befreien, wurde auch
eine neue Form entwickelt, dies festzuhalten. Denn es war offensichtlich, daß der Umgang mit einem ebenbürtigen Feind andere Fähigkeiten forderte als der mit einem von vornherein unterlegenen: Das ägyptische Heer konnte nur siegen, wenn es den Feldzug taktisch klüger
plante und durchführte als der Gegner, das heißt wenn es die besseren
Strategen hatte. Die Leistungen, die der König in dieser Rolle vollbrachte, waren nicht allein in einem Bild wiedergebbar, sondern man
mußte sie mit Worten beschreiben. So bestehen denn die älteren
Kriegsberichte nur aus Text; erst in der 19. Dynastie (ca. 1305–1196
v. Chr.) wurden die Inschriften durch szenische Darstellungen ergänzt.
Der erste König, von dem wir einen Feldzugsbericht kennen, ist *Kamose* (ca. 1555–1551 v. Chr.). Er regierte während der Hyksos-Herr-
schaft in Theben und war maßgeblich an der Vertreibung der fremden
Könige aus Ägypten beteiligt. Dies schilderte er in einer Inschrift: In
seinem 3. Regierungsjahr rief er eine Versammlung seiner höchsten
Beamten ein. Er trug ihnen vor, daß er ausgesprochen unzufrieden sei
mit der Situation, Ägypten mit einem Asiaten im Norden und einem
Nubier im Süden teilen zu müssen; er plane deshalb, die Asiaten aus
seinem Land zu vertreiben. Die Beamten aber waren anderer Meinung:

Man könne doch recht ungestört neben den Hyksos leben, zumal sie den Ägyptern aus dem thebanischen Machtbereich gestatteten, ihr Vieh im Delta-Gebiet zu weiden und auch Nahrungsmittel nach Süden lieferten; „nur wenn jemand gegen uns handelt, sollten wir auch gegen ihn handeln", beschlossen sie ihre Rede. Mit dieser Art „friedlicher Koexistenz" aber wollte sich der König nicht zufrieden geben und entschied sich für den Kampf: „Das ganze Land wird mich (dann) den siegreichen Herrscher in Theben, *Kamose*-den-Helden, den Beschützer Ägyptens nennen." Anschließend ist *Kamose*'s Feldzug gegen die Hyksos beschrieben, und zwar so, als stamme der Bericht von *Kamose* selbst: „Auf den Befehl des *Amun*, dessen Ratschläge (immer) richtig sind, fuhr ich stromab, um die Asiaten zurückzuschlagen, indem meine tapfere Armee vor mir war wie eine Feuerflamme . . ." Er nennt dann genau die einzelnen Stationen seines Vorrückens nach Norden und die Städte, die er dabei eingenommen habe. Außerdem berichtet er, wie er einen taktischen Trick der Hyksos verhinderte: Er habe einen Boten abgefangen, durch den der Hyksos-König einen Brief an den König von Nubien schicken wollte; darin hatte der Hyksos-König den nubischen König aufgefordert, von Süden aus in den Herrschaftsbereich des *Kamose* einzufallen, während er selbst *Kamose* und dessen Heer im Norden festhielt. Danach würden er und der nubische König Ägypten unter sich aufteilen. Nachdem es *Kamose* gelungen war, diesen Plan zu verhindern, setzte er erst seinen Eroberungszug noch fort und kehrte dann unter dem Jubel der Bevölkerung nach Theben zurück: „Als ich auf den Bezirk von Theben zufuhr während der Überschwemmungsjahreszeit, war jedes Gesicht erfreut, das Land war in Überfluß, das Flußufer (das heißt die Menschen darauf) war in Aufregung und Theben war im Fest. Männer und Frauen kamen heraus, um mich zu sehen . . . Weihräuchert für *Amun* im Tempelinnersten am Platz, wo man sagt ‚Empfange gute Dinge' (= Opferplatz), wie er (= *Amun*) das Krummschwert dem Sohn des *Amun* . . ., *Kamose*-dem-Helden, . . . gegeben hat." Am Schluß des Textes sagt *Kamose* zu einem hohen Beamten namens *Neschi*: „Laß alles, was meine Majestät in Tapferkeit tat, auf eine Stele setzen, die ruhen soll an ihrem Platz im *Amun*tempel immer und ewiglich." Dahinter steht – ziemlich zerstört – die Antwort des *Neschi*, daß er danach handeln werde; und daneben ließ *Neschi* noch ein kleines Bild von sich anbringen.

Der Bericht befindet sich tatsächlich auf zwei Stelen, die im *Amun*-Tempel in Theben, dem sogenannten „Karnaktempel", ausgegraben wurden[14]. Da spätere Könige sie als Fundamente unter eigenen Denkmälern verbauten, kann nicht mehr mit Sicherheit festgestellt werden, in welchem Teil des Tempels sie ursprünglich standen. Von Bedeutung ist diese Frage deshalb, weil es in den Tempeln Bereiche gab, zu denen nur der König und einige Priester Zugang hatten, und solche, in die auch andere Menschen eintreten durften. Der Ort, an dem eine Inschrift angebracht ist, gibt auch Auskunft darüber, welche Funktion sie erfüllen sollte: Den Inhalt des Geschriebenen nur zu verewigen oder ihn außerdem auch zu veröffentlichen; letzteres war nur sinnvoll, wenn die Inschrift an einem für die Menschen, an die sie sich richtete, gut sichtbaren Platz stand. Einen Hinweis darauf, daß dies bei *Kamose*'s Bericht der Fall war, besitzen wir in Form einer Schreibtafel, die im Schutt vor einem ausgeraubten Beamtengrab im Friedhof von Theben gefunden wurde[15]. Auf sie hatte jemand in hieratischer Schrift den Anfang des *Kamose*-Textes von der Stele abgeschrieben; daß wirklich die Stele die Vorlage dafür war und nicht zum Beispiel eine in einem Archiv aufbewahrte Fassung davon, geht daraus hervor, daß in der Steleninschrift ein Zeichen nachträglich korrigiert worden war und der Abschreiber die dadurch entstandene ungewöhnliche Schreibung übernommen hat[16]. Die Stele muß folglich so aufgestellt gewesen sein, daß ein gewöhnlicher Schreiber, wahrscheinlich sogar ein Schreiberschüler, sie lesen konnte.

Die Form, in der der Bericht abgefaßt ist, erweckt den Eindruck einer genauen Dokumentation der Ereignisse: Die Rede des *Kamose* an seine Beamten, deren Antwort darauf und auch der Brief des Hyksos-Königs an den König von Nubien sind im Wortlaut wiedergegeben wie in einem Protokoll, die vom Feldzug betroffenen Örtlichkeiten sind detailliert benannt, ebenso das Jahr, in dem *Kamose* ihn plante und durchführte. Freilich würde zu einer vollständigen Dokumentation auch gehören, daß zum Beispiel die Verluste im eigenen Heer aufgeführt sind; aber das verbot sich schon deshalb, weil sie zu den Themen gehörten, die man nicht verewigen wollte (Angaben dieser Art fehlen im übrigen oft auch in modernen Nachrichten über Kriege – Verluste hat meist nur der Gegner).

Es befremdet uns, daß ein Kriegsbericht in einem Tempel aufgezeichnet wurde. Aber dies unterstreicht noch einmal deutlich das Ineinandergreifen von Politik und Religion im altägyptischen Staat. *Kamose* sagt ja auch ausdrücklich, daß er gegen die Hyksos vorging „auf den Befehl des *Amun*" und daß *Amun* ihm dazu die Waffe, das Krummschwert, gegeben habe, wie es auf einer etwas späteren Darstellung (Abb. 106) der Kriegsgott *Month* tut. Als Dank für *Amun*'s Hilfe ließ

106 König Thutmosis IV. droht einen Asiaten zu erschlagen, der Gott Month reicht ihm ein Krummschwert (rechte Hand). Armschmuck aus Elfenbein. L.: 11,2 cm. West-Berlin.

der König ihm in seinem Tempel Opfer darbringen und inschriftlich festhalten „alles, was meine Majestät in Tapferkeit tat." Die Inschriften des *Kamose* erfüllten also einen doppelten Zweck: Den eines „Rapports" für *Amun* und den, den Ruhm des Königs unter den Menschen zu verkünden.

Andere Feldzugsberichte wurden ausschließlich zum Zweck der Verewigung und für *Amun* auf Tempelwände geschrieben; besonders ausführliche Schilderungen mit dieser Funktion sind von *Thutmosis III.* (ca. 1490–1436 v.Chr.) bekannt. Er war der König, der die meisten Kriege führte und der den Machtbereich Ägyptens so ausweitete wie kein anderer König vor oder nach ihm[17]: Im Norden bis zum Euphrat, im Süden bis zum 4. Nilkatarakt. Nach den Texten im *Amun*-Tempel zu schließen, unternahm er zwischen seinem 22. und 42. Regierungsjahr allein nach Norden 16 Feldzüge. Dazu muß er eine Reihe von Schreibern mitgenommen haben, die die Aufgabe hatten, genau Tagebuch zu führen und vor allem zu zählen und zu notieren, was die Ägypter erbeuteten. In den Inschriften ist ausdrücklich vermerkt, wo all diese Aufzeichnungen zu finden sind: „Was nun (das) alles betrifft, was seine Majestät gegen diese Stadt tat und gegen jenen elenden Feind und sein elendes Heer, das ist festgehalten für den betreffenden Tag unter der Bezeichnung der (jeweiligen) Truppenbewegung und der Namen der Truppenkommandeure ... Es ist zuviel, um es in dieser Inschrift schriftlich zu verewigen. Es wurde an diesem Tage auf einer Lederrolle in diesem Gotteshause des *Amun* verewigt", heißt es an einer Stelle, und an einer anderen: „Es war mehr als alle Dinge, mehr als das Heer seiner Majestät wußte, ungelogen! Sie (= die Tribute des Libanon) sind festgehalten im Tagebuch des Palastes ... Man gibt ihre Liste nicht in diese Inschrift, um die Worte nicht zu vermehren und um sie vollständig an einem Ort machen (= aufschreiben) zu können"[18]. Daraus geht hervor, daß es besonders wichtig war, die Taten des Königs im Tempel des *Amun* zu verewigen: Was keinen Platz mehr auf den Wänden fand, wurde auf eine Lederrolle geschrieben und im Tempel deponiert. Bei den Tributen genügte es auch, sie im „Tagebuch des Palastes" festzuhalten. Weder dieses sicher auf eine Papyrusrolle geschriebene Tagebuch, noch die Lederrolle sind erhalten geblieben.

Die in Stein gehauenen Inschriften dagegen befinden sich heute größtenteils noch an dem Ort, an dem sie ursprünglich angebracht wurden: An den Wänden des Raumes im *Amun*-Tempel von Theben (= „Karnaktempel"), der Ägyptenreisenden vor allem dadurch bekannt ist, daß in ihm zwei besonders schöne Granitpfeiler mit den Wappenpflanzen von Ober- und Unterägypten stehen. Heute ist es uns selbstverständlich, daß wir diesen Teil des Tempels betreten können; da er aber in nächster Nähe des Allerheiligsten liegt, kann er in altägyptischer Zeit nur für den König und hohe Priester zugänglich gewesen sein. Ein Teil der Kriegsberichte ist auch auf die Wände der Gänge südlich (hier sind sie zerstört) und nördlich des Heiligtums, dem dieser Raum vorgelagert ist, geschrieben worden. Sowohl der Vorraum als auch die Gänge sind sehr klein und eng; außerdem muß man sich vorstellen, daß sie überdacht und deshalb recht dunkel waren. Hier angebrachte Inschriften konnten also keinesfalls dazu gedacht sein, ihren Inhalt unter den Menschen publik zu machen, sondern nur dazu, ihn zu verewigen und *Amun* zu weihen.

Die Einleitung zu den Feldzugsberichten bestätigt dies; nach den Titeln und Namen *Thutmosis'* III. heißt es hier: „Seine Majestät befahl zu veranlassen, daß man verewige die Siege, die ihm sein Vater *Amun* gewährte, in einer Königsinschrift in dem Gotteshaus, das seine Majestät für seinen Vater *Amun* gemacht hat, weil er veranlassen wollte, daß verewigt werde der betreffende Feldzug und die Beute, die seine Majestät von ihm heimbrachte, (sowie) die Dienstleistungen aller Fremdländer, die ihm sein Vater (der Sonnengott) *Re* gegeben hat."

Nach der Einleitung folgt die eigentliche „Berichterstattung", zum Teil in einer Art Telegrammstil, zum Teil auch ausführlicher. Tage, an denen nichts Besonderes geschah, sind zum Beispiel so beschrieben:

„Regierungsjahr 23, 1. Monat der Erntezeit, Tag 4; Tag des Krönungsfestes. Zur Stadt ‚Der Herrscher hat gepackt‘, Gaza mit Namen (= in der Sprache) von Syrien. Regierungsjahr 23, 1. Monat der Erntezeit, Tag 5. Ausmarsch aus diesem Ort in Stärke, in Sieg, in Macht und in Triumph, um jenen elenden Feind niederzuwerfen, um die Grenzen Ägyptens zu erweitern, gemäß dem, was sein Vater *Amun-Re* befohlen hatte . . .“ Aber wie strategische Entscheidungen zustande kamen und die Kampfhandlungen, bei denen die Ägypter siegreich waren, wurden eingehend geschildert: „Regierungsjahr 23, 1. Monat der Erntezeit, Tag 16. Zur Stadt Ichem. Seine Majestät befahl eine Beratung mit seinem siegreichen Heer und führte aus: ‚Jener elende Feind von Kadesch ist herangerückt und in Megiddo eingetreten (= nach Süden vorgerückt). Er ist jetzt dort. Er hat um sich versammelt die Fürsten aller Fremdländer, die Ägypten (einst) ergeben waren und . . . Leute von Syrien, ihre Pferde, ihre Krieger, ihr Troßvolk. Es wird berichtet, er habe gesagt: Ich werde bleiben, um hier in Megiddo gegen Seine Majestät zu kämpfen. Sagt mir, was eure Meinung ist.‘ Sie sagten vor Seiner Majestät: ‚Wozu soll ein Ausrücken auf diesem Wege führen, der ziemlich eng ist (das heißt, er führt durch einen Engpaß). Man meldet, daß die Feinde da am Ausgang stehen und daß sie recht zahlreich sind. Muß nicht Pferd hinter Pferd marschieren, ebenso wie die Krieger und das Troßvolk? Soll denn unsere Vorhut in den Kampf kommen, während unsere Nachhut noch hier . . . steht und nicht in den Kampf eintreten kann? Es gibt da zwei (andere) Wege“ . . . (die nun beschrieben werden) . . . „Möge unser siegreicher Herr in der Trefflichkeit seines Herzens auf ihnen vorrücken. Möge er nicht veranlassen, daß wir auf diesem schwierigen Wege vorgehen!“ Obwohl danach auch noch Kundschafter kamen, die die von der Heeresleitung beschriebene Sachlage bestätigten, blieb der König bei seinem Vorschlag: „Wer von euch will, mag auf jenen Wegen marschieren, die ihr vorgeschlagen habt! Wer von euch will, möge im Gefolge meiner Majestät mitkommen. Denn sie werden (sonst) sagen bei den Feinden, dem Abscheu des *Re:* ‚Rückt denn Seine Majestät auf einem anderen Wege vor? Er fängt an, sich vor uns zu fürchten!‘ werden sie sagen. Da sagten sie (= die Heeresleiter) vor Seiner Majestät: ‚Möge dein Vater *Amun* . . . deinem Willen beistehen! Siehe, wir folgen Deiner Majestät an jeden Ort, zu dem sich Deine Majestät begeben wird. Ein Diener ist immer hinter seinem Herrn!“

Die Rollenverteilung zwischen König und seinen Beratern ist hier also ganz ähnlich dargestellt wie im Text des *Kamose:* Auf der einen Seite die zu Kompromissen bereiten oder zaghaften (Militär-)Beamten, auf der anderen Seite der mutige König, der sich mit Halbheiten nicht zufriedengibt. In beiden Berichten wird gezeigt, daß die Beamten nachgeben. Das gleiche Handlungsschema findet sich auch in einer Reihe anderer Königs-Inschriften, die häufig auf Stelen angebracht sind[19]. Es ist so auffallend, daß ein Ägyptologe dadurch die Existenz einer Stele mit dem *Kamose*-Bericht erschließen konnte, lange bevor man die Stelen selbst entdeckt hatte: Die Schreibtafel mit der hieratischen Abschrift davon war 1908 gefunden worden; als A. H. Gardiner sie 1916 bearbeitete, schrieb er: „Es ist keineswegs unwahrscheinlich, daß der Text der Tafel eine direkte Kopie von einer Stele ist, die von *Kamose* in einem der thebanischen Tempel aufgestellt ist"[20]. 1932 und 1935 wurden dann die Bruchstücke der einen Stele, 1954 die zweite Stele gefunden, die Gardiner's Vermutung bestätigten.

Wie bei *Kamose* zeigte auch bei *Thutmosis III.* der weitere Verlauf der Ereignisse, daß der König mit seiner Entscheidung Recht hatte; denn als das Heer – mit dem König an der Spitze – den gefürchteten Engpaß durchzogen hatte, stellte sich heraus, daß sein Ausgang unbesetzt war. Hier ist der Bericht so genau, daß er sogar Uhrzeiten nennt: „Die Vorausabteilungen vollendeten aber das Herauskommen auf diesem Wege (= dem Engpaß), als sich der Schatten wendete (= Mittag). Seine Majestät gelangte zum Süden von Megiddo am Ufer des Baches Kina, als am Tage sieben Stunden umliefen (= gegen 1 Uhr)". Abend und Morgen sind dann wieder nur stichwortartig beschrieben; trotzdem wird uns ein interessanter Einblick in das Lagerleben vermittelt: „Ruhen im Zelt dessen, der lebt, heil und gesund ist (= der König). Für den Unterhalt der Offiziere sorgen; Austeilen der Rationen für die Gefolgsleute; Aufstellen der Postenkette des Heeres; zu ihnen sagen: ‚Standhaft! Standhaft! Wachsam! Wachsam!‘ Lebend erwachen im Zelt dessen, der lebt, heil und gesund ist. Man kam, um Seiner Majestät zu sagen: ‚Die Küste ist unversehrt, die südliche und nördliche Truppe ebenso.‘" Am nächsten Tag fand dann die Schlacht statt, die wiederum ausführlich geschildert wird: „Regierungsjahr 23, 1. Monat der Erntezeit, Tag 21, genauer Tag des Neumondfestes. Dem ganzen Heer wurde Befehl gegeben, um die Schlachtreihe aufzustellen. Seine Majestät zog aus auf einem Streitwagen von Elektron, geschmückt mit dem Glanze seiner Waffen wie (der Königsgott) *Horus*, starken Armes, Herr der Tat wie (der Kriegsgott) *Month* von Theben. Sein Vater *Amun* stärkte seine Arme . . . Da erwies sich Seine Majestät als machtvoll an der Spitze seines Heeres. Und als sie (= die Feinde) Seine Majestät als übermächtig erkannten, da begannen sie Hals über Kopf nach Megiddo zu fliehen mit angsterfüllten Gesichtern. Sie ließen ihre Pferde und ihre Streitwagen von Gold und Silber zurück, auf daß man sie an ihren Kleidern in diese Stadt hinaufziehe. Die Bewohner hatten nämlich diese Stadt vor ihnen verschlossen, und sie ließen Tücher hinab, um sie zu dieser Stadt hinaufzuziehen. Hätte sich doch das Heer Seiner Majestät nicht damit abgegeben, die Sachen dieser Feinde zu plündern! Sie hätten Megiddo in diesem Augenblick eingenommen!" So aber mußte das ägyptische Heer Megiddo erst noch monatelang belagern, bevor sich die Feinde ergaben. Dann aber kamen „die Fürsten dieses Fremdlandes auf ihren Bäuchen, um die Erde vor der Gottesmacht Seiner Majestät zu küssen und Atemluft für ihre Nasen zu erflehen" und um Tribute zu bringen. Am Schluß wird bürokratisch genau und mit Zwischensummen versehen die Kriegsbeute aufgelistet: „Streitwagen, verziert mit Gold ... jenes Fürsten (von Kadesch): 1; guter Streitwagen, verziert mit Gold, des Fürsten von Megiddo: 1; Streitwagen ...: 30; Streitwagen seines elenden Heeres: 892; Summe: 924" usw.

Thutmosis III. ließ seine Feldzüge auch in Inschriften beschreiben, die außerhalb des Tempels, das heißt öffentlich zugänglich, angebracht waren und sich ausdrücklich an die Menschen richteten. Ein Vergleich zwischen diesen Texten und den im Tempel festgehaltenen Kriegsberichten ist recht aufschlußreich: Während in den Tempelinschriften deutlich das Bestreben erkennbar wird, die Ereignisse möglichst genau und vollständig zu dokumentieren, spielte dieser Gesichtspunkt bei den „publizierten" Texten eine untergeordnete Rolle; mit ihnen wurde vielmehr die Absicht verfolgt, das Ansehen und die Macht des Königs herauszustreichen und zu demonstrieren, was mit denen geschieht, die sich gegen ihn auflehnen. Diese Inschriften bestehen deshalb vor allem aus einer „Zusammenstellung der Heldentaten" des Königs, wie es auf einer Stele wörtlich heißt[21]. Fehler des Heeres, wie oben bei der Einnahme von Megiddo, werden selbstverständlich nicht erwähnt; dafür findet man hier Angaben, die in der Tempel-Dokumentation nicht vorkommen und besonders deutlich unterstreichen, was mit der Inschrift bezweckt werden sollte. Auf einer Stele, die auf der Südgrenze des Herrschaftbereiches von *Thutmosis III.* aufgestellt wurde, klingt die Schilderung der Schlacht von Megiddo so[22]: „... Nun aber spreche ich erneut zu euch, hört, ihr Menschen! Er (= *Amun*) überwies mir die Fremdländer Syriens bei meinem ersten Feldzug, als sie kamen, um sich mit Meiner Majestät zu Millionen zu messen, Hunderttausende von den Besten aller Fremdländer, die auf ihren Wagen stehen, 330 Häuptlinge, ein jeder mit seinem Heer. Sie waren aber im Tal Kina, dazu gerüstet, in Konzentration. Da geschah gegen sie eine gewaltige Tat durch Meine Majestät. Es griff sie Meine Majestät an. Da flohen sie sofort und fielen in Haufen. Sie eilten nach Megiddo hinein. Meine Majestät belagerte sie 7 Monate, ehe sie herauskamen und Meine Majestät anflehten: ‚Gib uns deine Luft, unser Herr! Nicht werden sich die Bewohner Syriens erneut empören.'... Sie standen nun auf ihren Mauern, um Meine Majestät anzubeten, damit ihnen der Lebenshauch gegeben werde. Da veranlaßte Meine Majestät, daß man sie schwören ließ einen Eid folgenden Wortlautes: ‚Nicht wollen wir wieder etwas Böses tun gegen *Men-cheper-Re* (= *Thutmosis III.*), er lebe ewiglich, unseren Herrn, in unserer Lebenszeit, denn wir haben seine Macht gesehen. Er hat uns Luft nach seinem Wunsch gegeben. Aber sein Vater hat das vollbracht, [*Amonre*, Herr der Throne der beiden Länder], denn das ist nicht Menschenwerk.' Da ließ ihnen Meine Majestät den Weg zu ihren Städten freigeben. Sie zogen ab auf Eseln, denn ich hatte ihre Pferde erbeutet...."

Von diesem Eid zum Beispiel ist in der Tempelinschrift nicht die Rede, was nicht bedeuten muß, daß er in Wahrheit nicht geleistet wurde, denn gerade an dieser Stelle ist in der Tempelinschrift vermerkt, daß ein Teil der Taten *Thutmosis III.* keinen Platz mehr in ihr fand und deshalb auf eine Lederrolle geschrieben wurde. Es ist aber bezeichnend, daß der Eid dort zu den Vorgängen gezählt wurde, die nicht unbedingt in der Inschrift stehen mußten, während er auf der Grenzstele sogar im Wortlaut wiedergegeben ist. Damit sollte den Menschen im Süden offenbar gesagt werden, daß sie vom ägyptischen König nur dann „Luft" zu erwarten hätten, wenn sie – wie die Menschen im Norden – sich verpflichteten, nie „etwas Böses" gegen ihn zu tun. Immer wieder wird in dem Text betont, wie stark der Beistand *Amun*'s bei allen Taten *Thutmosis' III.* sei; einmal half der Gott sogar durch ein Wunder, das der König den Menschen im Süden selbst schildert: „Hört ihr Menschen des Südlandes, das am heiligen Berg (= wo die Stele aufgestellt wurde) ist, ...! Möget ihr das Wunder des [*Amonre*] von den gesamten beiden Ländern wissen. [..... zerstört ....] Die [Wachen] aber waren gerade dabei aufzuziehen ... Es war die zweite Stunde, da ging ein Stern auf südlich von ihnen. Nie geschah etwas Ähnliches. Er strahlte aber gegen sie an seiner richtigen Stelle. Da konnte keiner bestehen ..." Nun folgt die Schilderung, wie *Thutmosis III.* seine Feinde vernichtete.

Diese kurzen Ausschnitte mögen zeigen, daß die Steleninschrift zwar auch Berichte über politische Ereignisse enthält, aber im Unterschied zur Tempelinschrift nur eine bestimmte Auswahl von ihnen; ausschlaggebend war, welches Ereignis besonders geeignet war, die Menschen so einzuschüchtern, daß sie es nicht wagten, sich gegen den ägyptischen König aufzulehnen. Am – leider recht zerstörten – Schluß des Textes wird dies besonders deutlich: „Was die Menschen sagten: [.. zerstört ..] Es [sehen] die Fremdlandbewohner deine Macht, und dein Ruf, er umkreist den Scheitel der Welt. Dein Ansehen, es erschüttert die Herzen derer, die [dich] angreifen." Danach ist noch von „jedem Nubier" die Rede, „der deine Pläne übertreten wird", und den Südländern wird ausdrücklich Strafe angedroht für den Fall, daß sie sich dem Willen des Königs nicht fügen.

Wir haben es hier also nicht eigentlich mit einem „historischen Bericht" zu tun, sondern mit einem Propaganda-Text, der sich unter anderem historischer Begebenheiten bedient, um seiner Zielrichtung Nachdruck zu verleihen.

Bevor als letztes Beispiel noch ein „illustrierter" Kriegsbericht vorgestellt und dessen Funktion beschrieben werden soll, muß ein Blick auf die Situation der Beamten in diesen kriegerischen Zeiten geworfen werden.

Die Beamten

Die veränderte internationale Lage verlangte nicht nur vom König neue Fähigkeiten, sondern auch von der Beamtenschaft: Es mußte Beamte geben, die Fremdsprachen beherrschten, besonders das Akkadische und die Schrift, in der es geschrieben wurde, die Keilschrift; denn Akkadisch spielte in dieser Zeit die Rolle einer internationalen Diplomatensprache, in der die Staatsregierungen Vorderasiens und Ägyptens miteinander korrespondierten[23]. Zum Überbringen der Korrespondenz wurden auch Beamte gebraucht, die sich in der Geographie der Nachbarländer gut auskannten. So heißt es in einem Unterrichtstext aus der 19. Dynastie (ca. 1305–1196 v. Chr.), der als Brief an einen Eilboten formuliert ist: „... Ich will dir von einer anderen fremden Stadt sprechen, die heißt Byblos. Wie ist sie? Und ihre Göttin? ... Informiere mich doch über Beirut, über Sidon oder Sarepta. Wo fließt der Fluß von Litani? Wie sieht Uzu aus? ... Komm, setze mich doch auf den Weg südlich der Gegend von Akko. Wo geht der Achschaph-Weg? ... Belehre mich doch bitte über den Berg von User. Wie sieht sein Gipfel aus? Wo kommt dann der Berg von Sichem? Wie durchquert man die Furt des Jordan? Laß mich doch wissen, auf welche Weise man frei an

Megiddo vorbeikommt, das oberhalb davon liegt ...“[24]. Für die Feldzüge waren solche ortskundigen Leute natürlich ebenfalls von großer
Bedeutung.

Außerdem wurden Beamte benötigt, die mit in den Krieg zogen, um
alle Ereignisse aufzuschreiben, um die Beute, Tribute, Gefangenen,
Gefallenen usw. zu zählen (Abb. 107) und zu registrieren – abgesehen
von den sonstigen Verwaltungsarbeiten, die für die Versorgung und
Organisation des eigenen Heeres notwendig waren.

Einen der „Kriegsberichterstatter“ von *Thutmosis III.* kennen wir sogar näher: Durch die Darstellungen und Inschriften, die er auf den
Wänden seines Grabes im Friedhof von Theben anbringen ließ[25]. Sein
Name ist *Tjanuni;* er war „wirklicher Schreiber des Königs“, „Armeeschreiber“, „Vorsteher der Armeeschreiber“ – vielleicht auch General – und schließlich „Rekrutenschreiber“. In seiner Autobiographie
schreibt er: „Ich folgte dem vollkommenen Gott ... *Thutmosis III.* ...
jedes Jahr. Ich sah die Siege des Königs, die er in allen Fremdländern
errang ... Ich war es, der diese Siege verewigte, die er in jedem Fremdland errungen hatte – schriftlich festgehalten, so wie sie vollbracht worden sind.“ Leider ist die Inschrift ziemlich zerstört; aber es ist noch zu
erkennen, daß er auch unter dem Nachfolger von *Thutmosis III.*, *Amenophis II.* (ca. 1439–1413 v. Chr.), ein hohes Amt innehatte und daß er
unter dem nächsten König, *Thutmosis IV.* (ca. 1413–1403 v. Chr.),
dafür eingesetzt war, Soldaten auszuheben und auszubilden. Die Beamten nennen in ihren Inschriften fast nie ihr Alter; aber hier kann man
wenigstens ungefähr ausrechnen, wie alt *Tjanuni* in den verschiedenen
Positionen war: Als junger Mensch begleitete er *Thutmosis III.* auf seinen Feldzügen, und zwar spätestens von dessen 30. Regierungsjahr
an[26]; nimmt man an, daß er zu dieser Zeit mindestens 16 Jahre alt
gewesen sein muß, hatte er beim Regierungsantritt von *Amenophis II.*
ein Alter von 37 Jahren und war 63, als *Thutmosis IV.* auf den Thron
kam. „Ich schrieb für ihn zahlreiche Soldaten auf. (Er lobte) mich
zweimal über alle Maßen. Er ermöglichte (mir) ein schönes Alter“,
berichtet er über seine letzte Lebenszeit. In der Position, die er in
diesem Alter innehatte, ließ er sich sogar abbilden; es ist, soviel mir
bekannt ist, das älteste Bespiel dafür, daß ein Grabherr selbst als
Schreibender dargestellt ist[27]. Das eine Mal sieht man ihn stehend mit
der Schreibtafel in der Hand, das andere Mal auf mehreren grünen
Kissen sitzend, mit seiner Schreibtafel auf den Knien und der Schreiber-
palette in der linken Hand. Ausgerechnet diese Szene ist stark zerstört;
aber die ihr beigegebene Inschrift beschreibt sie: „Einschreiben der

107 *Ein Beamter zählt die Hände gefallener Feinde, ein zweiter notiert sie, ein dritter führt Gefangene heran. Wandrelief im Tempel Ramses' III. (19. Dyn.) in Medinet Habu (Theben).*

Soldaten vor seiner Majestät, Registrieren des militärischen Nachwuchses, jedermann seine Pflicht im ganzen Heer wissen lassen, (ausgeführt) durch den wahren Schreiber des Königs, den er liebt, den Heeresschreiber *Tjanuni*, den Gerechtfertigten"[28]. Man kann erkennen, wie vor ihm die Soldaten – zum Teil durch Aufseher mit Stöcken – zur Registrierung herangetrieben und wie die einzelnen Truppenteile exerziert wurden[29].

Um die Soldaten rekrutieren zu können, mußte *Tjanuni* einen Überblick haben über die gesamte Bevölkerung; die Bearbeiter seines Grabes sprechen deshalb geradezu von einer „Volkszählung", die er durchgeführt habe. *Tjanuni* beschreibt sie folgendermaßen: „Registrieren des ganzen Landes vor seiner Majestät, Inspektion aller Menschen, Übersicht erhalten über die Soldaten, die *Web*-Priester, die Diener (= wohl: Arbeiter) des Königs und alle Handwerker des ganzen Landes, über die Rinder, das Geflügel und alles Kleinvieh durch den Heeresschreiber . . . *Tjanuni* . . ." Auch bei dieser Tätigkeit ließ sich *Tjanuni* abbilden mit einer Schreibtafel in der Hand und einem Kasten zur Aufnahme der Schriftstücke vor sich (ebenfalls recht zerstört).

Weiter unten wird am Beispiel eines anderen Beamten gezeigt werden, daß solche „Volkszählungen" auch für andere Zwecke genutzt

wurden als nur für die Truppenaushebung. Wohl weil sie eine so große
Bedeutung hatten, war *Tjanuni* daran gelegen, sich auf seinen Grabwänden darstellen zu lassen, wie er Listen führte: Diese Art des Regi-
strierens hatte höchstes Ansehen – ganz im Gegensatz zur Kleinarbeit
etwa des Getreidezählens, die auch weiterhin den niederen Schreibern
überlassen wurde; in dieser Rolle ist nie ein Grabherr abgebildet, sondern nur als Beaufsichtiger solcher Tätigkeiten.

Ein König, der sich so oft auf Kriegszügen außerhalb seines Landes
befand wie *Thutmosis III.*, war natürlich auch auf Beamte angewiesen,
auf die er sich absolut verlassen konnte; denn sie mußten ja während
seiner Abwesenheit die Regierungsgeschäfte eigenständig weiterfüh-
ren. Und tatsächlich stammen die ausführlichsten Beschreibungen und
Darstellungen der Pflichten und Amtshandlungen eines Wesirs aus der
Regierungszeit dieses Königs. Sie befinden sich im Grab des *Rechmire,*
der spätestens vom 32. Regierungsjahr *Thutmosis' III.* an dessen ober-
ster Verwaltungsbeamter war[30]. Dort ist auch die Rede aufgeschrieben,
die *Thutmosis III.* bei der Amtseinsetzung sprach; darin heißt es unter
anderem: „Siehe, nicht ist es ein angenehmes (Amt)! Siehe, es ist bitter
wie Galle! . . . Siehe, über alle Taten eines Großen, der in der Öffent-
lichkeit richtet, berichten Wasser und Wind . . . Ein Abscheu für Gott
ist, wenn man sich auf seine Seite gibt (= parteiisch ist). Dies ist die
Lehre. Du sollst entsprechend handeln und den, den du kennst wie den,
den du nicht kennst, . . . gleichermaßen behandeln . . ."[31]. Außerdem
ließ *Rechmire* die Dienstordnung, die die Aufgaben des Wesirs beschrieb, in seinem Grab festhalten[32]. Sie enthält genaue Anweisungen,
in welcher Form der Wesir seine Amtshandlungen durchführen mußte;
daß er täglich dem König Bericht zu erstatten hatte; welche Beamten er
persönlich einzusetzen hatte, über welche Arbeiten er die direkte Aufsicht hatte usw.: „Bei einer jeden Amtshandlung dieses Großen und
Wesirs in der Halle des Wesirs sitzt er auf einem Armsessel, eine Matte
liegt auf dem Boden, das Wesirsgewand übergeworfen, ein Kissen unter
seinem Rücken, ein Kissen unter seinen Füßen . . . Die Großen von
Oberägypten sind vor ihm in zwei Nischen aufgeteilt, der Kabinettvor-
steher zu seiner Rechten, der Administrator der Eingänge zu seiner
Linken und die Schreiber des Wesirs (direkt) bei ihm . . ." – hier ist also
genau festgelegt, in welchem Rahmen eine solche Sitzung stattzufinden
hatte. Manche Vorschriften sind in ihrer bürokratischen Genauigkeit
modernen Dienstanweisungen im Verwaltungsbereich nicht unähnlich:
„Wenn der Wesir wegen eines Schriftstückes, das nicht vertraulich ist,

108 *Der Wesir Rechmire beaufsichtigt Arbeiten für den Amun-Tempel.*

zu einer Halle schickt, dann wird es ihm gebracht mit der Papyrusrolle
des zuständigen Beamten und mit dem Siegel der Verhörenden und der
entsprechenden Protokollanten hinter diesen. Dann öffnet er es. Nachdem er es eingesehen hat, geht es zu seinem Platz, gesiegelt mit dem
Siegel des Wesirs. Wenn er hingegen vertrauliche Schriftstücke anfor-
dert, so soll es nicht durch den zuständigen Beamten gebracht werden . . ."[33]. Die Darstellungen zeigen *Rechmire* bei solchen Sitzungen;
beim Entgegennehmen von Tributen aus dem Ausland und von Abgaben aus dem Inland; beim Anhören von Bittgesuchen aus dem Volk,
während er auf der Straße geht; beim Überwachen der Arbeiten für den
Amun-Tempel (Abb. 108) usw. Aber nicht nur beim Ausüben seiner
Pflichten sieht man ihn, sondern auch bei Festen: „Herzerfreuen, Schönes betrachten, an Tanz und Gesang erfreuen, mit Myrrhenöl sal-

109 König Thutmosis III. droht, Feinde zu erschlagen. Relief auf dem 7. Pylon des
Amun-Tempels in Karnak (Theben).

ben... Lotosblüten zur Nase halten..." lauten die Beischriften zu
diesen Szenen.

Man weiß, daß *Rechmire*'s Onkel und sein Großvater das Wesirsamt
ebenfalls innegehabt hatten; *Thutmosis III.* hatte also in *Rechmire* einen Mann mit der höchsten Verantwortung über die Innenpolitik be-
traut, der aus einer alten und angesehenen Beamtenfamilie stammte.
Durch diese Herkunft bot *Rechmire* die beste Gewähr, von der übrigen
Beamtenschaft anerkannt zu sein und dort für Stabilität und Kontinui-
tät sorgen zu können.

Eigentlich könnte man erwarten, daß sich neue Ideale entwickeln,
wenn sich die Situation eines Staates so verändert wie im Ägypten des
Neuen Reiches. Daß das Kriegeführen und das Militär nun soviel wichtiger geworden waren als früher, wirkte sich jedoch nur verhältnismäßig
gering auf das Menschenbild aus; man kann es vor allem an den bildlichen Darstellungen sehen, wo nun nicht etwa muskelstrotzende Kriegshelden gezeigt werden. Gerade *Thutmosis III.*, der ja nun wirklich ein

rechter „Kriegs-König" war, wurde als feingliedriger, schlanker junger Mann wiedergegeben. Die alten Prinzipien wurden beibehalten, und nur innerhalb ihres Rahmens wurden einzelne neue Akzente gesetzt: Im königlichen Bereich gehören dazu die Kriegsberichte, die der alten Rolle des Königs weitere Elemente zufügten; *Thutmosis III.* ließ sich zwar kämpfend abbilden, aber nur in dem uralten Motiv des Königs, der seine Feinde am Schopf gepackt hält und sie mit einer Keule zu erschlagen droht (Abb. 109). Neu ist, daß er als erster König für diese Darstellung die Wände von „Pylonen" benutzte, das heißt von Türmen, die die Eingangstore von Tempeln flankieren[34]. Außerdem sind von *Thutmosis III.* erstmals Texte belegt, die den König als besonders guten Sportler und Großwildjäger schildern[35].

Bei den Untertanen des Königs machte sich die veränderte Lage vor allem darin bemerkbar, daß jetzt auch Menschen zu Ansehen gelangen und sogar in sehr hohe Positionen aufrücken konnten, die nicht aus Beamtenfamilien stammten, sofern sie hohe Leistungen auf militärischem Gebiet vorzuweisen hatten. So rühmte sich *Ahmose*, der Sohn eines Unteroffiziers, in seinen Grabinschriften, er sei sieben Mal öffentlich ausgezeichnet worden und zu einem reichen Mann geworden allein wegen seiner kämpferischen Fähigkeiten; denn „der Ruf des Tapferen beruht auf dem, was er getan hat, und vergeht nicht in diesem Land in Ewigkeit"[36]. Daß er sich überhaupt ein mit Inschriften versehenes Grab bauen lassen konnte, wäre früher für einen Menschen seiner Herkunft nicht möglich gewesen. Auch von *Tjanuni* wird angenommen[37], daß er aus einer einfachen Familie kam.

Am auffallendsten aber und besonders bezeichnend für das altägyptische Menschenbild ist die Laufbahn des Menschen, der sowohl in seiner Zeit der am höchsten geehrte als auch bei der Nachwelt berühmteste Beamte des Neuen Reiches war: Er hieß, wie auch mehrere Könige der 18. Dynastie, *Amenophis*. Um Verwechslungen auszuschließen, setzt man den Namen seines Vaters dazu und nennt ihn *Amenophis, Sohn des Hapu*. Seine höchsten Ämter hatte er in der Regierungszeit von *Amenophis III.* (ca. 1403–1365 v. Chr.) inne[38]. Er stammte aus einer einfachen Familie aus einer Provinzstadt und scheint sich sehr langsam hochgedient zu haben: Er muß bereits um die 50 Jahre alt gewesen sein, als er „königlicher Schreiber", das heißt als Schreiber in die Residenz geholt, wurde. Dort war er erst in einer untergeordneten Stelle tätig und wurde dann befördert zum obersten Rekrutenschreiber für Unterägypten; er hatte also eine ähnliche Position wie *Tjanuni* im vorgerückten Alter. In seiner Autobiographie beschreibt er seine Pflichten als Rekru-

110   *a: Einer der beiden „Mem-*
nonskolosse" in Theben-West.
H.: ca. 19,5 m (ursprünglich: 21 m).
b: Transport einer Kolossalstatue auf
einem Schlitten, vor den Wasser ge-
gossen wird, um den Sand gleitfähig
zu machen. Nach Aussage der dazu
gehörenden Inschrift ist die Statue
knapp 7 m hoch.
Wandmalerei im Grab des Gaufür-
sten Djehutihotep (12. Dyn.) in El-
Berscheh.

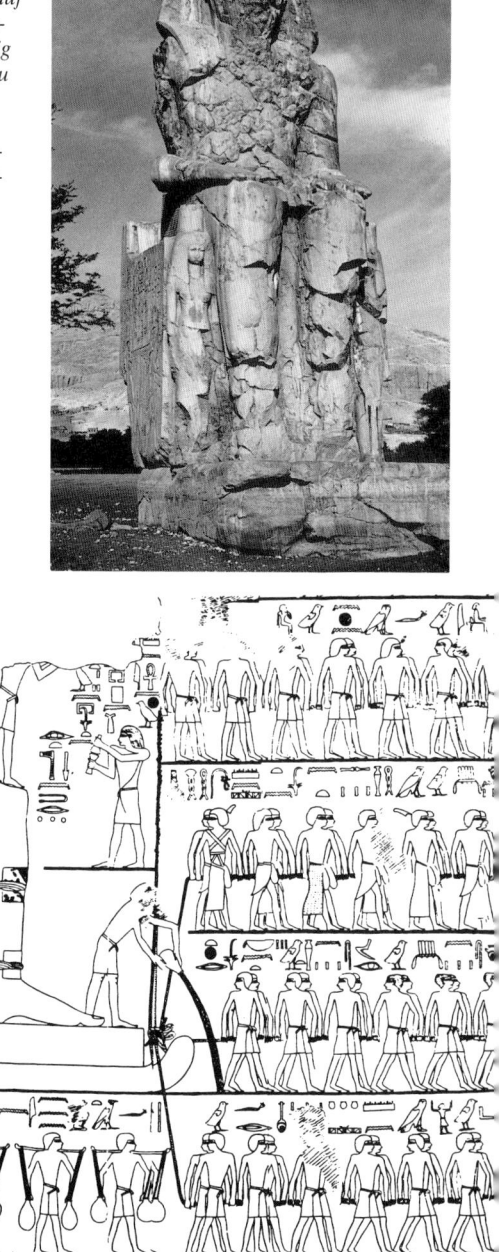

tenschreiber: „Ich hob aus die Jungmannschaft meines Herrn (= des Königs), meine Schreibbinse veranstaltete die Zählung von Millionen, und ich gab sie in die Kompanien ... Ich zählte alle ihre Gruppen, hob die Rekruten aus und setzte die Abteilungen auf den Weg, um die Wüstenbewohner (= Beduinen, die nach Ägypten eindrangen, um dort ihr Vieh zu weiden) an ihren Orten abzuweisen, die die beiden Länder umgeben ... Ich zählte die Beute der Siege seiner Majestät ...". Er war also auch dafür zuständig, die Kriegsbeute zu registrieren, die sein König und sein Heer von ihren Feldzügen mitbrachten. Außerdem aber bekam er noch eine andere Aufgabe übertragen, wie er im selben Text berichtet: „Es machte mich mein Herr zum Vorsteher aller Bauarbeiten. Ich machte den Namen des Königs in Ewigkeit dauernd ... Ich tat nach dem Wunsch meines Herzens, als ich sein Ebenbild in diesen seinen großen Totentempel brachte aus allerlei Gestein, fest wie der Himmel ... Ich leitete die Arbeiten an seiner Statue ..., deren Länge 40 Ellen (= ca. 21 m) betrug ... Ich baute Achterschiffe und fuhr sie (= die Statue) stromauf, um sie in seinem großen Totentempel beständig sein zu lassen, bleibend wie der Himmel. Meine Zeugen sind unter euch, die ihr nach uns kommt! Das ganze Heer war vollständig als ein

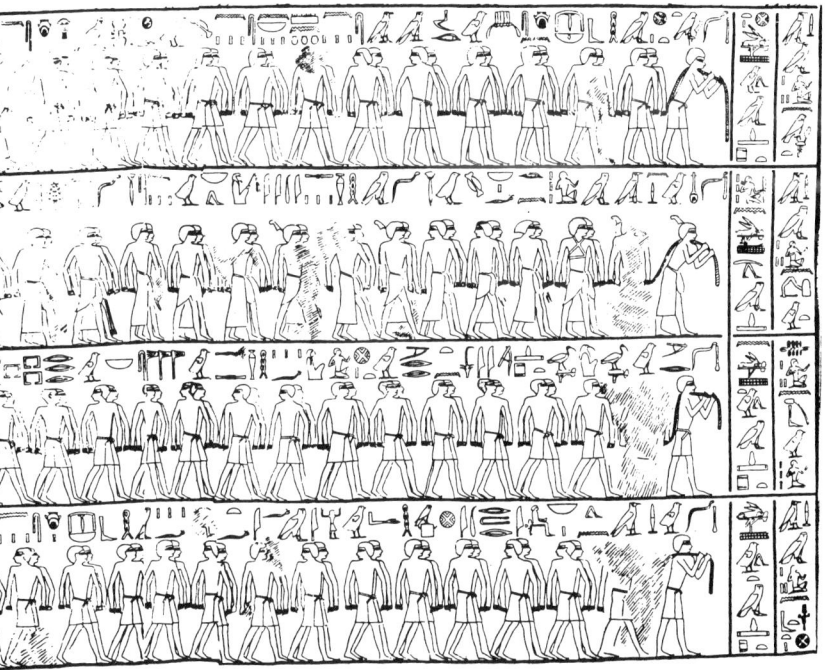

Ganzes unter meiner Aufsicht. Sie arbeiteten in Freude, indem sie froh waren und den guten Gott (= den König) priesen und verehrten . . ." Das bedeutet, daß *Amenophis, Sohn des Hapu*, seine Verfügungsgewalt über das Heer auch dazu nutzte, große und schwierige Transportarbeiten durchführen zu lassen. Sein dabei bewiesenes Geschick und sein Organisationstalent waren offenbar einer der Gründe für sein hohes Ansehen.

Die Statue, um die es sich hier handelt, steht noch heute: Es ist eine der beiden unter dem Namen „Memnonskolosse" bekannten riesigen Plastiken in Theben, die *Amenophis III.* auf einem Thron sitzend darstellen. Sie sind je aus einem einzigen Steinblock gearbeitet, dessen Gewicht auf etwa 800 Tonnen geschätzt wird[39]; sie galt es, im Steinbruch abzubauen[40], von dort zum Nil und per Schiff nach Theben zu transportieren und vor dem Totentempel des Königs aufzustellen (Abb. 110).

Das war nur eine der Bauarbeiten, die *Amenophis, Sohn des Hapu*, leitete, aber offenbar diejenige, die das meiste Können verlangte und auf die er am stolzesten war. Vom König wurden ihm die höchsten Ehrungen zuteil, die ein Mensch nichtköniglicher Abkunft in Altägypten jemals bekommen hat: Er durfte sich einen Totentempel neben denen der Könige bauen und seinem Sarkophag eine Form geben, die sonst nur Königen vorbehalten war; *Amenophis III.* übertrug ihm die Verwaltung des Besitzes einer seiner Töchter; der König gestattete ihm außerdem, mehrere Statuen von sich im Tempel des *Amun* aufzustellen. In der Regel gehörten in einen Tempel nur Statuen von Göttern und Königen: Die der Götter als Abbilder derer, für die der Kult vollzogen wurde, die der Könige als Verewigung derer, die den Kult durchzuführen hatten. Nur ausnahmsweise bekamen auch andere Menschen die Erlaubnis, dort Statuen von sich aufzustellen, das heißt, sich mehr in die Nähe des Gottes zu bringen als andere und dort auch über den physischen Tod hinaus zu bleiben.

Auf einer Statue, die *Amenophis, Sohn des Hapu*, als Knienden zeigt, steht eine Inschrift, mit der er zu *Amun* spricht: „Ich bin zu dir gekommen . . ., um in deinem Tempel zu sein, o *Amun*, du Urzeitlicher der beiden Länder. Du bist der Herr dessen, was unter dem Himmel existiert . . . Ich bin ein Wahrhaftiger, nicht bin ich parteiisch . . . Nicht ließ ich zuviel tun, und nicht trat ich dem zu nahe, der für mich arbeitete . . . Mein Ruf ist Zeuge für das, was ich getan habe, indem es vor aller Augen ist. Wer mich sah, der wünschte so wie ich zu sein, weil das, was mir geschah, so groß war. Ein Zeuge für die Wahrheit ist mein Alter:

Ich habe 80 Jahre erreicht, indem meine Gunst beim König groß ist, und ich werde auch noch 110 Jahre vollenden..."[41] – 110 Jahre war das Wunschalter in Altägypten. In den Inschriften auf den Sockeln von zwei anderen Statuen, in denen er sich als Schreibkundiger (Abb. 111) darstellen ließ[42], spricht er nicht *Amun*, sondern die Menschen an. (Man weiß zwar nicht mit Sicherheit, in welchem Teil des *Amun*-Tempels sie ursprünglich gestanden haben; aber sie müssen an einem Ort aufgestellt gewesen sein, zu dem viele Menschen Zutritt hatten, das heißt an einem Eingang oder in einem Vorhof.) In dem einen Text sagt er zu den Menschen, „die nach Norden und Süden fahrend nach Theben kommen, um den Herrn der Götter zu verehren: Kommt zu mir! Ich melde, was mir gesagt wird, *Amun* in Theben. Spendet mir ein königliches Opfer! Spendet mir Wasser von dem, was in eurer Hand ist. Denn ich bin der Herold, den der König eingesetzt hat zum Hören des kleinen Mannes..."

Amenophis, Sohn des Hapu empfiehlt sich also einerseits dem Gott *Amun* als jemand, der sich vorbildlich verhalten hatte, und andrerseits den Menschen, die selbst nicht bis zum Götterbild vordringen konnten,

111 Amenophis,
Sohn des Hapu
in Schreiberhaltung.
Grauer Granit. H.: 128 cm.
Kairo.

als Mittler zwischen ihnen und dem Gott. Als Dank dafür erbittet er sich Opfergaben, um weiterleben zu können – was ihm auch gelang: Er wurde später vergöttlicht und noch bis nach Christi Geburt verehrt[43]. Das bedeutet: Dieser Beamte, der aus einfachsten Verhältnissen kam, dann zwar eine relativ hohe Karriere machte, dabei aber nicht in die höchsten Staatsämter – zum Beispiel das eines Wesirs – aufstieg, wurde zu einer der berühmtesten Persönlichkeiten Altägyptens.

Überlegt man, welche Eigenschaften diesen Menschen über die anderen so sehr herausgehoben haben könnten, so wird es das Zusammenwirken von außergewöhnlichem Organisationstalent und „Volksnähe" gewesen sein; sowohl seine niedrige Herkunft als auch sein ständiger Umgang mit dem Volk beim Ausheben der Rekruten[44] und beim Leiten der Transport- und Bauarbeiten hat ihm vielleicht einen Umgangston mit dem „kleinen Mann" bewahrt, den die Menschen von einem Beamten, der beim König in so hohem Ansehen stand wie er, nicht gewöhnt waren.

Das erinnert an *Imhotep,* der den Bau der ältesten Steinarchitektur, der Grabanlage des *Djoser,* leitete (S. 131). In ptolemäischer und römischer Zeit wurden er und *Amenophis, Sohn des Hapu* sogar zusammen verehrt[45]. Ich finde, es wirft ein bezeichnendes Licht auf das Wesen der altägyptischen Kultur, daß ihre „Heroen" Schreiberbeamte, Verwaltungsleute, großartige Organisatoren waren und nicht Kriegshelden – nicht einmal in so kriegerischen Zeiten wie dem Neuen Reich.

Auf *Amenophis III.* folgte *Amenophis IV.-Echnaton,* dessen Regierung einen tiefen Einschnitt im Verlauf der altägyptischen Geschichte markiert (s. o. S. 212). Die unter seiner Herrschaft geschriebenen Beamten-Inschriften[46] lassen nichts mehr ahnen von dem Selbstbewußtsein eines *Tjanuni* oder gar eines *Amenophis, Sohn des Hapu,* sie stellen

112 *Schreiber, dargestellt auf einer Grabwand des Beamten Merire in Amarna.*

113 a: Haremhab wird von König Tutanchamun mit Goldketten belohnt. b: Schreiber registrieren unter der Aufsicht von Haremhab (Fuß und Schurz rechts) nubische Kriegsgefangene. Wandreliefs aus dem Grab, das sich Haremhab während seiner Militärzeit in Saqqara anlegte (als König ließ er ein zweites im Königsgräbertal in Theben bauen). Leiden.

vielmehr die Beamten als reine Geschöpfe des Königs dar: „Verehrung dir, mein Gott (= *Echnaton*), der mich baute, der mir Wohltaten erwies, der mich entstehen ließ, der mir Nahrung gab ... Der Herrscher, der mich machte unter den Menschen, der veranlaßte, daß ich mich seinen Günstlingen zugesellte und daß mich jedes Auge kennt ...". Der Kontrast zur früheren Zeit wird noch verstärkt durch Texte, in denen Beamte *Echnaton*'s betonen, sie haben sich ihr Ansehen beim König vor allem dadurch erworben, daß sie auf seine „Lehre" hörten: „Wie wohl ergeht es dem, der deine Lehre des Lebens hört!" sagt ein Beamter zum König; und in einer Szene, die zeigt, wie *Echnaton* einen Beamten auszeichnet, spricht der König dazu: „Gib Gold um seinen Hals, bis es zu seinen Beinen reicht, weil er auf die Lehre Pharaos – er lebe, sei heil und gesund – hörte ..." In den Darstellungen dieser Zeit sieht man die Beamten in devot gebückter Haltung, wie die Schreiber in Abb. 112.

So hat sich *Echnaton* seine Beamten nach seiner neuen Lehre geformt und auch bestimmt, wie sie dies bildlich und inschriftlich auszudrücken hatten.

Daß es *Echnaton* nur gelungen war, das traditionelle Weltbild totzuschweigen, nicht aber, es auszulöschen, wird darin deutlich, daß sofort nach seinem Tod begonnen wurde, die alten Zustände wiederherzustellen. Eine wichtige, vielleicht die eigentlich treibende, Rolle spielte dabei ein Militärbeamter, *Haremhab*. Er war wahrscheinlich unter *Echnaton* Offizier gewesen und war unter *Tutanchamun* (ca. 1346–1336 v. Chr.) zum Oberbefehlshaber des Heeres aufgerückt (Abb. 113). Wenige Jahre nach *Tutanchamun*'s Tod machte er sich selbst zum König (ca. 1332–1305 v. Chr.): Zum ersten Mal in der altägyptischen Geschichte wurde das Land von einem Mann aus dem Militär regiert, das dadurch eine noch größere Bedeutung erhielt, als ihm vor *Echnaton* schon zukam. *Haremhab* griff energisch durch, um vor allem die Korruption zu beseitigen, die sich offenbar in der Beamtenschaft breitgemacht hatte. Dazu erließ er ein Dekret, das im Land verbreitet und auf mehrere, in verschiedenen Tempeln aufgestellte Stelen geschrieben wurde[47], um die Menschen „diese Dekrete hören zu lassen, die Meine Majestät neu gemacht hat für die Regierung des ganzen Landes, nachdem Meine Majestät der Fälle von Unrecht gedacht hatte, die in diesem Land getan werden ..." Das Dekret nennt eine Reihe von Vergehen und die Strafen, die darauf stehen, zum Beispiel: „Was jeden Bürgermeister oder Priester angeht, von dem man folgendes hört: Er sitzt, um Recht zu sprechen im Gerichtshof, der zum Richten eingerichtet ist und begeht darin ein Vergehen gegen die Gerechtigkeit, so wird das für ihn ein großes todeswürdiges Verbrechen." Außerdem beschreibt *Harem-hab*, daß er das ganze Land neu organisiert und für die Beamtenposten Menschen ausgesucht habe, die „vollkommen an Rede und mit gutem Charakter waren ... und die auf die Worte des Königshauses und die Gesetze der Wache hören."

Auch der Nachfolger von *Haremhab* kam aus dem Militär: *Haremhab* machte einen Waffengefährten, den Offizier *Pa-Ramesse,* zu seinem Wesir und bestimmte ihn zu seinem Nachfolger; es ist *Ramses I.* (ca. 1305–1303 v. Chr.), der Begründer der 19. Dynastie.

Obwohl äußerlich die früheren Verhältnisse wiederhergestellt waren, hatte sich doch vieles verändert. Zwar blieb die Religion *Echnaton's* „eine Episode von höchstens 20 Jahren. Ihre Folgen aber kann man sich gar nicht tiefgreifend und umfassend genug vorstellen. Sie treten auf allen möglichen Gebieten zutage, so daß im ganzen gesehen der Übergang von der 18. zur 19. Dynastie, der Ramessidenzeit, eine Epochenschwelle, vielleicht die tiefgreifendste der ägyptischen Geschichte überhaupt, darstellt", beschreibt Jan Assmann[48] diese Zeit.

Kriegsbericht und Frieden

Eine der Folgen ist sichtbar an einer neuen Art, wie die Könige ihre Kriege darstellten. Bereits der erste König der 19. Dynastie, der wieder nach der üblichen Regel – das heißt als Sohn eines Königs – auf den Thron kam, begann damit: *Sethos I.* (ca. 1303–1290 v. Chr.) benützte als erster König dafür die Außenseite einer Tempelmauer: Die der Nordwand des großen Säulensaales des *Amun*tempels von Karnak. Außerdem begnügte er sich nicht damit, die Ereignisse in Worten zu beschreiben und auch nicht mit dem Abbilden des Feinde erschlagenden Königs, sondern er ließ Einzelheiten aus seinen Feldzügen in szenischen Darstellungen festhalten. Die Örtlichkeiten, an denen sie stattfanden, sind dabei wie in einer Landkarte wiedergegeben und ihre Namen dazugeschrieben (Abb. 114).

Der Sohn und Nachfolger *Sethos' I., Ramses II.* (ca. 1290–1224 v. Chr.), übernahm diese Methode der „Kriegsberichterstattung" und erweiterte sie. Er hatte in seinem 5. Regierungsjahr einen Feldzug gegen die Hethiter unternommen und bei Kadesch (im heutigen Syrien) gegen sie gekämpft. Weil die ägyptischen Militärs nicht sorgfältig genug ausgekundschaftet hatten, wo das feindliche Heer stand, konnten die Hethiter *Ramses II.* durch eine Kriegslist täuschen: Sie schickten zwei Beduinen zu ihm, die sich als Überläufer der Hethiter ausgaben und

114   Festungen und Gewässer mit Namensangabe; dazwischen gefallene Asiaten.
Rechts die zum Streitwagen des Königs Sethos I. gehörenden Pferde. Relief auf der
nördlichen Außenseite des Amun-Tempels in Karnak.

ihm falsche Auskünfte über die Position des hethitischen Heeres über-
mittelten. Dadurch gelang es den Hethitern zu verhindern, daß
Ramses II. erst sein ganzes Heer sammelte, bevor er nach Kadesch
weiterzog und dort auf das hethitische Heer traf. So endete die Kadesch-Schlacht nicht besonders ruhmreich für die Ägypter: Sie konnten
gerade noch eine völlige Niederlage vermeiden und erreichen, daß man
sie „in Frieden heimziehen" ließ, wie es im Text heißt.

Angesichts seines kläglichen Ausganges verwundert es um so mehr,
daß gerade dieses Ereignis so oft und ausführlich dargestellt wurde[49]
wie kein anderes der altägyptischen Geschichte; noch erstaunlicher ist,
daß darin die Fehler der ägyptischen Militärs keineswegs verschwiegen,
sondern – im Gegenteil – auffallend hervorgehoben sind. Dafür gibt es
in der Ägyptologie verschiedene Deutungen. Mir leuchtet diejenige von
J. Assmann[50] am meisten ein, deren Hauptgedanken ich deshalb hier
folge.

Die Kadesch-Schlacht wurde auf zweierlei Arten dargestellt: Zum
einen in riesigen, durch Beischriften ergänzten Relief-Bildern (Abb.

115), zum anderen in einem langen bildlosen Text, der in der Ägyptologie „Kadesch-Gedicht" genannt wird. Beides wurde auf Tempelwänden angebracht; das „Gedicht" ist uns außerdem auf mehreren Papyri (Abb. 116) erhalten[51], und zwar in einer Form, die darauf schließen läßt, daß es im Land verbreitet werden sollte. In die gleiche Richtung weist die Tatsache, daß die Texte und Bilder zur Kadesch-Schlacht auf Pylonen, auf Außenseiten von Tempelmauern und auf Wänden von Tempelvorhöfen zu finden sind, das heißt an öffentlich zugänglichen Stellen. Erhalten sind sie in Tempeln von Abydos, Theben und Abu Simbel, also in den wichtigsten Tempeln Oberägyptens und Nubiens; die unterägyptischen Tempel sind so zerstört, daß nicht mehr nachgeprüft werden kann, ob sie auch dort angebracht waren. Jedenfalls deutet vieles darauf hin, daß die Darstellungen der Kadesch-Schlacht nicht nur ihrer Verewigung dienten, sondern außerdem im Zusammenhang mit einer groß angelegten Propaganda-Aktion zu sehen sind. Die Frage ist, wofür der König damit werben wollte. J. Assmann findet eine Antwort darauf, indem er die „Kadesch-Publizistik" in Verbindung bringt mit einem Ereignis, das 16 Jahre nach der Kadesch-Schlacht stattfand: In seinem 21. Regierungsjahr schloß *Ramses II.* mit dem hethitischen König *Hattusili III.* einen Friedensvertrag[52]; 13 Jahre später unterstrich er diesen Schritt noch einmal, indem er eine Tochter *Hattusili's III.*

115 König Ramses II. (auf dem Streitwagen) vor der vom Fluß Orontes und einem Kanal umflossenen Stadt Kadesch. Wandrelief im Großen Tempel in Abu Simbel.

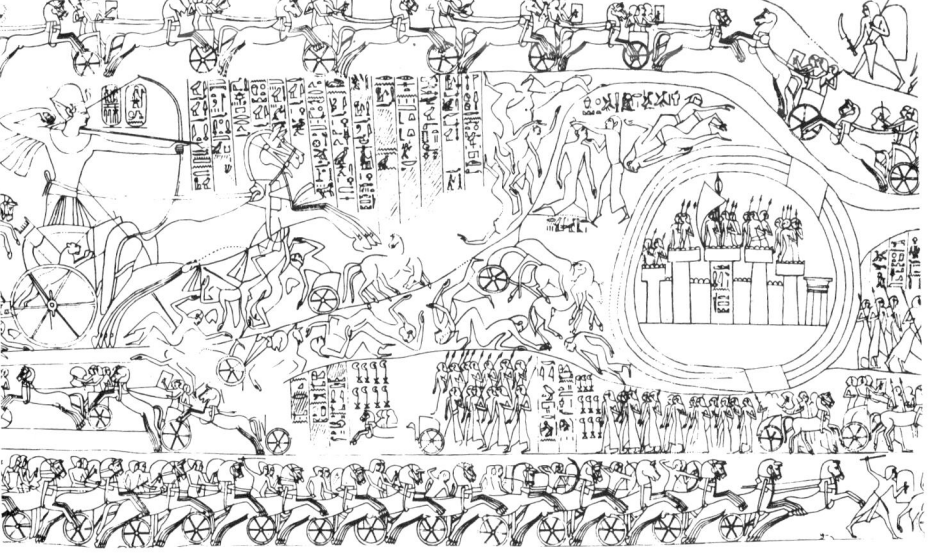

116 Anfang des „Kadesch-Gedichtes" auf Papyrus, geschrieben vom Schreiber Pentawer. Paris.

heiratete. Zwischen seinem 5. und seinem 21. Regierungsjahr muß *Ramses II.* also die Wende von einer Kriegs- zu einer Versöhnungspolitik vollzogen haben. Wenn man bedenkt, daß wenige Jahrzehnte zuvor das Militär gerade die Regierungsmacht ergriffen hatte und daß der Großvater *Ramses' II.* noch selbst Offizier gewesen war, kann man sich vorstellen, daß der König seine neue Politik nur gegen den Widerstand des Militärs durchsetzen konnte. J. Assmann folgert: „Nachdem *Ramses II.* das Militär, wie man annehmen muß, nicht für seine neuen politischen Zielsetzungen gewinnen konnte, mußte er versuchen, sich von ihm zu distanzieren und es als innenpolitischen Machtfaktor möglichst weitgehend auszuschalten. Dazu schien ihm kein Mittel geeigneter als eine schonungslose und öffentlich verbreitete Anprangerung des Versagens, das sich die Armee bei Kadesch hatte zuschulden kommen lassen"[53].

Meines Erachtens wird J. Assmann's These noch dadurch unterstützt, daß der Text des Friedensvertrages durch den Ort seiner Anbringung

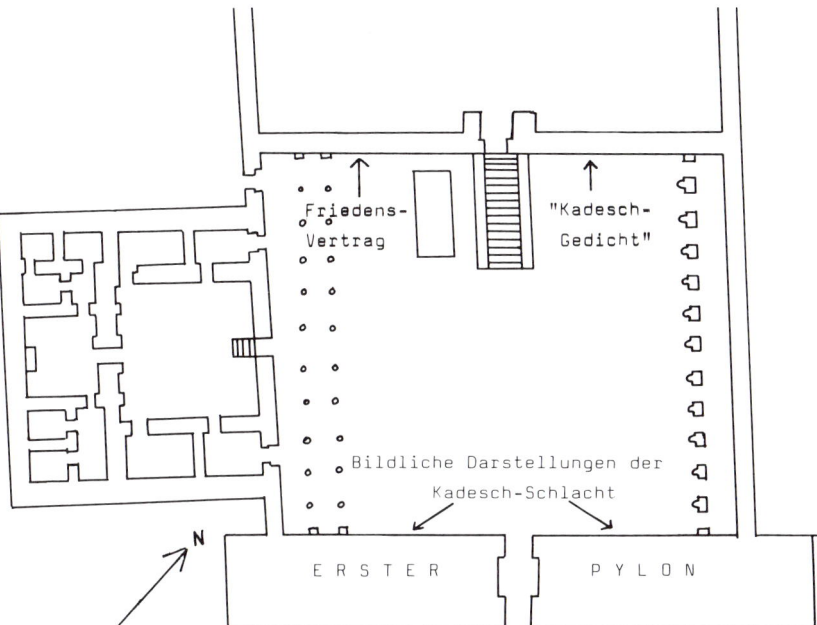

117 *Östlicher Teil des Totentempels von Ramses II. („Ramesseum") in Theben-West mit dem Anbringungsort des „Kadesch-Gedichtes" und des Friedensvertrags mit den Hethitern.*

118 *Mittlerer Teil des Amun-Tempels in Karnak mit dem Anbringungsort des „Kadesch-Gedichtes" und des Friedensvertrags mit den Hethitern.*

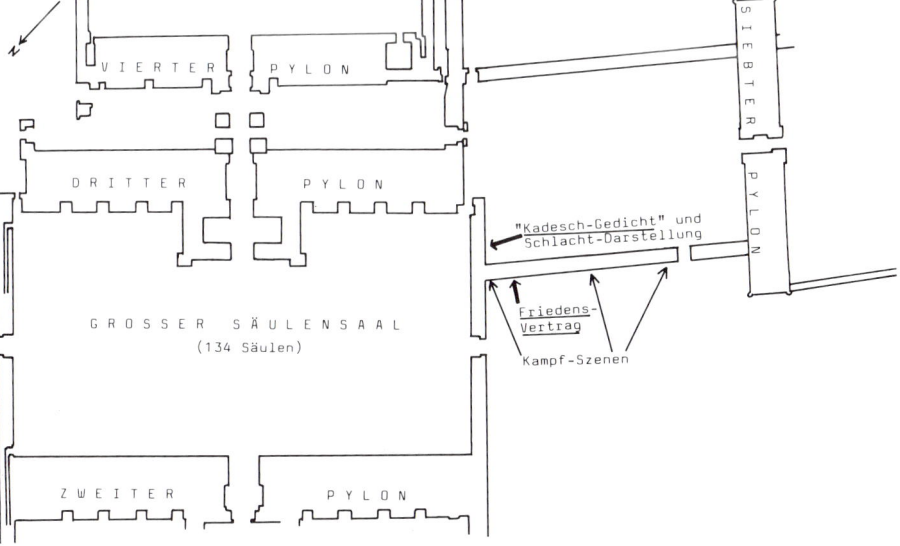

einmal ganz deutlich in Zusammenhang gestellt ist mit dem „Kadesch-Gedicht" und den Darstellungen der Kadesch-Schlacht: Im ersten Hof des Totentempels *Ramses' II.*, des sogenannten „Ramesseums" (Abb. 117), sind auf den östlichen Wänden Bilder der Kadesch-Schlacht angebracht, auf den gegenüberliegenden Wänden steht nördlich des Durchgangs zum zweiten Hof das „Kadesch-Gedicht", südlich davon der Friedensvertrag (von beiden sind nur Reste erhalten). An der zweiten Stelle, wo der Friedensvertrag inschriftlich festgehalten ist, ist diese Verbindung allerdings nicht so eindeutig: Dort wird er umrahmt von Kampfszenen, die aber nicht mit Sicherheit der Kadesch-Schlacht zugeordnet werden können; das „Kadesch-Gedicht" jedoch befindet sich in nächster Nähe dazu (Abb. 118).

Wahrscheinlich war es vor allem dieses „Gedicht", das den Boden für den Friedensvertrag propagandistisch bereiten sollte. Dafür spricht neben der Verbreitung des „Gedichtes" auch auf Papyrus die Tatsache, daß es auf den Tempelwänden grundsätzlich auf deren unteren Teil geschrieben ist; die bildlichen Darstellungen dagegen sind oft so hoch oben angebracht, daß es kaum möglich ist, ihre Beischriften zu erkennen[54]. Da die Ägypter sehr genau darauf achteten, daß Texte, die gelesen werden sollten, auch gelesen werden konnten, möchte ich der Wand-Aufteilung ebenfalls Aussagekraft zumessen über die Funktion einer Inschrift. Bei der Präsentation der Kadesch-Schlacht kommt hinzu, daß an einigen Stellen nachträgliche Änderungen festzustellen sind[55] und daß das „Gedicht" in zwei Fällen über eine frühere Fassung von Kadesch-Schlacht-Bildern geschrieben ist[56]; daraus darf man wohl auf ein besonderes Bemühen um die beste Form der Wiedergabe schließen.

Im „Gedicht" ist denn auch das Versagen des Militärs wesentlich ausführlicher beschrieben[57] als in den bildlichen Darstellungen und deren Beischriften. Die Situation, als *Ramses II.*, nur von einer seiner Divisionen begleitet, vom hethitischen Heer überfallen und eingekreist worden ist[58], wird im „Gedicht" folgendermaßen geschildert[59]: „Er (= *Ramses II.*) stellte fest, daß ihn 2500 Gespanne auf seiner äußeren Seite umgaben, mit allen Läufern der Hatti (= Hethiter) und den vielen Fremdländern, die bei ihnen waren ..., während kein Anführer bei mir war, kein Wagenlenker, kein Soldat der Infanterie und kein Schildträger. Meine Infanterie und meine Streitwagentruppe befand sich auf der Flucht vor ihnen, ohne daß einer von ihnen standhielt, um mit ihnen zu kämpfen." In dieser Notlage richtet der König ein Stoßgebet an *Amun:* „Was ist denn mit Dir, mein Vater *Amun?* Hat ein Vater jemals seinen

Sohn vergessen? Habe ich ohne Dein Wissen etwas getan? ... Habe ich denn nicht für Dich sehr viele Monumente erbaut und mit meiner Beute Deinen Tempel gefüllt? ... Zu Dir rufe ich doch, mein Vater *Amun*, während ich inmitten der Menge bin, die ich nicht kenne. Alle Fremdländer – sie sind vereint gegen mich, während ich ganz allein bin und niemand bei mir ist, und mich meine vielköpfige Armee verlassen hat. Nicht schaute einer aus meiner Streitwagentruppe nach mir, selbst als ich nach ihnen rief ... Ich habe erkannt, daß *Amun* für mich nützlicher ist als Millionen von Infanteristen, als Hunderttausende von Gespannen, als Zehntausende von Brüdern und Jünglingen, auch wenn sie einträchtig zusammenstehen ..." Und *Amun* half dem König – so wird es in dieser Version beschrieben –, alle Feinde zu bezwingen und in die Flucht zu schlagen. Danach versucht *Ramses II.* noch einmal – vergeblich – seine fliehende Armee zurückzurufen: „Haltet Stand! Ermutigt Eure Herzen, o meine Armee! Schaut auf meinen Sieg, während ich allein bin, denn *Amun* ist mein Schutzherr und seine Hand ist bei mir. Wie feige sind eure Herzen, meine Streitwagentruppe! Es lohnt sich nicht, weiterhin auf Euch zu vertrauen ... Die Missetat, die meine Infanterie und meine Streitwagentruppe begangen haben, ist größer, als man beschreiben kann ...". Nachdem *Ramses II.* auch aus dem nächsten Kampf siegreich hervorgegangen ist, kommen seine Soldaten ins ägyptische Lager zurück und stimmen ein Loblied auf ihn an: „Welch wundervoller Krieger, der das Herz ermutigt! Du hast Deine Infanterie und Deine Streitwagentruppe gerettet ...". Der König reagiert darauf alles andere als erfreut und erwidert das Lob mit einer weiteren Scheltrede, die sofort mit einem Angriff auf die Armee einsetzt: „Was ist mit Euch, meine Anführer, meine Infanterie und meine Streitwagentruppe, die nicht zu kämpfen wußten? Macht ein Mann sich denn nicht dadurch groß in einer Stadt, daß er heimgekehrt ist und Tapferes vollbracht hat in Gegenwart seines Herrn? ... Habe ich nicht einem von Euch Gutes getan? Doch Ihr habt mich im Stich gelassen inmitten des Kampfes! ...". Am nächsten Tag kämpft *Ramses II.* noch einmal, diesmal zusammen mit seiner Armee, bis „der feindliche elende Fürst von Hatti" ihm einen Brief schickt mit einer Ergebenheitsadresse, die endet mit der Bitte: „Sei nicht unbeugsam in Deinem Verhalten – o siegreicher König – Friede ist nützlicher als Krieg – Gib uns den Atem!". Nachdem der König dies seinen Militärführern vorgetragen hat, „sagten sie unisono: ‚Sehr gut ist der Friede, o König, unser Herr. Es gibt keinen Einwand gegen den Frieden, wenn Du ihn schließt.'" Danach wird nur noch die friedliche Heimkehr nach Ägypten geschildert.

Die Klage über die Unzuverlässigkeit und Nutzlosigkeit des Militärs zieht sich also wie ein roter Faden durch das „Kadesch-Gedicht" und mündet schließlich darin, daß die Militärführer selbst den Wunsch nach einem Friedensschluß aussprechen. Die lange Regierungszeit *Ramses' II.* verlief für die Verhältnisse dieser Epoche außergewöhnlich friedlich: Einzelne Feldzüge sind nur aus den ersten beiden Jahrzehnten bekannt[60]. Und mit dem Reich der Hethiter verbanden die Ägypter bis zu dessen Untergang seit dem Friedensvertrag nur noch freundschaftliche Beziehungen.

Mit dieser auf Versöhnung ausgerichteten Propaganda-Aktion eines altägyptischen Königs möchte ich die Betrachtung des altägyptischen Schrift- und Schreibertums beenden.

Mit der Kadesch-Publizistik *Ramses' II.* haben wir das Thema des Buches bis in den Beginn des 13. Jahrhunderts v. Chr. verfolgt. In der Einleitung wurde gesagt, (S. 22), daß am Ende des 14. Jahrhunderts v. Chr. im syrisch-palästinensischen Raum die ersten Alphabetschriften ausgebildet wurden und von dort aus ihren Weg nach Europa nahmen. So schließt sich hier in gewissem Sinne auch ein Kreis in meiner Darstellung der Geschichte unserer Schrift.

Nachwort

Die altägyptischen Schriften in Europa

Für die altägyptischen Schriften bedeutet dieser Zeitpunkt, daß sie sich ziemlich genau in der Mitte zwischen Anfang und Ende ihrer „Lebenszeit" befanden: Etwa 1700 Jahre hatten sie schon existiert, etwa 1700 Jahre lagen noch vor ihnen. Die jüngste datierbare hieroglyphische Inschrift, die man kennt, stammt aus dem Jahr 394 n. Chr., die jüngste demotische aus dem Jahr 452 n. Chr. Danach gerieten sie ein ganzes Jahrtausend in Vergessenheit. Im 15. Jahrhundert n. Chr. begann dann eine neue Geschichte der altägyptischen Schriften, die bis in unsere Gegenwart führt – diesmal in Europa[1]. Ihre Wurzeln hatte diese Geschichte bereits in einer Zeit, als die altägyptischen Schriften noch in Gebrauch waren: Seit *Psammetich I.* (664–610 v. Chr.) hatten Griechen – also Europäer – in Ägypten gelebt, seit 332 v. Chr. wurde Ägypten von griechisch-makedonischen, seit 30 v. Chr. von römischen Herrschern regiert; antike griechische und römische Gelehrte interessierten sich für Ägypten, dessen Kultur in hohem Ansehen stand, und einige von ihnen reisten sogar in dieses Land. Der griechische Historiker und Philosoph *Plutarch* (ca. 46–120 n. Chr.) behauptet, daß „die weisesten der Griechen, *Solon, Thales, Platon, Eudoxos, Pythagoras* und, wie einige erzählen, auch *Lykurgus*, nach Ägypten kamen und mit den Priestern verkehrten"[2]. Viele antike Autoren erwähnten oder beschrieben die altägyptischen Schriften; die griechischen und römischen Herrscher ließen ihre Titel und Namen in ägyptischen Inschriften in hieroglyphischer (Abb. 119) und demotischer Schrift schreiben. Die Verehrung ägyptischer Götter, besonders der Göttin *Isis* und des ägyptisch-griechischen Gottes *Serapis*, verbreitete sich weit über Ägyptens Grenzen hinaus und gelangte bis nach Spanien und England[3]. 80 v. Chr. wurde in Rom der erste *Isis*-Tempel gebaut, und damit begann dort eine regelrechte Welle von Ägyptomanie: Die Kaiser bauten ihre Villen in ägyptischem Stil, schmückten ihre Gärten mit ägyptischen Antiquitäten und importierten eine große Anzahl Obelisken aus Ägypten, so daß schließlich in Rom – angeblich – nicht weniger als 42 Obelisken gestanden haben sollen (Abb. 120). Als es schwierig wurde, in Ägypten noch transportable Obelisken zu finden, wurden neue angefertigt und in Rom mit Inschriften versehen, anfangs mit Kopien von anderen Obelisken, ab Kaiser *Domitian* (81–96 n. Chr.) mit eigens für den betreffenden römischen Kaiser verfaßten Texten[4].

Als man im Europa des 15. Jahrhunderts begann, sich für die klassische Antike zu interessieren, stieß man bei der Lektüre der antiken Autoren auch auf deren Beschreibungen der altägyptischen Kultur und Geschichte. Man gewann dadurch von Altägypten ein Bild, das von großer Bewunderung geprägt war, aber auch eines, das mehrfach gebrochen war: Man lernte über Altägypten ausschließlich das kennen, was die antiken Autoren bei ihren Reisen nach Ägypten erfahren, von anderen Autoren gelesen, durch Gerüchte gehört oder sich selbst gedacht hatten und: was sie davon für aufschreibenswert hielten. Außerdem sind diese Informationen gefiltert durch die Brille der Kultur, der die Autoren jeweils angehörten; und die Menschen des 15. Jahrhunderts lasen die Berichte wiederum durch die Brille ihrer eigenen Kultur. Dazu kommt noch, daß im seltensten Fall der Text eines antiken Autors im Original erhalten war, sondern nur in Zitaten bei anderen Autoren oder in Form von Abschriften, wobei die Abschreiber ihre Vorlagen oft recht großzügig veränderten.

119   Der Name Alexanders d. Gr. (332–323 v. Chr.) in Hieroglyphen (mit Andeutung von Vokalen – es war ja ein Fremdwort: „Alksindrs").

*120 Obelisk des Königs
Thutmosis III.
vor dem Lateran in Rom.*

Die Achtung vor der altägyptischen Kultur, die aus den Texten
sprach, übertrug sich auf die Gelehrten des 15. Jahrhunderts und weck-
te ihr Interesse. Besonders das, was man dort über die altägyptische
Schrift lesen konnte, klang sehr geheimnisvoll und faszinierend. Z. B.
berichtete *Plutarch*[5]: „Denn den König und Herrn *Osiris* schreiben sie
durch ein Auge und ein Szepter – manche aber erklären den Namen als
‚vieläugig‘, weil ‚os‘ in der ägyptischen Sprache ‚viel‘, ‚iri‘ ‚Auge‘ besa-
ge . . .“, und *Kyrill* (412–444 n. Chr.), Bischof von Alexandria, kom-
mentierte diesen Namen so: „Wenn die Ägypter das Göttliche oder die
höchste über alles gesetzte Wesenheit dartun wollen, so zeichnen sie ein
Auge und stellen ein aufrechtstehendes Szepter darunter, damit dadurch sowohl das Alles Überschauende als auch das Königliche zum
Ausdruck komme, denn das Szepter wird immer als Symbol der Königs-
herrschaft verstanden, und daß es aufrecht steht, soll darlegen, daß die
göttliche Wesenheit auf keine Weise gebeugt werden kann“. Der Name
des Gottes *Osiris* wird tatsächlich mit den Zeichen eines Auges und
eines aufrecht stehen Gegenstandes geschrieben, der jedoch kein Szep-

ter, sondern einen Thron darstellt: 𓊽 , später 𓊽 . Der Lautwert des Zeichens ⬳ war *ỉr*; mit ihm konnte unter anderem auch das Wort für „Auge" (*ỉr.t*) geschrieben werden. Insofern ist *Plutarch*'s Angabe teilweise richtig. Die Bedeutung des gesamten Namens ist bis heute nicht geklärt[6].

Der Kommentar des *Kyrill* zeigt deutlich, wie man die altägyptische Schrift symbolisch interpretierte und in ihrem System eine philosophische Tiefgründigkeit vermutete, die es – wie wir heute wissen – nicht besaß. Solche Bemerkungen zur altägyptischen Schrift und auch ganze Beschreibungen über sie, die teils korrekte Informationen enthalten, sie aber als reine Symbolschrift deuten, gab es eine ganze Reihe. Die berühmteste Abhandlung war das zweibändige Werk „Hieroglyphika" des *Horapollon*[7], das wahrscheinlich im 5. Jahrhundert n. Chr. verfaßt wurde, und zwar – so besagt es wenigstens seine Überschrift – in ägyptischer (= sicherlich koptischer) Sprache, aus der es von einem Mann namens *Philippos* ins Griechische übersetzt wurde. Nur diese Version ist erhalten; sie wurde 1505 erstmals publiziert, 1515 ins Lateinische übersetzt und prägte mit ihren allegorisierenden Deutungen lange Zeit das Verständnis beziehungsweise das Mißverständnis des hieroglyphischen Schriftsystems.

Keiner dieser Texte enthielt hieroglyphische oder andere altägyptische Schriftzeichen, sondern ihr Aussehen ist darin nur umschrieben. Aber es gab ja in Europa bereits Zeugnisse altägyptischer Schriften: In Rom als Ergebnis der Ägyptenbegeisterung der römischen Herrscher. Die ersten hieroglyphischen Inschriften wurden einem größeren Gelehrtenkreis Anfang des 17. Jahrhunderts zugänglich gemacht, als der bayrische Diplomat, Philologe und Archäologe Herwarth von Hohenburg (1553–1622) seinen „Thesaurus Hieroglyphicorum" publizierte; das Werk enthält – neben offensichtlich erfundenen Hieroglyphen – Abschriften von 19 Obelisken und anderen altägyptischen Denkmälern, die er in Rom gesehen hatte.

Daß die neue Geschichte der altägyptischen Schriften gerade in Europa begann, ist also der Vorarbeit von Europäern in der Antike und ihrem Interesse an der altägyptischen Kultur zu verdanken: Denen, die es schriftlich festgehalten und denen, die altägyptische Dokumente nach Europa geholt hatten.

In Ägypten fand man noch etwas aus der altägyptischen Kultur selbst vor, das ihr Ende überlebt hatte: Die koptische Sprache und Schrift. Ihre Kenntnis brachte der Italiener Pietro de la Valle von seinen Orientreisen mit nach Europa, die er 1614–1624 unternommen und bei denen er koptische Manuskripte, Grammatiken und koptisch-arabische Wörterbücher gesammelt hatte. Sie wurden in Rom – dem damaligen geistigen Zentrum Europas – durch den deutschen Jesuiten Athanasius Kircher (1602–1680) bearbeitet. Er verfaßte die erste koptische Grammatik in einer europäsichen Sprache; auch äußerte er erstmals die Idee, daß die koptische Sprache „vorher die pharaonische Sprache" gewesen sei.

Nun waren in Europa alle drei zu dieser Zeit möglichen Voraussetzungen geschaffen, mit deren Hilfe man sich an die Ergründung der altägyptischen Schriften (von denen man noch lange Zeit nur die Hieroglyphen kannte) machen konnte: Die Berichte der antiken Autoren darüber waren zugänglich, wenn sie auch stark in die Irre führten; hieroglyphische Inschriften konnten – in Rom – im Original oder – an anderen Orten – in Abschriften studiert werden; man hatte die Möglichkeit, die Sprache zu lernen, die – so ahnte man erst nur – mit dieser Schrift geschrieben wurde. Es dauerte noch fast 200 Jahre, bis es Jean François Champollion (1790–1832) im Jahr 1822 gelang, die Prinzipien wiederzuentdecken, nach denen die altägyptischen Schriften aufgebaut sind. Diese 200 Jahre altägyptischer Schriftgeschichte zu beschreiben, würde wiederum ein ganzes Buch, oder gar mehrere, erfordern.

Um die Entzifferung der Hieroglyphen bemühten sich die berühmtesten Gelehrten dieser Zeit. Und Orientreisende brachten Abschriften von altägyptischen Inschriften mit und vergrößerten so die Materialbasis, mit der man arbeiten konnte.

Neben dieser wissenschaftlichen Beschäftigung mit den Hieroglyphen, die ihrem Ziel um so näher kam, je mehr man von der symbolischen Ausdeutung ihres Systems abrückte, lebte die Vorstellung vom geheimnisvollen Wesen der altägyptischen Kultur und ihrer Schrift weiter: Zum einen wirkte sie sich auf Kunst und Architektur aus und zum anderen regte sie das bald recht beliebte „Schreiben in Bildern" an, wobei selbsterfundene „Hieroglyphica" gebraucht wurden[8]; man schrieb damit Flugblätter zu politischen Ereignissen, „übersetzte" die Bibel in eine solche Schrift oder erdachte „Bilderrätsel" als Gesellschaftsspiel[9].

Im 18. Jahrhundert erreichte die Ägypten-Verehrung einen Höhepunkt.

Man kann sie noch heute spüren, wenn man Mozart's „Zauberflöte" sieht, die 1791 uraufgeführt wurde[10]. In ihr wird der Kampf geschildert zwischen Dunkelheit, Aberglauben und Rachsucht – verkörpert durch die Königin der Nacht – auf der einen Seite und der Sonne, Weisheit und Menschlichkeit – verkörpert durch Sarastro – auf der anderen Seite. Letztere siegen in der Gestalt von Tamino und Pamina, die die ihnen auferlegten Prüfungen bestehen und dadurch Priester des Weisheitstempels werden. Die Götter dieses Tempels sind *Isis* und *Osiris;* sie ruft Sarastro in seiner berühmten Arie um Beistand für Tamino und Pamina an: „O *Isis* und *Osiris,* schenket / der Weisheit Geist dem neuen Paar! / Die ihr der Wandrer Schritte lenket, / stärkt mit Geduld sie in Gefahr. / Laßt sie der Prüfung Früchte sehen; / doch sollten sie zu Grabe gehen, / so lohnt der Tugend kühnen Lauf, / nehmt sie in euren Wohnsitz auf." Die Anweisungen für das Bühnenbild und für die Kleidung besonders der Priester enthalten denn auch viel Ägyptisches[11].

Die „Zauberflöte" hat noch einen besonderen Hintergrund: Sowohl ihr Textdichter, Emanuel Schikaneder, als auch W. A. Mozart waren Freimaurer. Das Oberhaupt der Wiener Loge, deren Mitglied Mozart war, Ignaz von Born, hat 1784 das „Journal für Freymaurer" gegründet und darin einen großen Aufsatz über die „Mysterien der Egyptier" veröffentlicht[12]. Er glaubte, die Freimaurerei unmittelbar auf die Alt-Ägypter zurückführen zu können, und noch heute gehören die oben zitierte Arie und die Arie „In diesen heil'gen Hallen kennt man die Rache nicht . . ." zum Aufnahme-Ritual der Freimaurer.[13]

Champollion's Entzifferungserfolg wäre wohl nicht zustandegekommen, wenn auch das wissenschaftliche Interesse an der altägyptischen Kultur im 18. Jahrhundert nicht so angewachsen wäre, daß General Bonaparte, der spätere Kaiser Napoleon I., auf seinen Feldzug, den er 1798 nach Ägypten unternahm, außer Soldaten nicht auch insgesamt 143 Wissenschaftler und Zeichner mitgenommen hätte. Ihre Ergebnisse wurden 1808–1825 in 9 Text- und 12 Tafelbänden mit 4000 Zeichnungen unter dem Titel „Description de l'Egypte" veröffentlicht. Auf diesem Feldzug wurde außerdem das Denkmal gefunden, das den Schlüssel für die Entzifferung bot: Der „Stein von Rosette", auf den in drei Sprachen und Schriften – Hieroglyphen, Demotisch und Griechisch – ein und derselbe Text geschrieben ist (Abb. 121). Soldaten entdeckten ihn 1799 bei Befestigungsarbeiten in der Nähe des Dorfes ar-Rašīd (Rosette) im West-Delta, ihr Offizier schätzte seine Bedeutung richtig ein und leitete den Stein sofort nach Kairo weiter. Napoleon Bonaparte selbst befahl, daß von den Inschriften mehrere Abdrucke gemacht und diese an Gelehrte in ganz Europa geschickt werden sollten.

121   Der „Stein von Rosette" aus schwarzem Basalt. H.: 114 cm B.: 72 cm D.: 28 cm
(ursprüngliche Höhe: 152,5–183 cm). London.

Die Sicherheit, daß die drei Inschriften des Steines denselben Text
wiedergaben, bezog man aus dem letzten Satz des griechischen Teiles:
„Dieser Erlaß soll auf einen Denkstein aus festem Gestein eingegraben
werden, und zwar in heiliger Schrift (= Hieroglyphen), in landesübli-
cher Schrift (= Demotisch) und in griechischer Schrift und man soll sie
aufstellen in den ersten Tempeln, den zweiten Tempeln und den dritten
Tempeln neben der Gottes-Statue des ewig lebenden Königs." Es han-

delte sich um ein Dekret, das König *Ptolemäus V.* im Jahr 196 v. Chr. erlassen hatte und das er, damit sowohl der Griechisch als auch der Ägyptisch sprechende Teil seiner Bevölkerung es verstehen konnte, in beiden Sprachen aufzeichnen und im ganzen Land verbreiten ließ.

Dieser dreisprachige Text half 1822 J. F. Champollion, das System der Hieroglyphenschrift zu erkennen.

So wurde 1822 zum Geburtsjahr der modernen Ägyptologie. In diesem Jahr ist es wieder möglich geworden, das zu lesen, was altägyptische Menschen selbst geschrieben und nicht nur das, was Menschen anderer Kulturen über sie ausgesagt haben. Seitdem können wir altägyptische Menschen direkt befragen, so möchte man meinen. Aber man muß sich an das oben zitierte *Platon*-Wort erinnern: „Bedenklich, nämlich, mein *Phaidros,* ist darin das Schreiben und sehr verwandt der Malerei. Denn auch ihre Schöpfungen stehen da wie lebend, – doch fragst du sie etwas, herrscht würdevolles Schweigen. Genauso verhalten sich geschriebene Worte: du könntest glauben, sie sprechen wie vernünftige Wesen, – doch fragst du, lernbegierig, sie nach etwas, so melden sie immer nur eines-und-dasselbe."

Die Texte, die wir heute lesen, können vor allem kaum Auskunft geben über den immerhin 99% großen Teil der Bevölkerung, der nicht schreiben konnte. So müssen noch viele Fragen unbeantwortet bleiben, die man insbesondere an diese Menschen richten möchte: Wie waren ihre Texte, ihre Lieder, ihre Geschichten? Wie wurden sie tradiert? Wurden sie auch von den Schriftkundigen aufgenommen und dann vielleicht doch schriftlich überliefert? Lasen Lesekundige den Leseunkundigen etwas von dem vor, was die Schriftkundigen verfaßt hatten? Die altägyptische Kultur kann ja nicht als eine reine Schriftkultur betrachtet werden, sondern war zu großen Teilen eine mündliche Kultur. Den daraus resultierenden Fragen nachzugehen, wäre sicher lohnend, und man würde wohl – obgleich der schriftunkundige Teil der Bevölkerung nicht mehr befragt werden kann – auch einige Antworten darauf finden.

Durch die erhaltenen Schriftzeugnisse können wir zwar heute viel Genaueres und Authentischeres aus der altägyptischen Kultur erfahren, als es vor der Hieroglyphen-Entzifferung möglich war; aber wir lernen durch sie dennoch nur einen winzigen Teil der altägyptischen Wirklichkeit kennen.

Abkürzungsverzeichnis

Anmerkungen

Vorwort

1 Die jüngste Behandlung der Datierungsprobleme ist: R. Krauss „Sothis- und Monddaten. Studien zur astronomischen und technischen Chronologie Altägyptens", Hildesheim 1985. Auf S. 207 findet man eine Übersicht der chronologischen Ergebnisse für die 11.–25. Dynastie, die man vergleichen möge mit der Übersicht in J. v. Beckerath „Handbuch der ägyptischen Königsnamen", München-Berlin 1984, S. 159 ff, um zu sehen, wo die Unterschiede liegen und wie groß sie sein können – beide Autoren sind Spezialisten auf dem Gebiet der altägyptischen Chronologie.

Einleitung

Literaturauswahl zur Schriftgeschichte:

M. Pope „Die Rätsel alter Schriften", Bergisch Gladbach 1978 (nur Hieroglyphen, Keilschrift und Linear B).

I. J. Gelb „Von der Keilschrift zum Alphabet", Stuttgart 1958.

J. Friedrich „Geschichte der Schrift", Heidelberg 1966.

Aus der Sicht eines Kalligraphen: D. Jackson „Alphabet. Die Geschichte vom Schreiben", Frankfurt 1981.

Bes. aufschlußreich sind m. E. die Arbeiten des Sprach- und Schriftwissenschaftlers Alfred Schmitt, der auch den Prozeß moderner Schrifterfindungen eingehend untersucht hat:

– „Die Alaska-Schrift und ihre schriftgeschichtliche Bedeutung", Marburg 1951
– „Die Bamum-Schrift", Wiesbaden 1963
– „Entstehung und Entwicklung von Schriften", Köln-Wien 1980
– „Zur Phonetik, Schriftgeschichte und Allgemeinen Sprachwissenschaft", Wiesbaden 1984 (Zusammenstellung seiner kleinen Schriften von C. Haebler), bes. S. 347–528

Zur phönizischen Schrift: W. Röllig „Über die Anfänge unseres Alphabets" in: Das Altertum 31, 1985, S. 83 ff (den Hinweis auf diese Zeitschrift verdanke ich Bernhard Lang)

Im Folgenden sind diese Werke abgekürzt zitiert:

1 z. B. Friedrich, S. 63 und S. 173 f.
2 z. B. Gelb, S. 209 ff; Pope, S. 201 ff; Schmitt, Entstehung, S. 326.
3 z. B. Brockhaus-Enzyklopädie, 17. Aufl. Wiesbaden 1967, 2. Band, S. 718.
4 Der Begriff „Bilderschrift" wird auch in einer anderen Bedeutung gebraucht: Als Bezeichnung für eine echte Schrift, deren Zeichen Bildgestalt haben.
5 Schmitt, Entstehung, S. 124 und S. 324.
6 Schmitt, Alaska-Schrift, S. 170 f.

7 Jackson, S. 100; Friedrich, S. 113f.
8 Jackson, S. 126.
9 Jackson, S. 50ff und S. 66.
10 dtv-Brockhaus, Wiesbaden 1984, Bd. 4, S. 140.
11 Friedrich, S. 111ff.
12 Friedrich, S. 110; Bsp. für linksläufige griechische Schrift: Friedrich, S. 273, Abb. 178.
13 R. Giveon „Phönizien" in: LÄ IV, Sp. 1039f.
14 Übers. nach J. Feix „Herodot Historien", München 1963, S. 697ff.
15 Nebeneinanderstellung der Alphabete: Friedrich, S. 275, Abb. 182.
16 Zur gesamten Frage dieser Übernahme: W. Röllig, S. 83ff. Eine jüngst erschienene Untersuchung setzt die Zeit der Übernahme 500 Jahre früher an: M. Bernal „On the Transmission of the Alphabet to the Aegean Before 1400 B.C." in: Bulletin of the American Schools of Oriental Research 267, Aug. 1987, S. 1ff (den Hinweis verdanke ich Bernhard Lang).
17 Die phönizische Sprache enthielt selbstverständlich auch Vokale, die aber nicht geschrieben wurden.
18 z.B. Friedrich, S. 103ff mit weiterer Literatur.
19 Sicherheitshalber mit Vokalen: „Heute ist schönes Wetter".
20 z.B. A. Hornefer „Herodot. Historien", Stuttgart 1955, S. 351.
21 H. G. Liddell and R. Scott „A Greek-English Lexicon", Oxford 1961, S. 1576.
22 Gelb, S. 180 bringt eine ähnliche Erklärung. A. Schmitt, Entstehung, S. 311ff bietet eine m.E. ebenfalls mögliche Theorie dazu; er interpretiert die phönizische und die ganz frühe griechische Schrift als eine Art („vokalisch indifferente") Silbenschrift, und zwar u.a. auf Grund seiner Beobachtung, die er bei den modernen Schrifterfindungen machte, daß das Zerlegen der Sprache in vereinzelte Laute ein höchst komplizierter Vorgang ist. Der Einfachheit halber behandle ich hier die phönizische Schrift aber wie eine reine Konsonantenschrift.
23 Friedrich, S. 103 und S. 275, Abb. 182.
24 Ausnahmen davon sind z.B. in unserer Schrift *ch, sch* und *ck*, wo jeweils ein Laut durch mehrere Zeichen geschrieben wird; oder *v*, das einmal wie *f*, einmal wie *w* gesprochen wird, so daß hier einem Zeichen zwei Laute entsprechen.
25 Es ist noch ungeklärt, ob in den aus dem 17.–13. Jahrhundert v.Chr. stammenden protokanaanäischen Inschriften auch schon dieses Schriftsystem verwendet wurde: Röllig, S. 83.
26 Friedrich, S. 75 und S. 96ff; Gelb, S. 127ff, der jedoch die Schrift von Ugarit als Silbenschrift deutet, während Friedrich und Röllig in ihr eine Konsonantenschrift bzw. ein „ziemlich reines Konsonantenalphabet" (Friedrich, S. 97) sehen.
27 Röllig, S. 86f.
28 R. Giveon „Ugarit" in: LÄ VI, Sp. 838ff.
29 Foto: Röllig, S. 84, Abb. 1.
30 Kurzer Gesamtüberblick z.B. von W. Röllig in der Einleitung des von ihm herausgegebenen Bandes „Altorientalische Literaturen", Wiesbaden 1978, S. 9ff.
31 R. Giveon „Protosinaitische Inschriften" in: LÄ IV, Sp. 1157.
32 in neuerer Zeit: W. Helck „Zur Herkunft der sog. ‚Phönizischen' Schrift" in: Ugarit-Forschungen 4, 1972, S. 41ff; K.-Th. Zauzich „Vorläufige Mitteilung zur Herkunft der phönizischen Schrift" in: Enchoria III, 1973, S. 155ff und „Kommt das Alphabet aus dem Hieratischen?" in: ZDMG Suppl. IV, Wiesbaden 1980, S. 76ff; A. Schmitt, Entstehung, S. 302ff (unabhängig von W. Helck und K.-Th. Zauzich!).
33 M. A. Mallon „L' origine égyptienne de l' alphabet phénicien" in: BIFAO 30, 1931, S. 131ff.
34 W. Helck „Byblos" in: LÄ I, Sp. 890.

35 W. Schenkel „Syllabische Schreibung" in: LÄ VI, Sp. 114 ff.
36 Diese Informationen verdanke ich W. Röllig (mündlich).
37 W. Helck „Einige Betrachtungen zu den frühesten Beziehungen zwischen Ägypten und Vorderasien" in: Ugarit-Forschungen 11, 1979, S. 357 ff.
38 W. Schenkel in: Bibliotheca Orientalis XL, 1983, S. 334 f (Besprechung zu „Ecritures", Paris 1982); Vergleich der Schriftsysteme: W. Schenkel in: A. und J. Assmann (Hrsg.) „Schrift und Gedächtnis", München 1983, S. 53 ff.
39 Vielleicht hatte dieser Vorgang auch schon innerhalb Ägyptens stattgefunden als Vorstufe zu der Schrift, die wir als altägyptische kennen: W. Helck „Gedanken zum Ursprung der Ägyptischen Schrift" in: Mélanges Gamal Eddin Mokhtar = BdE 97, Kairo 1985, S. 395 ff.

I.1. Das System der altägyptischen Schrift und die Hieroglyphen

1 Zusammenstellung bei: J. Vergote „Clément d'Alexandrie et l'écriture égyptienne" in: CdE 16, 1941, S. 21 ff.
2 Clemens Alexandrinus (2. Jahrhundert n. Chr.) und Porphyrius (3. Jahrhundert n. Chr.).
3 H. G. Liddell und R. Scott „A Greek-English Lexicon", Oxford 1961, S. 387, S. 353 und S. 821.
4 Ausführlichere, leicht verständliche Einführung: K.- Th. Zauzich „Hieroglyphen ohne Geheimnis", Mainz 1980; ich habe vor allem verwendet: W. Schenkel „Schrift" in: LÄ V, Sp. 713 ff; W. Schenkel „Einführung in die klassisch-ägyptische Sprache und Schrift", Tübingen 1987, zu beziehen durch: Ägyptologisches Institut, Corrensstr. 12, 7400 Tübingen; W. Schenkel „Wozu die Ägypter eine Schrift brauchten" in: A. und J. Assmann u. a. (Hrsg.) „Schrift und Gedächtnis", München 1983, bes. S. 54 f. Zum Üben besonders schöner Hieroglyphenzeichen: H. G. Fischer „Ancient Egyptian Calligraphy. A Beginner's Guide to Writing Hieroglyphs", New York 1983.
5 J. Friedrich „Geschichte der Schrift", S. 161 ff; bes. die ausführlichen Beschreibungen von A. Schmitt über die Erfindung der Alaska-Schrift und der Bamum-Schrift in Kamerun (s. Anm. zur Einleitung); zu gegenständlichem Rebus-Verfahren sogar in Kulturen, die keine Schrift haben: Friedrich, S. 17.
6 zu diesem Problem bei den modernen Schrifterfindungen: A. Schmitt „Entstehung und Entwicklung von Schriften", Köln–Wien 1980, S. 20.
7 Die ersten beiden Beispiele habe ich aus W. Westendorf „Die Anfänge der altägyptischen Hieroglyphen" in: Frühe Schriftzeugnisse der Menschheit, Hamburg 1969, S. 72 und W. Schenkel „Wozu die Ägypter eine Schrift brauchten" (s. Anm. 4), S. 54.
8 Dazu, daß die Vokale nicht völlig unberücksichtigt sind: W. Schenkel „Rebus-, Buchstabiersilben- und Konsonantenschrift" in: GM 52, 1981, S. 83 ff.
9 A. Schmitt, Entstehung (s. Anm. 6), S. 282 und S. 285.
10 wie z. B. auch S. Schott „Hieroglyphen", Wiesbaden 1951, S. 93.
11 auch bei der Alaska-Schrift-Erfindung machte A. Schmitt diese Beobachtung: A. Schmitt, Entstehung (s. Anm. 6), S. 281 und S. 24 f.
12 Herr W. Schenkel macht mich darauf aufmerksam, daß an der Art, wie wir oft Ortsnamen abkürzen, abzulesen ist, wie die Vokale und einige Konsonanten (z. B. l, n und r nach Vokal) auch in unserer Schrift ignoriert werden, z. B.: Hdbg (für „Heidelberg"), Tbg (für „Tübingen"), Rtlg (für „Reutlingen"), Stgt (für „Stuttgart").

13 J. Osing „Lautsystem" in: LÄ III, Sp. 944ff und „Vokalisation" in: LÄ VI, Sp. 1054ff.
14 vgl. auch W. Schenkel „Über hieroglyphische Orthographie" in: JSSEA 13, 1983, S. 75ff.
15 In der Frühzeit der Ägyptologie hielt man sie tatsächlich für Vokale; darauf ist die heutige Aussprache dieser Zeichen als Vokale zurückzuführen.
16 Die wichtigsten sind, geordnet nach Sachgebieten, zusammengestellt bei A. H. Gardiner „Egyptian Grammar"[3], London 1957, S. 438ff – das Nachschlagewerk der Ägyptologen.
17 W. Schenkel „Schrift" in: LÄ V, bes. Sp. 727 und „Über hieroglyphische Orthographie" in: JSSEA 13, 1983, S. 75ff.
18 B. Scharioth „Duden, oder wie Bismarck die Rechtschreibung per Gesetz reformierte" in: LIT, Magazin für Kunden des Buchhandels, Nr. 1, 1980, S. 18ff.
19 Beschrieben von E. Edel „Altägyptische Grammatik", Rom 1955 und 1964 (2 Bde).
20 In der deutschsprachigen Ägyptologie gängige Grammatiken der mittelägyptischen Sprachstufe sind: A. H. Gardiner „Egyptian Grammar", London 1957; H. Brunner „Abriß der mittelägyptischen Grammatik", Graz 1967; die darüber hinausgehenden neueren Forschungen sind berücksichtigt bei W. Schenkel, Einführung (s. Anm. 4) und E. Graefe „Mittelägyptische Grammatik für Anfänger", Wiesbaden 1988.
21 A. Erman „Neuägyptische Grammatik", Leipzig 1933; J.Černý und S. J. Groll „A Late Egyptian Grammar", Rom 1984; neuägyptisches Wörterbuch: L. H. Lesko und B. Switalski-Lesko „A Dictionary of Late Egyptian", Berkeley 1982 (Bd. I), Providence 1984 (Bd. II), Providence 1987 (Bd. III).
22 Ausführlich: F. Junge „Sprache" in: LÄ V, Sp. 1176ff, bes. Übersichtstabelle 2 (vor Sp. 1185).
23 Dazu ist gerade eine neue Untersuchung erschienen, die ich jedoch nicht mehr ausführlich verwerten konnte: H. G. Fischer „L'écriture et l'art de l'Egypte ancienne", Paris 1986.
24 A. Schmitt (s. Anm. 6), S. 19.
25 In Wirklichkeit liegt der Fall etwas komplizierter: s. W. Schenkel „Einführung in die klassisch-ägyptische Sprache und Schrift", Tübingen 1987, S. 91ff.
26 H. G. Fischer „The Orientation of Hieroglyphs. I. Reversals", New York 1977.

I.2. Die altägyptischen Schreibschriften: Hieratisch – Kursivhieroglyphen – Demotisch

1 Zu den Schreibutensilien habe ich v. a. verwendet: J. Černý „Paper and Books in Ancient Egypt", London 1947 und M. Weber „Beiträge zur Kenntnis des Schrift- und Buchwesens der alten Ägypter", Köln 1969.
2 Nach I. Gammer-Wallert „Binse" in: LÄ I, Sp. 814f: „Juncus maritimus", nach W. Helck „Palette(Schreib-)" in: LÄ IV, Sp. 656 mit Anm. 3: „Juncus rigidus C. A. Mey" bzw. „Juncus arabicus Adams."
3 Urk. I, 60, Zeile 9.
4 W. Helck „Ramessidische Inschriften aus Karnak" in: ZÄS 82, 1957, Bes. S. 126; auch S. 122 steht bei Thot, er schreibe mit „2 Fingern".
5 M. A. Hussein „Vom Papyrus zum Codex. Der Beitrag Ägyptens zur Buchkultur", Leipzig 1970, S. 93.
6 S. Morenz „Die Begegnung Europas mit Ägypten, Zürich 1969, S. 18.

7 Dieses Zeichen konnte auch für „Maler" und „malen" stehen; der Vorgang des Malens unterschied sich von dem des Schreibens nur dadurch, daß der Maler i. A. mehrere verschiedene Farben benutzte. H. Junker „Der Maler 'Irj", Wien 1956, S. 60 schlägt daher als Grundbedeutung dafür „den Pinsel führen" vor.

8 Dazu S. Schott „Eine ägyptische Schreibpalette als Rechenbrett", Göttingen 1967 und R. Anthes in: MDAIK 9, 1940, S. 95 f.

9 H. Schäfer konnte sie 1905 noch lesen, wie er in einem Brief vom 8. 5. 1905 an das Pelizaeus-Museum Hildesheim berichtete. Frau Bettina Schmitz herzlichen Dank dafür, daß sie diesen Brief „ausgegraben" und mir zur Verfügung gestellt hat.

10 H. Brunner „Schule" in: LÄ V, Sp. 741 ff.

11 P. Vernus „Schreibtafel" in: LÄ V, Sp. 703 ff.

12 z. B. H. Brunner „Altägyptische Erziehung", Wiesbaden 1957, Abb. 6 auf T. III.

13 sog. Carnarvon-Tablet Nr. I mit dem Anfang der – hieroglyphischen – Inschrift der *Kamose*-Stele (s. u. S. 216).

14 Diese Tafel wurde vor dem Eingang eines ausgeraubten Grabes gefunden, gehörte also wohl zu den Grabbeigaben. Welche Funktion die Tafel, auf die auch noch das Feld für ein Brettspiel gezeichnet und der Anfang einer Weisheitslehre geschrieben ist, in diesem Zusammenhang hatte, kann ich nicht schlüssig klären.

15 R. Drenkhahn „Papyrus, -herstellung" in: LÄ IV, Sp. 667 ff; R. Germer „Flora des pharaonischen Ägypten", Mainz 1985, S. 248 ff.

16 R. Germer, Flora (Anm. 15), S. 191.

17 In Ägypten werden heute wieder Papyrusbögen hergestellt, z. B. im Museum Dr. Ragab in Kairo.

18 Der Große Papyrus Harris ist z. B. 42 m lang.

19 Černý (Anm. 1), S. 11.

20 I. Grumach-Shirun „Flechten" in: LÄ II, Sp. 260 ff.

21 Man könnte daraus auch schließen, daß dieser Beamte vielleicht der Erfinder dieses Schriftträgers war.

22 M. A. Hussein (Anm. 5), S. 93 und T. Pokora „Das älteste Papier der Welt und seine Probleme" in: Das Altertum 31, 1985, S. 113 ff.

23 M. A. Hussein (Anm. 5), S. 49 ff und S. 92 ff.

24 So z. B. R. Drenkhahn in: LÄ IV, Sp. 669 und M. Weber (Anm. 1), S. 4 f.

25 J. Vergote „L'étymologie du mot ,papyrus'" in: CdE LX, 1985, S. 393 ff.

26 J. Černý (Anm. 1), S. 24.

27 J. Černý (Anm. 1), S. 20.

28 Zum Folgenden: J. Černý (Anm. 1), S. 21 f und S. 17; vgl. R. A. Caminos „Papyrus Berlin 10463" in: JEA 49, 1963, S. 29.

29 M. Weber „Rubrum" in: LÄ V, Sp. 313 f; J. Assmann „Die Rubren in der Überlieferung der Sinuhe-Erzählung" in: ÄAT 5, 1983 = Festschrift für H. Brunner, S. 18 ff.

30 Beispiele: M. Weber (Anm. 1), S. 137 f.

31 so J. Černý (Anm. 1), S. 24 f; zu den roten Punkten allgemein: H. Brunner „Verspunkte" in: LÄ VI, Sp. 1017 f.

32 P. Posener-Kriéger „Les Papyrus de l'Ancien Empire" in: BdE 64/2, Kairo 1972, S. 27 ff, bes. S. 27.

33 W. Boochs „Siegel und Siegeln im Alten Ägypten", Sankt Augustin 1982, bes. S. 43 ff.

34 veröffentlicht von R. A. Caminos (Anm. 28), S. 29 ff und Pl. VI und VIA. Farbige Abbildung: Katalog zur Hildesheimer Ausstellung „Ägyptens Aufstieg zur Weltmacht", Mainz 1987, S. 129.

35 ausführlicher: H. Kees „Herkunft und Fundorte der Handschriften" in: Literatur = HdO I, 1, 2, 1970, S. 6 ff.

36 Die beiden Determinative: Junker, Giza III, S. 222 und A. Fakhry „The Monuments of Sneferu at Dahshur". vol. II, Part II, Cairo 1961, S. 5. „Privatbibliotheken": A. Hermann „Buchillustrationen auf ägyptischen Bücherkästen" in: MDAIK 15, 1957, S. 112 ff und T. XIV-XVI.

37 Urk. I, 296, Zeile 15; dazu auch W. Helck „Archive" in: LÄ I, Sp. 422 ff.

38 A. Gardiner „The Ramesseum Papyri", Oxford 1955, S. 1 und „Papyri Ramesseum I" in: LÄ IV, Sp. 726 f. Bei einem anderen Holzkästchen (28×55×8 cm) mit 6 Papyrusrollen, einem Bündel Schreibbinsen und roten und schwarzen Farbstücken konnte ich nicht herausfinden, ob es auch aus einem Grab stammt; es ist erwähnt bei P. Posener-Kriéger (Anm. 32), S. 28 mit Anm. 3. Der Fund wird in die 5. Dyn. datiert.

39 M. Weber (Anm. 1), S. 51.

40 Y. Koenig „Notes sur la découverte des Papyrus Chester Beatty" in: BIFAO 81, 1981, S. 41 ff.

41 G. Burkard „Bibliotheken im alten Ägypten" in: Bibliothek, Forschung und Praxis 4, 1980, S. 79 ff.

42 Das Standardwerk dazu ist G. Möller „Hieratische Paläographie. Die aegyptische Buchschrift in ihrer Entwicklung von der fünften Dynastie bis zur römischen Kaiserzeit", Osnabrück 1965 (Neudruck der 2. Auflage von 1927). Weitere Literatur: H. Satzinger "Hieratisch" in: LÄ II, Sp. 1187 ff und H. Brunner „Hieratisch" in: Ägyptische Schrift und Sprache = HdO I, 1, 1, Leiden/Köln 1973, S. 40 ff und S. 106.

43 P. Posener-Kriéger „Les nouveaux Papyrus d'Abousir" in: JSSEA 13, 1983, S. 51 ff.

44 P. Posener-Kriéger (Anm. 32), S. 28 f.

45 H. Brunner „Kursive Hieroglyphen" in: Ägyptische Schrift und Sprache = HdO I, 1, 1, Leiden/Köln 1973, S. 46 und M. Heerma van Voss „Totenbuch" in: LÄ VI, Sp. 641 ff.

46 Stele Louvre C 101 (den Hinweis verdanke ich Herrn H.-J. Thissen).

47 Näheres dazu: H. Brunner „Demotisch" in: Ägyptische Schrift und Sprache = HdO I, 1, 1, Leiden/Köln 1973, S. 48 ff und E. Lüddeckens „Demotisch" in: LÄ I, Sp. 1052 ff.

I.3. Ägyptische Sprache in nicht-ägyptischer Schrift: Die koptische Schrift

1 Übers. von J. Feix „Herodot. Historien" I, München 1963, S. 337.

2 Im Einzelnen: H.-J. Thissen „Griechen in Ägypten" in: LÄ II, Sp. 898 ff.

3 Vgl. dazu auch H.-J. Thissen „Graeco-ägyptische Literatur" in: LÄ II, Sp. 873 ff.

4 M. Krause „Koptische Sprache" in: LÄ III, Sp. 731 ff.

5 M. Krause „Koptische Literatur" in: LÄ III, Sp. 694 ff, bes. Sp. 696.

6 Erstmals bezeugt bei Homer, Ilias 9. Gesang, Vers 382. αἰγύπτιος ist wahrscheinlich gebildet aus dem Namen des Hauptheiligtums der Stadt Memphis, mit dem auch diese Stadt selbst bezeichnet werden konnte, Ḥikuptah: S. Morenz „Das Koptische" in: Ägyptische Schrift und Sprache = HdO I, 1, 1, Leiden/Köln 1973, S. 91 mit Anm. 1.

II. Die Schriftkundigen in der altägyptischen Gesellschaft
und was sie schrieben

1 W. Schenkel „Überschwemmung" in: LÄ VI, Sp. 831 ff.

2 Er orientierte sich also nach Süden hin; wir dagegen betrachten den Norden als Hauptrichtung: Auf unseren Landkarten ist Norden immer oben = vorne (An unserm Wort „orientieren" ist übrigens noch eine Ausrichtung nach Osten, „Orient" abzulesen).

3 Altägypter waren auch die ersten, die die Gesamtgröße ihres Landes ermittelten; der älteste Text, der sie nennt, stammt aus dem Beginn des 2. Jahrtausends v. Chr.: A. Schlott-Schwab „Die Ausmaße Ägyptens nach altägyptischen Texten", 2. Auflage Wiesbaden 1981.

4 Eigentlich heißt bei uns Beamter „eine Person, die zum Staat, zu einem Land oder einer öffentlichen Körperschaft in einem öffentlich-rechtlichen Dienstverhältnis steht", wie es z. B. im dtv-Lexikon 1973, Bd. 2 S. 58 formuliert ist. Auf Altägypten übertragen wären dann Beamte auch solche Menschen, die zwar nicht schreiben konnten, aber vom Staat angestellt und bezahlt waren, z. B. die für den Palast tätigen Handwerker und Arbeiter, der größte Teil der Soldaten usw. In manchen ägyptologischen Werken wird „Beamte" auch in diesem Sinne gebraucht, in den meisten aber als Synonym für „Schreiber".

5 J. Baines und C. J. Eyre „Four notes on literacy" in: GM 61, 1983, S. 65 ff, bes. S. 81 ff.

6 J. Baines und C. J. Eyre (Anm. 5), S. 67.

II.1. Wozu die Ägypter eine Schrift brauchten

1 Den Titel übernahm ich von W. Schenkel's Untersuchung „Wozu die Ägypter eine Schrift brauchten" in: Schrift und Gedächtnis, S. 45 ff, von der ich mich auch inhaltlich stark leiten ließ.

2 Lesenswert dazu: K. Fohrbeck und A. J. Wiesand „Wir Eingeborenen", Hamburg 1983.

3 Übers. von E. Salin (nach: Schrift und Gedächtnis, S. 8 und S. 7).

4 H. Paasche „Die Forschungsreise des Afrikaners Luganga Mugara ins innerste Deutschland", Neudruck Bremen 1984, S. 25.

5 K. H. Waggerl „Ein Mensch wie ich", Salzburg 1963, S. 75 f und S. 73 f.

6 Eine Reihe von Urteilen europäischer Historiker über das angeblich geschichtslose Schwarz-Afrika zitiert der afrikanische Historiker Joseph Ki-Zerbo „Die Geschichte Schwarz-Afrikas", Wuppertal 1979, S. 24 ff.

7 Vgl. auch die Bezeichnungen „Vorgeschichte" und „Prähistorie" für die wissenschaftliche Disziplin, die sich mit der vorschriftlichen Zeit von Kulturen befaßt.

8 z. B. W. Wolf „Kulturgeschichte des Alten Ägypten", Stuttgart 1962, S. 85.

9 R. Schott „Das Geschichtsbewußtsein schriftloser Völker" in: Archiv für Begriffsgeschichte XII, 1968, S. 166 ff.

10 Entnommen aus R. Schott (Anm. 9); K. Ehlich „Text und sprachliches Handeln", bes. „3. Mündlichkeit" in: Schrift und Gedächtnis, S. 32 ff (Beipiele aus dem Alten Testament); C. Klaffke „Mit jedem Greis stirbt eine Bibliothek" in: Schrift und Gedächtnis, S. 222 ff (über die Griots in West-Afrika); vgl. auch UNESCO-Kurier Nr. 8, 1985 mit dem Generalthema „Wort und Schrift".

11 R. Schott (Anm. 9), S. 199.

12 C. Klaffke (Anm. 10), S. 223.
13 Zum Folgenden: Katalog zur Ausstellung „Sahara. 10000 Jahre zwischen Weide und Wüste", Köln 1978. M. A. Hoffmann „Egypt before the Pharaohs", London 1980. K. W. Butzer „Geographie" in: LÄ II, Sp. 525 ff.
14 Ausführlicher: A. Schlott-Schwab „Weitere Gedanken zur Entstehung des altägyptischen Staates" in: GM 67, 1983, S. 69 ff.
15 Zusammenfassend P. Behrens „Reichseinigung" in: LÄ V, Sp. 208 ff.
16 J. Friedrich „Geschichte der Schrift", Heidelberg 1966, S. 18 f.
17 D. Schmandt-Besserat hat es seit 1977 mehrfach veröffentlicht; für den deutschen Leserkreis sind am leichtesten zugänglich: „Vom Ursprung der Schrift" in: Spektrum der Wissenschaft, Dezember 1978, S. 4 ff und „Tonmarken und Bilderschrift" in: Das Altertum 31, 1985, S. 76 ff.
18 J. Friedrich „Geschichte der Schrift", S. 202 Abb. 42: Altsumerische Bildzeichen und ihre Entwicklung zur Keilform.
19 K. Ehlich (Anm. 10), S. 37 f.
20 W. Schenkel „Schrift" in: LÄ V, Sp. 724 f.
21 R. Germer „Flora des pharaonischen Ägypten", Mainz 1985, S. 233; W. Helck „Jahresrispe" (eigentl. „Jahresrippe") in: LÄ III, Sp. 236 f.
22 Mit dieser Deutung habe ich persönlich das Problem, daß die Hieroglyphe oft weniger nach einem eingekerbten Gegenstand aussieht, als nach einem Zweig oder Stamm, aus dem etwas herauswächst – vielleicht eine Pflanze, die jedes Jahr einen neuen Trieb bekommt? Da ich bisher noch keine Antwort auf diese Frage finden konnte, habe ich im Text die gängige Meinung beschrieben.
23 Mündliche Auskunft der Ethnologin Brigitte Menzel.
24 L. Kákosy „Ischedbaum" in: LÄ III, Sp. 182; W. Helck, „Die Szene des Aufschreibens des Namens auf dem Išd-Baum" in: ZÄS 82, 1957, S. 117 ff.
25 R. Reichert „Über Schreiber und Schreiberschulen im alten Indien" in: Das Altertum 31, 1985, S. 241 ff; Katalog des Gutenberg-Museums Mainz „Buchkultur in Mainz", Mainz 1985, S. 30. Palmblatt-Texte können sich mehr als 1000 Jahre lang halten: B. Kölver „Zwei nepalesische Dokumente zur Schuldknechtschaft" in: ZDMG 136, 1986, S. 432 ff.
26 Auch in altägyptischen Texten wird übrigens gesagt, daß die Schrift in die Blätter „eingeritzt, eingeschnitten" wurde: z. B. W. Helck in: ZÄS 82, 1957, S. 129 Nr. 11; Wb III, S. 348, 9.
27 B. Adams „Hierakonpolis" in: LÄ II, Sp. 1182 ff; W. Kaiser „Skorpion und Hierakonpolis" in: ZÄS 91, 1964, S. 102 ff.
28 W. Westendorf „Paletten, Schmink-" in: LÄ IV, Sp. 654 ff; W. Helck „Augenschminke" in: LÄ I, Sp. 567; Abb.: z. B. H. Asselberghs „Chaos en Beheersing", Leiden 1961, Abb. 61 ff und 74 ff.
29 z. B. Abb. H. Asselberghs (Anm. 28), Abb. 164 und 166.
30 Der Name dieses Königs wird in der ägyptologischen Literatur auch Sereq, Selek u. ä. umschrieben. Vielleicht ist ihm noch ein zweiter Keulenkopf und ein Salbgefäß zuzuschreiben: H. Goedicke „Skorpion (König)" in: LÄ V, Sp. 989 f; Zweifel an der Zuordnung des Salbgefäßes: W. Kaiser in: ZÄS 91, 1964, S. 102.
31 z. B. H. Goedicke (Anm. 30) betrachtet König Skorpion als letzten der sog. „Prädynastischen" Könige.
32 So: W. Kaiser in: ZÄS 91, 1964, S. 104; J. v. Beckerath „Handbuch der ägyptischen Königsnamen"; P. Behrens „Reichseinigung" in: LÄ V, Sp. 777; W. Helck „Narmer" in: LÄ IV, Sp. 348 ff usw.
33 Rosette: W. Schenkel „Schrift" in: LÄ V, Sp. 723; Stern: W. Westendorf „Die Anfänge der altägyptischen Hieroglyphen" in: Frühe Schriftzeugnisse der Menschheit, Göttingen 1969, S. 72; Palmenkrone: P. Kaplony „Die ältesten Texte" in: BdE 64/2, S. 9 Anm. 7.

34 W. Schenkel „Schrift" in: LÄ V, Sp. 723.
35 vgl. Anm. 30; W. Helck „Sechen" in: LÄ V, Sp. 777; W. Helck „Wadj" in: LÄ VI, Sp. 1126; der bei J. v. Beckerath „Abriß der Geschichte des Alten Ägypten", S. 63 „Den/Niudi" genannte 5. König der 1. Dyn. wird jetzt „Dewen" umschrieben: J. v. Beckerath „Handbuch der ägyptischen Königsnamen", S. 158.
36 W. Helck „Narmer" in: LÄ IV, Sp. 348f mit Anm. 2.
37 W. Schenkel „Schrift" in: LÄ V, Sp. 723.
38 z. B. W. Helck „Narmer" in: LÄ IV, Sp. 349; K. Lange und M. Hirmer „Ägypten", München 1975, S. 47f; W. Wolf „Die Kunst Ägyptens", S. 86f.
39 D.Wildung „Erschlagen der Feinde" in: LÄ II, Sp. 14ff.
40 J. Assmann „Krieg und Frieden im alten Ägypten: Ramses II. und die Schlacht bei Kadesch" in: Mannheimer Forum 83/84, S. 175ff, bes. S. 180.
41 Ch. Strauss „Kronen" in: LÄ III, Sp. 811ff.
42 Zur Deutung des Laufens: W. Decker „Sport und Spiel im Alten Ägypten", München 1987, S. 41.
43 P. Kaplony „Die Inschriften der ägyptischen Frühzeit", Wiesbaden 1963, Bd. I, S. 288 und S. 296.
44 J. v. Beckerath „Horusgeleit" in: LÄ III, Sp. 51f. B. Schmitz „Jahreszählung" in: LÄ III, Sp. 238ff.
45 P. Kaplony (Anm. 43), Bd. I, S. 293ff mit Anm. (1587); Bd. II, S. 1090; Bd. III, T. 1 und 2.
46 W. Helck „Sechen" in: LÄ V, Sp. 777f; P. Kaplony (Anm. 43), Bd. I, S. 293.
47 H. J. Kantor „Further Evidence for early Mesopotamian Relations with Egypt" in: JNES 11, 1952, S. 239ff; W. Helck „Die Beziehungen Ägyptens zu Vorderasien im 3. und 2. Jahrtausend v. Chr."², Wiesbaden 1971, S. 7f.
48 Zur Verwendung der Siegel auf Krugverschlüssen: W. Boochs „Siegel und Siegeln im Alten Ägypten", Sankt Augustin 1982, S. 8ff.
49 P. Kaplony (Anm. 43), Bd. I, S. 4f.
50 W. Schenkel (Anm. 1), S. 61.
51 Zwischen den Königen Skorpion und Sechen regierte noch ein hier nicht erwähnter König, dessen Name vielleicht „Ra" lautete: J. v. Beckerath „Handbuch der ägyptischen Königsnamen", München 1984, S. 45.

II. 2. Der Beruf des Schreiber-Beamten entsteht

1 J. v. Beckerath „Königslisten" in LÄ III, Sp. 534f.
2 H. Brunner „Menes" in: LÄ IV, Sp. 46ff.
3 J. v. Beckerath „Handbuch der ägyptischen Königsnamen", München 1984, S. 1ff.; P. Kaplony „Königstitulatur" in: LÄ III, Sp. 641ff.
4 W. Helck „Narmer" in: LÄ IV, Sp. 348ff und P. Kaplony „Aha" in: LÄ I, Sp. 94ff.
5 H.-J. Thissen „Manetho" in: LÄ III, Sp. 1180f; bes. auch: W. Helck „Untersuchungen zu Manetho und den ägyptischen Königslisten", Berlin 1956; J. v. Beckerath „Bemerkungen zum Turiner Königspapyrus und zu den Dynastien der ägyptischen Geschichte" in: SAK 11, 1984, S. 49ff.
6 J. Osing „Alte Schriften" in: LÄ I, Sp. 149ff.
7 W. Helck „Ramessidische Inschriften aus Karanak" in: ZÄS 82, 1957, S. 106f und T. V, Zeilen 20 und 21.
8 B. Schmitz „Jahreszählung" in: LÄ III, Sp. 238ff.
9 Vielleicht liegen die ersten Anfänge schon in Narmer's Zeit: P. Kaplony „Die Inschriften der ägyptischen Frühzeit", Wiesbaden 1963, Bd. I, S. 286.

10 P. Kaplony „Jahrestäfelchen" in: LÄ III, Sp. 237 f und „Inschriften ..." (s. Anm. 9), Bd. I, S. 296.

11 W. Helck „Palermostein" in: LÄ IV, Sp. 652 ff.

12 Daß nicht nur eine Auswahl von ihnen genannt ist, sieht man daran, daß bestimmte Ereignisse, die mehrfach auftraten (z. B. Steuererhebungen), fortlaufend durchnumeriert sind.

13 Ab König Aha sind auch Siegel belegt, die nur den Namen eines Beamten tragen: P. Kaplony (Anm. 9), S. 74 und S. 1091 zu Abb. 7

14 W. Helck „Untersuchungen zu den Beamtentiteln des ägyptischen Alten Reiches", Glückstadt 1954, S. 88.

15 Er wird auch Udimu, Niudi, Den umschrieben.

16 P. Kaplony (Anm. 9), S. XXXII und S. 8.

17 W. B. Emery „The Tomb of Hemaka", Cairo 1938.

18 z. B. W. Emery „Ägypten. Geschichte und Kultur der Frühzeit 3200–2800 v. Chr.", München 1964, S. 85; weitere das Problem diskutierende Literatur: P. Behrens „Hemaka" in: LÄ II, Sp. 115 f mit Anm. 7.

19 Einer dieser Magazinräume ist abgebildet in W. Emery (Anm. 18), T. 14.

20 W. B. Emery (Anm. 17), S. 13 f und Pl. 8: Magazin Z (4,80×2 m) und sein Inhalt; S. 41 und Pl. 23 a: Dose, in der die Papyrusrolle lag, die Rolle selbst ist nicht abgebildet.

21 W. M. F. Petrie „Gizeh and Rifeh", London 1907, S. 3, S. 5 und Pl. III und Pl. IIIA; auf Pl. VIA ist als Nr. 56 das Grab mit seinem Inhalt skizziert.

22 Nach W. Helck „Peribsen" in: LÄ IV, Sp. 938 und „Sechemib" in: LÄ V, Sp. 777 folgte Sechemib nach Peribsen; J. v. Beckerath „Handbuch der ägyptischen Königsnamen", S. 48 und S. 158 vermutet die umgekehrte Reihenfolge.

23 Nicht aus der 1. Dyn., wie R. Drenkhahn „Papyrus, -herstellung" in: LÄ IV, Sp. 668 mit Anm. 18 angegeben ist.

24 P. Kaplony „Die ältesten Texte" in: BE 64/2, S. 3 ff; bes. S. 7 f.

25 P. Kaplony (Anm. 24), S. 8.

26 K. Martin „Speisetischszene" in: LÄ V, Sp. 1128 ff und P. Kaplony (Anm. 9), S. 37 ff.

27 Wo sie ursprünglich eingebaut waren, ist umstritten: Daß sie im Grabinnern angebracht waren, meint z. B. P. Kaplony „Heluan" in: LÄ II, Sp. 1115; daß sie erst nachträglich von Grabräubern dorthin verlegt worden seien: G. Haeny „Zu den Platten mit Opfertischszene aus Heluan und Giseh" in: Festschrift H. Ricke, Wiesbaden 1971, S. 143 ff.

28 So J. Lopez „Felsinschriften" in: LÄ II, Sp. 159 ff.; W. Emery (Anm. 18), S. 40 und S. 42, Abb. 6 vermutet schon Felsinschriften von Narmer.

29 Zum Graffito des Königs Schlange und seiner Übersetzung: R. Grundlach „Wadi Abbad" in: LÄ VI, Sp. 1095.

II. 3. Die Beamtenschaft gewinnt an Macht, der Schriftgebrauch wird ausgeweitet

1 P. Kaplony „Die ältesten Texte" in: BdE 64/2, 1972, S. 4 und „Die Inschriften der ägyptischen Frühzeit", Wiesbaden 1963 T. 95, Abb. 368 und S. 1143 (die Übersetzung ist jedoch nicht sicher).

2 Ausführlich beschrieben z. B. von A. Eggebrecht in: Die Geschichte der Arbeit, Köln 1980, S. 42 ff.

3 D. Wildung „Imhotep" in: LÄ III, Sp. 145 ff.

4 z.B. H. Brunner „Altägyptische Erziehung", Wiesbaden 1957, S. 159.

5 J. E. Quibell „The Tomb of Hesy", Kairo 1913.

6 P. Kaplony (Anm. 1, „Die Inschriften . . ."), S. 581 ff.

7 H. Altenmüller „Das Ölmagazin im Grab des Hesire in Saqqara (QS 2405)" in: SAK 4, 1976, S. 1 ff.

8 J. E. Quibell (Anm. 5), Pl. XXVI (Beigaben), Pl. XXI und VI (gemaltes Ölmagazin).

9 R. Giveon „Maghara" in: LÄ III, Sp. 1135 ff.

10 Übersichtstafel bei R. Gundlach „Die Datierung der hieroglyphischen und hieratischen Inschriften aus dem Wadi Hammamat", 1959 (maschinenschriftliche Kopie), S. 145 ff.

11 K. B. Gödecken „Metjen" in: LÄ IV, Sp. 118 ff.

12 K. B. Gödecken „Eine Betrachtung der Inschriften des Meten im Rahmen der sozialen und rechtlichen Stellung von Privatleuten im ägyptischen Alten Reich", Wiesbaden 1976, Abb. I.

13 A. Fakhry „The Monuments of Sneferu at Dahshur", Vol. II, Part I: The Temple Reliefs, Cairo 1961.

14 W. K. Simpson „Nefermaat" in: LÄ IV, Sp. 376 f.

15 W. M. F. Petrie „Medum", London 1892, Pl. XXIV und W. Spiegelberg „ntr.w ,Götter' = ,Bilder'" in: ZÄS 65, 1930, S. 119 ff.

16 D. Wildung „Pastenfüllung" in: LÄ IV, Sp. 913; W. M. F. Petrie (Anm. 15), Pl. XVII–XXIV, S. 24 und S. 28 ff.

17 M. Weber „Beiträge zur Kenntnis des Schrift- und Buchwesens der alten Ägypter", Köln 1969, S. 73 ff und H. te Velde „Egyptian Hieroglyphs as Signs, Symbols and Gods" in: Visible Religion IV–V, 1985–1986, S. 63 ff.

18 E. Hornung „Meisterwerke altägyptischer Dichtung", Zürich–München, 1978, S. 20 f.

19 Vielleicht wurde sie auch schon von Nefermaat vorbereitet; denn im Taltempel der Knickpyramide des Snofru wurde der untere Teil einer Statuette gefunden, die einen im Schneidersitz hockenden Mann zeigt – allerdings ohne Papyrusrolle –, auf dessen Schurz „Siegler des Königs, Nefermaat" geschrieben ist: A. Fakhry „The Monument of Sneferu at Dahshur", Vol. II: The Valley Temple, Part II: The Finds, Cairo 1961, S. 12, Fig. 287.

20 W. S. Smith „A History of Egyptian Sculpture and Painting in the Old Kingdom", Boston 1949, S. 30 f und Pl. 10; W. K. Simpson „The Mastabas of Kawab, Khafkhufu I and II", Boston 1978, Pl. VIII.

21 Zur Bedeutung der Schreiberfiguren und zur Sitzhaltung vgl. H. Junker, Giza VII, S. 100 ff und S. 105 ff.

22 Eine Tochter des Kawab, Meresanch III., ließ dies auf ihren Grabwänden darstellen und noch einmal die Schreiber rundplastisch aus dem anstehenden Felsen heraushauen: D. Dunham und W. K. Simpson „The Mastaba of Queen Mersyankh III", Boston 1974, Fig. 9 und 12 (szenische Darstellung) und Pl. VIII f (Schreiberstatuen).

23 J. v. Beckerath „Cheops" in: LÄ I, Sp. 932.

24 Dies ist m. E. nicht durch die verschiedene Technik der bildlichen Wiedergabe (Flachbild – Plastik) bedingt; denn es gibt Flachbild-Darstellungen von Personen, die dieselbe Körperhaltung wie die Schreiberstatuen wiedergeben, z. B. A. M. Moussa und H. Altenmüller „Das Grab des Nianchchnum und Chnumhotep", Mainz 1977, T. 24 und 27.

25 Vgl. die Zusammenstellung von Schreiberhaltungen bei J. Vandier „Manuel d'Archéologie égyptienne" IV, Paris 1964, S. 193 ff, bes. Fig. 83 (S. 196) und Fig. 84 (S. 202), wo kein Schreiber wirklich so dasitzt wie bei den Schreiberstatuen dargestellt.

26 Zur – von älteren Auffassungen abweichenden – Übersetzung „Privatbesitz": J.J. Perepelkin „Privateigentum in der Vorstellung der Ägypter des Alten Reiches", aus dem Russischen übersetzt von R. Müller-Wollermann, Tübingen 1986.

27 Zur Rolle der Königssöhne in der Beamtenschaft: B. Schmitz „Königssohn" in: LÄ III, Sp. 626ff.

28 H. Kayser „Die Mastaba des Uhemka", Hannover 1964.

29 H. Junker, Giza II, S. 135ff.

30 Veröffentlicht von H. Goedicke „Königliche Dokumente aus dem Alten Reich", Wiesbaden 1967.

30a Inzwischen sind auch auf Papyrus geschriebene Dekrete publiziert, die die Vermutung bestätigen: P. Posener-Kriéger in: BdE 97, Kairo 1985, S. 195ff.

31 H. Goedicke (Anm. 30), S. 87ff und S. 117ff (Dekret von Pepi II.), S. 215 (Dekret aus der 8. Dyn.).

32 H. Goedicke (Anm. 30), S. 22ff.

33 Anders W. Helck „Altägyptische Aktenkunde des 3. und 2. Jahrtausends v. Chr.", München-Berlin 1974, S. 17.

34 A. Fakhry „Sept Tomeaux a l'est de la grande pyramide de Guizeh", Le Chaire 1935, S. 19–25 und Pl. VI „Façade".

35 Beispiele nach E. Edel „Untersuchungen zur Phraseologie der ägyptischen Inschriften des Alten Reiches" in: MDAIK 13, 1944, S. 1ff.

36 Daß man über einen Toten nichts Negatives sagt, kennen auch wir; man braucht nur die Todesanzeigen, Nachrufe u. ä. lesen.

37 Übers. von J. Assmann „Schrift, Tod und Identität. Das Grab als Vorschule der Literatur im Alten Ägypten" in: Schrift und Gedächtnis, S. 74 (Urk. I, 46f).

38 Dieser Eindruck kann allerdings täuschen und nur durch die Materiallage bedingt sein; denn aus dem Alten Reich sind relativ wenige Wände solcher Tempel, aber viele von Beamtengräbern erhalten. Fragmente von Dialogen aus dem Sonnenheiligtum des Niuserre z. B. E. Feucht „Vom Nil zum Neckar" (Katalog der Heidelberger Ägyptischen Sammlung), Heidelberg 1986, S. 40f.

39 S. Hassan „Excavations at Giza 1930–1931" II, Cairo 1936, S. 179–201 und Pl. LXXIVff und gegenüber S. 190 (hier sind die Titel und Namen der Zeugen irrtümlicher Weise als erhabenes Relief wiedergegeben); H. Goedicke „Die privaten Rechtsinschriften aus dem Alten Reich", Wien 1970, S. 31ff und T. IV (hieraus habe ich die Übersetzungen entnommen).

40 In unserer Kultur gibt es auch Beispiele für dieses Verfahren: z.B. H. G. Fischer „L'écriture et l'art de l'Egypte ancienne", Paris 1986, Pl.8 und 9.

41 W. Guglielmi „Reden und Rufe" in: LÄ V, Sp. 193ff.

42 R. Stadelmann „Sonnenheiligtum" in: LÄ V, Sp. 1094ff.

43 Zur Entwicklung der Königstitulatur: J. v. Beckerath „Handbuch der ägyptischen Königsnamen", München–Berlin 1984, S. 1ff, zu „Sohn des Re": bes. S. 32f.

44 A. H. Gardiner „The Inscriptions of Sinai" I, Oxford 1952, Pl. I–VI.

45 Wahrscheinlich begann damit schon der Vorgänger des Asosi, Menkauhor: A. H. Gardiner (Anm. 44), Pl. VII. Nr. 12 (jedoch z.T. zerstört); Beispiel von Asosi: Pl. VIII, Nr. 14.

46 A. H. Gardiner (Anm. 44), Pl. VII, Nr. 13 und Bd. II, S. 60f und S. 28.

47 E. Schott „Biographie des Ka-em-Tenenet" in: Fragen an die altägyptische Literatur, Wiesbaden 1977, S. 443ff.

48 Übers.: W. Wolf „Das alte Ägypten", München 1971, S. 182f (Urk. I, 179f); vgl. W. Spiegelberg in: J. E. Quibell „Excavations at Saqqara" III, Kairo 1909, S. 79ff.

49 F. Petrie „Objects of Daily Use", London 1927, Pl. LVI, 9.

50 Übers.: A. Roccati „La littérature historique sous l'Ancienne Empire Egyptien", Paris 1982, S. 122 ff (Urk. I, 59 ff).

51 Dazu H. Junker „Die gesellschaftliche Stellung des Künstlers im Alten Reich", Wien 1959, S. 80 ff.

52 „... dürfen wir von vornherein auch für sein Grabdenkmal etwas von Eigenschöpfungen erwarten; der Stolz der Architekten verbot, nur Anleihen bei bestehenden Anlagen zu machen", schrieb H. Junker, Ausgräber vieler Grabanlagen, über ihn: H. Junker, Giza XI, S. 104.

53 W. S. Smith (Anm. 20), S. 201 und 213; im Grabungsbericht ist diese Opferliste allerdings nicht erwähnt: G. A. Reisner in: Museum of Fine Arts Bulletin, Vol. XI, No. 66, Boston 1913, S. 53 ff.

54 S. Smith in: CdE 15, 1940, S. 68 und S. 70.

55 Ausführlich in Fotos dokumentiert in: A. Piankoff „The Pyramid of Unas", New York 1968.

56 In Verbindung mit den Kolumnenbegrenzungen ließ dieses Zeichen den Spruch wie den Inhalt der Hieroglyphe für „Gehöft" ⬚ bzw. ⬚ erscheinen, vgl. dazu: H. Grapow „Sprachliche und schriftliche Formung ägyptischer Texte", Glückstadt–Hamburg–New York 1936, S. 36 und S. 38; A. M. Blackman „The Use of the Egyptian word ḥt ‚House' in the Sense of ‚Stanza'" in: Orientalia 7, 1938, S. 64 ff: Im Arabischen wird bêt = Haus ebenfalls für die Bezeichnung eines Textabschnittes verwendet, und auch die Strophenbezeichnung „Stanze" kommt vom italienischen „stanza" = Zimmer.

57 F. Kammerzell „Zeichenverstümmelung" in: LÄ VI, Sp. 1359 ff.

58 W. Barta „Die altägyptische Opferliste", Berlin 1963, S. 61 ff.

59 H. Altenmüller „Pyramidentexte" in: LÄ V, Sp. 14 ff.

60 Verschiedene Deutungen beschrieben bei: H. Altenmüller „Die Texte zum Begräbnisritual in den Pyramiden des Alten Reiches", Wiesbaden 1972, S. 3 ff; W. Barta „Die Bedeutung der Pyramidentexte für den verstorbenen König", Berlin 1981, S. 4 ff.

61 Übers.: E. Hornung (Anm. 18), S. 59.

62 E. Edel „Inschriften des Alten Reiches. II. Die Biographie des K3j-gmjnj (Kagemni)" in: MIO 1, 1953, S. 210 ff.

63 C. M. Firth und B. Gunn „Teti Pyramid Cemeteries", Kairo 1926, S. 171 ff.

64 H. Junker, Giza IV, S. 44 f.

65 C. M. Firth und B. Gunn (Anm. 63), S. 20, Fig. 15.

66 C. M. Firth und B. Gunn (Anm. 63), S. 25; Veröffentlichung des Grabes: P. Duell „The Mastaba of Mereruka", Chicago 1938, Sargkammer: Pl. 200 ff.

67 C. M. Firth und B. Gunn (Anm. 63), S. 17; Veröffentlichung des Grabes: A. Badawy „The Tomb of Nyhetep-Ptah at Giza and the Tomb of ʿAnkhmʿahor at Saqqara", Berkeley–Los Angeles–London 1978, Sargkammer: S. 43 ff Pl. 77 ff.

68 T. G. H. James und M. R. Apted „The Mastaba of Khentika called Ikhekhi", London 1953, Sargkammern: S. 30 ff und Pls. XXXIVXL.

69 Z. B. die Mastaba des K3j-ḫr-Ptḥ: H. Junker, Giza VIII, S. 117 ff und T. XXI; Mastaba des Sšm-nfr IV: Junker, Giza XI, S. 114 ff.

70 A. M. Blackmann „The Rock Tombs of Meir", Part IV, London 1924, T. 18 ff.

71 Junker, Giza IV, S. 1 ff und T. I ff.

72 Z. B. Lepsius, Denkmäler II, 69; II, 70; II, 90; F. W. v. Bissing „Die Mastaba des Gem-ni-kai", Berlin 1905, T. V.

73 Junker, Giza IV, S. 49 und S. 48.

II. 4. Literatur, Politik und Beamten-Erziehung
zwischen dem Alten und dem Neuen Reich

1 Jüngste Untersuchung dazu: R. Müller-Wollermann „Krisenfaktoren im ägyptischen Staat des ausgehenden Alten Reiches", Tübingen 1986.

2 W. Decker „Sport und Spiel im Alten Ägypten", München 1987, S. 167 und S. 171 f mit Abb. 127 und 128.

3 E. Otto „Gerätefries" in: LÄ II, Sp. 532; H. Kees „Totenglauben und Jenseitsvorstellungen der alten Ägypter"⁴, Berlin 1980, S. 164 ff.

4 H. Kees (Anm. 3), S. 167 f.

5 Älteste Belege aus der 11. Dyn.: LÄ IV, Sp. 308 mit Anm. 108.

6 H. Kees (Anm. 3), S. 170.

7 H. Kees (Anm. 3), S. 184; weitere Beispiele dort bes. S. 169 ff.

8 H. Brunner in: Ägyptische Schrift und Sprache = HdO, I, 1, 1, S. 46; H. Altenmüller „Zum Beschriftungssystem bei religiösen Texten" in: ZDMG, Suppl. I, Wiesbaden 1969, S. 58 ff.

9 Aus der Lehre für Merikare, übers. von W. Schenkel in: G. Kehrer (Hrsg.): Vor Gott sind alle gleich, Düsseldorf 1983, S. 36.

10 W. Schenkel „Memphis. Herakleopolis. Theben", Wiesbaden 1965, S. 42 f.

11 W. Helck „Die Prophezeiung des Nfr.tj", Wiesbaden 1970, S. 48.

12 Gesamtübersetzung: M. Lichtheim „Ancient Egyptian Literature", Vol. I, Berkeley, Los Angeles und London 1975, S. 149 ff.

13 F. Junge „Die Welt der Klagen" in: Fragen an die altägyptische Literatur, Wiesbaden 1977, S. 275 ff.

14 Dazu W. Schenkel „Soziale Gleichheit und soziale Ungleichheit und die ägyptische Religion" in: G. Kehrer (Anm. 9), S. 26 ff.

15 Die „Gedicht"-Form ist am besten erkennbar in der Übersetzung von M. Lichtheim (Anm. 12).

16 P. Seibert „Die Charakteristik. Untersuchungen zu einer altägyptischen Sprechsitte und ihren Ausprägungen in Folklore und Literatur", Wiesbaden 1967, S. 20 ff; daraus sind auch die Beispiele der Totenklagen entnommen.

17 Ausschnitte daraus: E. Hornung „Meisterwerke altägyptischer Dichtung", Zürich–München 1978, S. 77 ff; Gesamtübersetzung: M. Lichtheim (Anm. 12), S. 163 ff.

18 Übers.: J. Assmann „Fest des Augenblicks – Verheißung der Dauer. Die Kontroverse der ägyptischen Harfnerlieder" in: Fragen an die altägyptische Literatur, Wiesbaden 1977, S. 55 ff bes. S. 76.

19 Übersetzung: J. Assmann (Anm. 18), S. 55 f.

20 Übersetzungen: E. Hornung (Anm. 17), S. 23 ff; M. Lichtheim (Anm. 12), S. 222 ff; E. Blumenthal „Altägyptische Reiseerzählungen"; Leipzig 1984, S. 5 ff (daraus zitiere ich).

21 G. Posener „Littérature et Politique dans l'Egypte de la XIIᵉ Dynastie", Paris 1956, z. B. S. X.

22 Die sog. „Prophezeiung des Neferti": E. Blumenthal in: LÄ IV, Sp. 380 f und in: ZÄS 109, 1982, S. 1 ff; die Übersetzung übernehme ich von W. Helck (Anm. 11).

23 W. Schenkel „Sonst – Jetzt" in: Welt des Orients XV, 1984, S. 51 ff.

24 W. Helck „Politische Gegensätze im alten Ägypten", Hildesheim 1986, S. 37 mit Anm. 55.

25 Ausführlicher: H. Brunner „Grundzüge einer Geschichte der altägyptischen Literatur", Darmstadt 1986, S. 20 ff.

26 W. Barta „Lehre für Kagemni" in: LÄ III, Sp. 980 ff; H. Brunner „Lehre des Ptahhotep" in: LÄ III, Sp. 989 ff; M. Lichtheim (Anm. 12), S. 59 ff.

27 Übersetzung von G. Burkard, die veröffentlicht wird in: ZÄS 114, 1987 (im Druck).

28 Übers.: E. Hornung (Anm. 17), S. 46 ff.

29 Neuere Übersetzungen und Bearbeitungen: M. Lichtheim (Anm. 12), S. 97 ff; W. Helck „Die Lehre für König Merikare", Wiesbaden 1977, E. Blumenthal „Die Lehre für König Merikare" in: ZÄS 107, 1980, S. 5 ff; zum Verfasser der Lehre, Cheti (?): W. Schenkel „Cheti" in: LÄ I, Sp. 946 f.

30 Neuere Übersetzungen und Bearbeitungen: M. Lichtheim (Anm. 12), S. 135 ff; E. Blumenthal „Die Lehre des Königs Amenemhet" in: ZÄS 111, 1984, S. 85 ff und ZÄS 112, 1985, S. 104 ff (daraus ist die zitierte Übersetzung).

31 Vgl. auch E. Blumenthal „Lehre Amenemhets I." in: LÄ III, Sp. 970.

32 Übers.: W. Helck (Anm. 29).

33 Zum Folgenden: H. Brunner „Altägyptische Erziehung", Wiesbaden 1957, S. 10 ff und „Ausbildung" in LÄ I, Sp. 569 ff, „Erziehung" in: LÄ II, Sp. 22 ff und „Schule" in: LÄ V, Sp. 741 ff.

34 E. Edel „Die Inschriften der Grabfronten der Siut-Gräber in Mittelägypten aus der Herakleopolitenzeit", Opladen 1984, S. 129 ff.

35 Cheti wird in der späteren Überlieferung sogar als Autor der Lehre des Königs Amenemhet I. bezeichnet: H. Brunner „Altägyptische Erziehung", S. 178 f und S. 85 ff und „Lehre des Cheti" in: LÄ III, Sp. 977; Gesamtübersetzung: H. Brunner „Die Lehre des Cheti, Sohnes des Duauf", Glückstadt 1944 und W. Helck „Die Lehre des Dw3-Htjj", Wiesbaden 1970.

36 So W. Helck's Deutung (Anm. 35, S. 18), von dem ich auch die Übersetzung übernahm.

37 H. Brunner „Altägyptische Erziehung", S. 83 und „Kemit" in: LÄ III, Sp. 383 f; Übers.: W. Barta „Das Schulbuch Kemit" in: ZÄS 105, 1978, S. 6 ff.

38 H. Brunner „Altägyptische Erziehung", S. 85.

39 H. Brunner (Anm. 38), S. 66 f.

40 W.-F. Reineke „Mathematik" in: LÄ III, Sp. 1237 ff und in: Geschichte des wissenschaftlichen Denkens im Altertum, Berlin (DDR), 1982, S. 105 ff.

41 Der Mathematische Papyrus Moskau und der Medizinische Papyrus Edwin Smith: s. „Mathematik" und „Medizin" in: LÄ III, Sp. 1238 f und Sp. 1273.

42 J. Assmann „Gibt es eine Klassik in der ägyptischen Literaturgeschichte? Ein Beitrag zur Geistesgeschichte der Ramessidenzeit" in: 21. Deutscher Orientalistentag 1983 (ZDMG, Supplement VI, Stuttgart 1985); ders.: „Die Entdeckung der Vergangenheit. Innovation und Restauration in der ägyptischen Literaturgeschichte" in: H. U. Gumbrecht u. a. (Hrsg.): Epochenschwellen und Epochenstrukturen im Diskurs der Literatur- und Sprachtheorie, Frankfurt 1985, S. 484 ff.

43 Zur Stellung des „klassischen Ägyptisch" innerhalb der ägyptischen Sprachentwicklung: W. Schenkel „Einführung in die klassisch-ägyptische Sprache und Schrift", Tübingen 1987, S. 18 f; F. Junge „Sprache" in: LÄ V, Sp. 1176 ff, bes. Tabelle 2 (vor Sp. 1185).

II. 5. Beamte, Militär und Kriegsberichte im Neuen Reich

1 Ich bringe nur einzelne Beispiele; ausführlichere Untersuchungen wurden erst kürzlich durchgeführt: H. Guksch „Beamtentum und König. Zur Selbstdarstellung der Beamten in der 18. Dynastie", 1986 (noch ungedruckt); A. Onasch „Zur sozialen Stellung der ägyptischen Beamten des Neuen Reiches", Leipzig 1982 (ungedruckt); Teile daraus sind bzw. werden veröffentlicht in: ZÄS 113, 1986, S. 24 ff und ZÄS 114, 1987.

2 St. Wenig „Nubien" in: LÄ IV, Sp. 526 ff, bes. Sp. 529.

3 Übers.: J. Assmann „Krieg und Frieden im alten Ägypten. Ramses II. und die Schlacht bei Kadesch" in: Mannheimer Forum 83/84. S. 175 ff, bes. S. 177.

4 M. Bietak „Hyksos" in: LÄ III, Sp. 93 ff.

5 dazu u. a. W. Helck „ Historizität von Inschriften und Literatur" in: LÄ II, Sp. 1224 ff.

6 Vgl. auch die Rezension von W. Kaiser zu E. Hornung „Geschichte als Fest" in: OLZ 66, 1971, Sp. 454 ff.

7 Vgl. dazu P. Turquet in: L. Kreeger (Hrsg.) „Die Großgruppe", Stuttgart 1977, S. 131 ff.

8 R. A. Caminos „Grabräuberprozeß" in: LÄ II, Sp. 862 ff; M. Weber „Harimsverschwörung" in LÄ II, Sp. 987 ff.

9 E. Brunner-Traut „Namenstilgung" in: LÄ IV, Sp. 338 ff.

10 W. Seipel „Hatschepsut I." in: LÄ II, Sp. 1045 ff und D. B. Redford „Thutmosis III." in: LÄ VI, Sp. 540 ff.

11 z. B. W. Helck „Politische Gegensätze im alten Ägypten", Hildesheim 1986, S. 57 ff.

12 z. B. St. Wenig „Amenophis IV." in: LÄ I, Sp. 210 ff, bes. Sp. 215.

13 J. v. Beckerath „Haremhab" in: LÄ II, Sp. 962 ff, bes. Sp. 963.

14 L. Habachi „The Second Stela of Kamose and his Struggle against the Hyksos Ruler and his Capital", Glückstadt 1972 (mit älterer Literatur).

15 Hölzerne, mit Stuck überzogene Tafel, 0,51×0,25 m groß; auf der einen Seite steht der Beginn der Lehre des Ptahhotep, darunter sind die Felder eines Brettspieles aufgezeichnet; die andere Seite enthält den Beginn des Kamose-Berichtes. (Maßangabe: G. Jequier „Le Papyrus Prisse et ses variantes", Paris 1911, S. 13). Fund: Earl of Carnarvon and H. Carter „Five Years' Exploration at Thebes", London 1912, S. 34 f und Pl. XXVII f.

16 J. v. Beckerath „Untersuchungen zur politischen Geschichte der Zweiten Zwischenzeit in Ägypten", Glückstadt 1964, S. 205.

17 Im Einzelnen zu diesem König: D. B. Redford „Thutmosis III." in: LÄ VI, Sp. 540 ff.

18 Übers. von K.-H. Priese in: A. Burkhardt „Urkunden der 18. Dynastie. Übersetzung zu den Heften 5–16", Berlin 1984, S. 188 ff; um der leichteren Lesbarkeit willen lasse ich hier die Klammerungen weg, die anzeigen, wo der Übersetzer eine ganz oder teilweise zerstörte Stelle ergänzt hat.

19 J. Osing „Königsnovelle" in: LÄ III, Sp. 556 f.

20 „It is by no means unlikely that the text of the tablet is a direct copy from a stele set up by Kamose in one of the Theban temples": A. H. Gardiner „The Defeat of the Hyksos by Kamose: The Carnarvon Tablet, No. I" in: JEA 3, 1916, S. 95 ff, bes. S. 109.

21 Urk. IV, 1244.

22 Übers. von W. Helck „Urkunden der 18. Dynastie, Übersetzung zu den Heften 17–22", Berlin 1961, S. 5 ff.

23 W. Schenkel „Fremdsprachen": LÄ II, Sp. 314 f und H. Brunner „Altägyptische Erziehung", Wiesbaden 1957, S. 98 f.

24 Übers. von H. Brunner (Anm. 23), S. 169ff.
25 Veröffentlichung des Grabes: A. und A. Brack „Das Grab des Tjanuni. Theben Nr. 74", Mainz 1977.
26 A. und A. Brack (Anm. 25), S. 90.
27 Weitere Beispiele dafür: Grab des Rinderzählers Kiki (TT 409); Grab des Schatzschreibers Neferrenpet (TT 178), beide aus der Zeit Ramses II. (diesen Hinweis verdanke ich Erika Feucht).
28 A. und A. Brack (Anm. 25): Darst.: T. 28a und 35a; Beischrift: S. 40 und T. 34a.
29 W. Decker „Sport und Spiel im Alten Ägypten", München 1987, S. 84, Abb. 44.
30 S. Schoske „Rechmire" in: LÄ V, Sp. 180ff und E. Martin-Pardey „Wesir, Wesirat" in: LÄ VI, Sp. 1227ff.
31 Übers. von U. Luft in: A. Burkhardt (Anm. 18), S. 428ff.
32 In einem Text, der in der 13. Dynastie abgefaßt worden sein muß: W. Helck „Dienstanweisung für den Wesir" in: LÄ I, Sp. 1084.
33 Übers. von U Luft in: A. Burkhardt (Anm. 18), S. 435ff.
34 5., 6. und 7. Pylon des Amun-Tempels von Karnak. B. Jaros-Dekkert „Pylon" in: LÄ IV, Sp. 1202ff, bes. Sp. 1203; E. Swan Hall „The Pharaoh Smites his Enemies", München 1986, S. 17.
35 W. Decker (Anm. 29), S. 31.
36 Übers. bei W. Wolf „Das alte Ägypten", München 1971, S. 197f.
37 A. und A. Brack (Anm. 25), S. 88.
38 W. Helck „Amenophis" in: LÄ I, Sp. 219ff; Übers. des Textes: W. Helck (Anm. 22), S. 272.
39 R. S. Bianchi „Memnonskolosse" in: LÄ IV, Sp. 23f.
40 Zur Lage dieses Steinbruchs (bei Assuan oder Kairo?): D. D. Klemm, R. Klemm, L. Steclaci „Die pharaonischen Steinbrüche des Silifizierten Sandsteins in Ägypten und die Herkunft der Memnon-Kolosse" in: MDAIK 40, 1984, S. 207ff.
41 Übers. von W. Helck (Anm. 22), S. 274f.
42 Von Amenophis, Sohn des Hapu, sind insgesamt 9 Statuen bekannt, 5 von ihnen stellen ihn als Schreibkundigen dar: D. Wildung „Imhotep und Amenhotep. Gottwerdung im alten Ägypten", München 1977, S. 292ff.
43 D. Wildung (Anm. 42), S. 251ff.
44 W. Helck „Der Einfluß der Militärführer in der 18. ägyptischen Dynastie", Leipzig 1939 (Nachdruck Hildesheim, 1964), S. 12f weist darauf hin, daß der seltene Hinweis eines Privatmannes, er sei ein Mittler zwischen Menschen und Gott noch auf Statuen von zwei weiteren Personen vorkommt, die ebenfalls Rekrutenschreiber waren.
45 D. Wildung (Anm. 42), S. 201ff.
46 Die folgenden Beispiele entnahm ich der Arbeit von H. Guksch (Anm. 1), die sie mir freundlicher Weise zur Verfügung stellte.
47 Übers. von. W. Helck (Anm. 22), S. 416ff; Bearbeitung: W. Helck „Das Dekret des Königs Haremhab" in: ZÄS 80, 1955, S. 109ff.
48 J. Assmann „Ägypten. Theologie und Frömmigkeit einer frühen Hochkultur", Stuttgart 1984, S. 258.
49 Neueste Behandlung der Texte: Th. von der Way „Die Textüberlieferung Ramses' II. zur Quadeš-Schlacht. Analyse und Struktur", Hildesheim 1984.
50 J. Assmann (Anm. 3).
51 Zu den Anbringungsorten: Th. von der Way (Anm. 49), S. 23ff; zur Version des „Gedichts" auf den Papyri: S. 39ff.
52 Er ist in zwei ägyptisch-hieroglyphischen Inschriften erhalten und in zwei Keilschrift-Kopien auf Tontafeln, die im Archiv der ehemaligen Hethiter-Hauptstadt,

im heutigen Boghazköi, gefunden wurden. Neuere Bearbeitungen: A. R. Schul-
man „Aspects of Ramesside Diplomacy: The Treaty of year 21" in: JSSEA VIII,
1977–1978, S. 112ff; M. Gutgesell „Der Friedensvertrag. Ramses und die Hethiter – Geheimdiplomatie im Alten Orient", Hildesheim 1984.
53 J. Assmann (Anm. 3), S. 228.
54 So auch Th. von der Way (Anm. 49), S. 39.
55 J. Assmann (Anm. 3) S. 224ff.
56 Auf der Südseite der Südwand des großen Säulensaales des Amuntempels von
   Karnak: PM II², S. 58 (174) und Pl. X; auf dem 1. Pylon des Luxortempels: PM
   II², S. 304f (13)–(14).
57 Vollständige Übersetzung: Th. von der Way (Anm. 49), S. 287ff.
58 Graphiken zum Verlauf der Schlacht: J. Assmann (Anm. 3), S. 193.
59 Nach der Übers. von Th. von der Way.
60 M. Eaton-Krauss „Ramses II." in: LÄ V, Sp. 108ff.

Nachwort: Die altägyptischen Schriften in Europa

1 Allgmein zu diesem Thema: E. Iversen „The Myth of Egypt and its Hieroglyphs
  in European Tradition", Copenhagen 1961; S. Morenz „Die Begegnung Europas
  mit Ägypten", Berlin (DDR) 1968.
2 Th. Hopfner (Hrsg.) „Plutarch. Über Isis und Osiris", 2. Teil, Darmstadt 1967
  (Nachdruck von 1941), S. 8, vgl. auch S. 89.
3 Isis und Serapis: G. Hölbl „Serapis" in: LÄ V, Sp. 870ff; Kultstätten der Isis und
  des Ammon in Köln: G. Ristow „Religionen und ihre Denkmäler in Köln. Zur
  Religionsgeschichte des römischen Köln", Köln 1975, S. 75ff.
4 S. Donadoni „Rom" in: LÄ V, Sp. 300ff; E. Iversen „Obelisks in Exile. I. The
  Obelisks of Rome", Copenhagen 1968; L. Habachi „Die unsterblichen Obelisken
  Ägyptens", Mainz 1982, S. 145ff; E. Batta „Obelisken. Ägyptische Obelisken
  und ihre Geschichte in Rom", Frankfurt 1986.
5 Anm. 2, S. 8; Deutung des Kyrill von Alexandria: S. 92.
6 J. G. Griffiths „Osiris" in: LÄ IV, Sp. 623ff zitiert 13 verschiedene Interpretatio-
  nen.
7 J. Osing „Horapollo" in: LÄ II, Sp. 1275.
8 E.-M. Schenck „Das Bilderrätsel", Hildesheim-New York 1973.
9 Bilderrätsel aus dem 19. Jahrhundert z. B.: F. Bernhard „Rebusbilder. Aus der
  Wiener allgemeinen Theaterzeitung", Dortmund 1975; U. Bessler „Alte Bilderrätsel"; Dortmund 1979.
10 S. Morenz „Die Zauberflöte. Eine Studie zum Lebenszusammenhang Ägypten-
   Antike-Abendland", Münster/Köln 1952.
11 s. W. A. Mozart „Die Zauberflöte", Reclam-Ausgabe; das Titelbild der Druck-
   ausgabe von 1793 des Textbuches zur „Zauberflöte" zeigt vor dem „Eingang zum
   Prüfungstempel" einen Stein mit (Phantasie-)Hieroglyphen: vgl. K. Honolka „Pa-
   pageno. Emanuel Schikaneder. Der große Theatermann der Mozart-Zeit", Salz-
   burg-Wien 1984, S. 129; auf S. 153: Bühnenbildentwürfe von Karl Friedrich
   Schinkel.
12 S. Morenz (Anm. 10), S. 18.
13 Nach freundlicher Auskunft von Herrn Werner Güttler, Großredner der Großlo-
   ge der Alten und Angenommenen Maurer von Deutschland e. V. Er gab mir noch
   eine Reihe weiterer Informationen, denen ich in anderem Zusammenhang genauer nachgehen möchte.

Abbildungsnachweise

22 MIFAO 65, 1939, Pl. CX
23 Pap. Hohenzollern-Sigmaringen I, Leihgabe in Tübingen
24 MIFAO 65, 1939, Pl. CXXIV
25 ZÄS 44, 1907, S. 59
26 Brunner-Traut, E.: Die altägyptische Grabkammer Seschemnofers III. aus Gîsa, Mainz 1977, Beilage 1
27 London 37976 und 37978
28 JEA 49, 1963, Pl. VI und VIA
29 Tübingen 1375
30 Tübingen 1381 a–c
31 BMMA II, 1928, S. 39 Fig. 39
32 Möller, G.: Hieratische Paläographie I, 1927, S. 2
33 Berlin (West) 21005
34 ASAE 25, 1925, S. 242 ff und Pl. I und Ia (Pap. Kairo JdE Nr. 49623)
35 Möller, G.: Hieratische Paläographie I, 1927, Pl. VII
36 London 9901, sheet 3
37 Möller, Paläographie II, 1927, T. IV unten
38 Berlin (West) P 23253
39 Berlin (West) 186/64
40 a Berlin (West) 14460
40 b Heidelberg 1893
41 Till, W. C.: Koptische Grammatik, Leipzig 1961, S. 40
42 a Heidelberg 941 (Übers. nach Kat. S. 213 Nr. 635)
42 b Heidelberg 297 (Übers. nach Kat. S. 213 Nr. 636)
44 Spektrum der Wissenschaft Dez. 1978, S. 10 f.
45 Lepsius, Denkmäler III, 169
46 a Quibell, J. E.: Hierakonpolis I, London 1900, Pl. XXV
47 Emery, W. B.: Ägypten. Geschichte und Kultur der Frühzeit, München 1964, S. 38 Abb. 3
48 ZÄS 36, 1898, T. XII und XIII zu S. 81 ff.
49 Emery, W. B.: Ägypten. Geschichte und Kultur der Frühzeit, München 1964, S. 42 Abb. 5
50 a Heidelberg 526 und 527
50 b Leiden F 1938/11.31

51 Kaplony, P.: Die Inschriften der äg. Frühzeit = ÄgAb8, III T. 1
52 a Leiden F 1960/2.1
52 b Petrie, W. M. F.: The Royal Tombs of the earliest Dynasties II, London 1901, Pl. XIII, Nr. 89
53 ib. Pl. XIII, Nr. 91
54 ib. Pl. XIII, Nr. 93
55 ib. I, London 1900, Pl. XV, Nr. 16
56 Schäfer, H.: Ein Bruchstück altägyptischer Annalen, Berlin 1902, T. I
57 Emery, W. B.: The Tomb of Hemaka, Cairo 1938, S. 62 Fig. 19 und 20
58 ib. S. 63 Fig. 21 und 22
59 Berlin (West) 17582
60 Petrie, Royal Tombs II, Pl. XXI Nr. 166 und 164
61 Leipzig 5095
62 Leiden F 1960/7.1
63 Paris E 11007
64 ASAE 38, 1938, S. 87 Fig. 9
66 Tübingen 367
68 Quibell, J. E.: The Tomb of Hesy, Kairo 1913, Pl. XXIX und XXXI
69 Gardiner, A. H., und Peet, T. E.: The Inscriptions of Sinai, London 1952 I, Pl. II und II, S. 56 f.
70 MDAIK 21, 1966, T. III
71 Berlin (West) 1106
72 Lepsius, Denkmäler II, 5
73 Lepsius, Denkmäler II, 3
74 Petrie, W. M. F.: Medum, London 1892, Pl. XXIV
76 a–b Hildesheim: Grabungsphoto H. Junker Nr. 379 und 382
77 Hildesheim 2382
78 Paris E 12629
79 Simpson, W. K.: The Mastabas of Kawab, Khafkhufu I and II, Boston 1978, Fig. 29
80 Wien ÄS 8006
81 Paris E 3023
82 Hildesheim: Grabungsphoto H. Junker Nr. 543 a
83 Hildesheim: Grabungsphoto H. Junker Nr. 515

Register

Gottheiten

Amun 212f, 215ff, 232f, 242f
Anubis 171
Aton 212f
Atum 105, 168
Bastet 194
Geb 181
Horus 104, 110, 112f, 115, 168, 220
Isis 245, 250
Min 156

Month 216f, 220
Osiris 181, 247, 250
Ptah 162
Re 163ff, 194, 218f
Seschat 105
Serapis 245
Tait 192
Thot 54f, 59, 105

Herrscher

Achanjati s. Echnaton
Aha 119ff
Ahirom 24
Alexander d. Gr. 11, 86
Amenemhet I. 180, 190, 193, 195, 199f
Amenophis II. 72, 224
Amenophis III. 229, 232
Amenophis IV. s. Echnaton
Antef 188
Asosi 164ff, 179, 197
Cheops 41, 145f
Chephren 47, 144
Cheti 199
Chufu s. Cheops
De(we)n 121, 123f
Djedefre 148, 164
Djoser 41, 130, 131, 133f, 137, 234
Domitian 246
Echnaton 41, 212f, 234ff
Haremhab 214, 235, 236
Hatschepsut 212
Hattušili III. 239
Ibi I. 181
Kamose 214ff, 219f
Menes 118, 119, 120ff
Mentuhotep II. 180
Merikare 199f
Mykerinos 158f
Napoleon I. 249f
Narmer 106ff, 115, 118f, 126, 137

Neferirkare 79, 121, 158f, 177
Nefertari 39, 41
Nefertiti s. Nofretete
Nofretete 39, 41, 213
Nofretiri s. Nefertari
Pepi II. 156, 158, 174
Peribsen 125, 129
Psammetich I. 85f, 245
Ptolemäus V. 250
Ramses I. 237
Ramses II. 41, 56, 105, 237ff
Ramses IV. 120
Schepseskaf 155
„Schlange" 128
Sechemib 125
Sechen 115, 116
Sesostris I. 190, 196, 199
Sesostris III. 208
Sethos I. 237
„Skorpion" 106ff, 115f, 118, 126
Snofru 137, 142f, 194f, 197
Teti 169
Thutmosis II. 212
Thutmosis III. 212, 217ff, 224, 226, 228f
Thutmosis IV. 217, 224
Tutanchammon s. Tutanchamun
Tutanchamun 41, 47, 213, 235, 236
Tutanchimen s. Tutanchamun
Unas 166ff

Privatpersonen

Orte und Völker

Sachregister